U0096794

基督教文化研究丛书

主编 何光沪 高师宁

九编 第12册

晚清聖經人物漢語傳記研究
——以聖經在華接受史的視角

張雅斐 著

花木兰文化事业有限公司

國家圖書館出版品預行編目資料

晚清聖經人物漢語傳記研究——以聖經在華接受史的視角／張雅斐 著 -- 初版 -- 新北市：花木蘭文化事業有限公司，2023〔民 112〕
目 2+218 面；19×26 公分
（基督教文化研究丛书 九编 第 12 冊）
ISBN 978-626-344-227-6（精裝）
1.CST：聖經人物 2.CST：基督教傳記 3.CST：晚清史
240.8 111021871

基督教文化研究丛书
九编 第十二冊 ISBN：978-626-344-227-6

晚清聖經人物漢語傳記研究
——以聖經在華接受史的視角

作 者 張雅斐
主 編 何光滬、高師寧
執行主編 張 欣
企 劃 北京師範大學基督教文藝研究中心
總 編 輯 杜潔祥
副總編輯 楊嘉樂
編輯主任 許郁翎
編 輯 張雅淋、潘玟靜 美術編輯 陳逸婷
出 版 花木蘭文化事業有限公司
發 行 人 高小娟
聯絡地址 台灣 235 新北市中和區中安街七二號十三樓
電話：02-2923-1455／傳真：02-2923-1452
網 址 http://www.huamulan.tw 信箱 service@huamulans.com
印 刷 普羅文化出版廣告事業
初 版 2023 年 3 月
定 價 九編 20 冊（精裝）新台幣 56,000 元

晚清聖經人物漢語傳記研究
——以聖經在華接受史的視角

張雅斐 著

作者简介

張雅斐，香港中文大學宗教學博士，浙江大學博士後，現為浙江工商大學人文與傳播學院講師。主要研究方向為晚清基督教文學、聖經在華接受史、晚清時期儒家經典西譯等。英屬哥倫比亞大學訪問學者（2018）、耶魯大學訪問學者（2019 ～ 2020），國家博士後國際交流項目人才引進計劃入選人，共計發表 A&HCI、CSSCI 等論文約 10 篇，主持國家博士後項目、省級博士後項目、省社科項目等共 4 項。

提　　要

「晚清聖經人物漢語傳記」，是指 1814 至 1911 年間，傳教士以聖經為主要依據、以傳記為寫作體式，用漢語所撰寫的聖經人物生平，如《約瑟紀》（1852）、《以利亞紀》（1863）、《保羅言行》（1910）等。本書主要從聖經在華接受史的視角，討論聖經中的人物形象在漢語語境中的改寫和接受。本研究主要關注三個層面：聖經故事重寫策略、人物形象塑造、爭議性議題言說。

首先，聖經人物漢語傳記以聖經為依據、在漢語語境中重塑聖經人物，在重寫過程中存在增補、刪減等情況，如詮釋的增補、對話的敘事性改寫、細節的凸顯。作者借用中國古典傳記的寫作方式，通過上述創作策略，使作品兼具敘事和釋經的雙重功能。其次，傳記研究的核心在於人物形象的刻畫，本書主要分析傳主形象和女性形象的中國化書寫。聖經人物漢語傳記中，傳教士借用儒家「聖人」概念，通過凸顯傳主的品行和智慧，使主人公成為基督教化聖人，以塑造漢語語境中的基督徒典範。女性形象是傳記作者的另一重點書寫對象，傳教士借用《列女傳》《女誡》等中國傳統女性經典，塑造守貞、忠貞、高潔的婦女形象。最後，本書討論，在聖經人物漢語傳記中傳教士如何處理祭祖、占卜、殺戮等爭議性議題，作者對不同的討論議題採用不同的書寫策略，或辯護、或刪減、或弱化，由此回應基督教中國化議題。

“基督教文化研究丛书”总序

何光沪 高师宁

基督教产生两千年来，对西方文化以至世界文化产生了广泛深远的影响——包括政治、社会、家庭在内的人生所有方面，包括文学、史学、哲学在内的所有人文学科，包括人类学、社会学、经济学在内的所有社会科学，包括音乐、美术、建筑在内的所有艺术门类……最宽广意义上的“文化”的一切领域，概莫能外。

一般公认，从基督教成为国教或从加洛林文艺复兴开始，直到启蒙运动或工业革命为止，欧洲的文化是彻头彻尾、彻里彻外地基督教化的，所以它被称为“基督教文化”，正如中东、南亚和东亚的文化被分别称为“伊斯兰文化”、“印度教文化”和“儒教文化”一样——当然，这些说法细究之下也有问题，例如这些文化的兴衰期限、外来因素和内部多元性等等，或许需要重估。但是，现代学者更应注意到的是，欧洲之外所有人类的生活方式，即文化，都与基督教的传入和影响，发生了或多或少、或深或浅、或直接或间接，或片面或全面的关系或联系，甚至因它而或急或缓、或大或小、或表面或深刻地发生了转变或转型。

考虑到这些，现代学术的所谓“基督教文化”研究，就不会限于对“基督教化的”或“基督教性质的”文化的研究，而还要研究全世界各时期各种文化或文化形式与基督教的关系了。这当然是一个多姿多彩的、引人入胜的、万花筒似的研究领域。而且，它也必然需要多种多样的角度和多学科的方法。

在中国，远自唐初景教传入，便有了文辞古奥的“大秦景教流行中国碑颂并序”，以及值得研究的“敦煌景教文献”；元朝的“也里可温”问题，催生了民国初期陈垣等人的史学杰作；明末清初的耶稣会士与儒生的交往对话，带来了中西文化交流的丰硕成果；十九世纪初开始的新教传教和文化活动，更造成了中国社会、政治、文化、教育诸方面、全方位、至今不息的千古巨变……所有这些，为中国（和外国）学者进行上述意义的“基督教文化研究”提供了极其丰富、取之不竭的主题和材料。而这种研究，又必定会对中国在各方面的发展，提供重大的参考价值。

就中国大陆而言，这种研究自 1949 年基本中断，至 1980 年代开始复苏。也许因为积压愈久，爆发愈烈，封闭越久，兴致越高，所以到 1990 年代，以其学者在学术界所占比重之小，资源之匮乏、条件之艰难而言，这一研究的成长之快、成果之多、影响之大、领域之广，堪称奇迹。

然而，作为所谓条件艰难之一例，但却是关键的一例，即发表和出版不易的结果，大量的研究成果，经作者辛苦劳作完成之后，却被束之高阁，与读者不得相见。这是令作者抱恨终天、令读者扼腕叹息的事情，当然也是汉语学界以及中国和华语世界的巨大损失！再举一个意义不小的例子来说，由于出版限制而成果难见天日，一些博士研究生由于在答辩前无法满足学校要求出版的规定而毕业受阻，一些年轻教师由于同样原因而晋升无路，最后的结果是有关学术界因为这些新生力量的改行转业，后继乏人而蒙受损失！

因此，借着花木兰出版社甘为学术奉献的牺牲精神，我们现在推出这套采用多学科方法研究此一主题的“基督教文化研究丛书”，不但是要尽力把这个世界最大宗教对人类文化的巨大影响以及二者关联的方方面面呈现给读者，把中国学者在这些方面研究成果的参考价值贡献给读者，更是要尽力把世纪之交几十年中淹没无闻的学者著作，尤其是年轻世代的学者著作对汉语学术此一领域的贡献展现出来，让世人从这些被发掘出来的矿石之中，得以欣赏它们放射的多彩光辉！

2015 年 2 月 25 日
于香港道风山

目次

前言

1807 年，倫敦會（London Missionary Society）傳教士馬禮遜（Robert Morrison，1782～1834）來華，基督新教的在華傳教活動自此拉開序幕。在這場影響深遠的傳教運動中，文字事工成為傳教士的一項重要活動，「從基督新教來華開始，一直到清朝覆亡（1807～1911）之間，不少西方來華的傳教士致力於參與文字出版的工作」，[1]他們譯著了大量作品，包括敘事文學類、神學類、醫學等自然科學類。正如李提摩太所言，「在一切成果的傳道工作中，無論在落後或文明的國家，聖經必須依靠其他書籍加以補充。」[2]本書所選之研究對象「聖經人物漢語傳記」，即是誕生於晚清[3]中西文化交融的背景下，借用中國傳記文學傳統、用漢語書寫聖經中的人物生平，以促進聖經故事在漢語語境中國的傳播和接受，進而實現基督教本土化發展。

1814 年，米憐（William Milne，1785～1822）作《救世主言行真史紀》

---

1 黎子鵬：《福音演義：晚清漢語基督教小說的書寫》（臺北：臺大出版中心，2017 年），導論，頁 2。

2 *Ecumenical Missionary Conference, New York, 1900. Report of the Ecumenical Conference on Foreign Missions, Held in Carnegie Hall and Neighboring Churches, April 21 to May 1* (London: Religious Tract Society, 1900), Vol. II, p. 75.

3 對於「晚清」、「清末」二詞的使用，學界有不同的看法。「就中國歷史和思想史研究而言，學界一般以 1840 年鴉片戰爭為中國近代史或晚清思想史的起點，換言之，鴉片戰爭成為中國古代史和中國近代史的分界線，而 1840 至 1911 年稱為『晚清』時期，至於『清末』則一般從 1895 年中日甲午戰爭後算起。」參閱黎子鵬：《福音演義：晚清漢語基督教小說的書寫》，導論，頁 2。本書所稱聖經人物漢語傳記，始於 1814 年米憐的《救世者言行真史紀》（出版地不詳，1814 年），故以「晚清」稱之。

（*Life of Christ*，1814），開啟了聖經人物漢語傳記的創作先河。本書所謂「聖經人物漢語傳記」是指1814至1911年間，傳教士以聖經為主要依據、以傳記為寫作體式，所書寫的聖經人物生平，如《摩西言行全傳》（1836）、《約瑟言行全傳》（1861）、《保羅言行》（1900）等。通過塑造傳主生平，傳教士目的在於塑造漢語語境中的基督徒典範（model），向世人展現西方文化圖景，故「恒作傳記，意謂彼猜度之思，反超乎士人所為也」。[4]

最初關注到這批作品源自筆者在翻閱諸如《中國基督教文字事業編年史：1860～1911》等目錄時，發現眾多以「言行錄」、「傳」為題、書寫聖經人物生平的作品，英文多譯為 *life of*……，或 *history of*……。通過與聖經的對比閱讀後，它們對聖經的本土化改寫方式、講述傳主生平的敘事策略等議題，逐漸成為本書的研究視野。

聖經接受史（reception history of the Bible）是近年於西方學界興起的一種聖經研究方法，它以歷史的視角強調同一文本，在不同歷史時期、不同地域的接受狀況，重視文本、語境與讀者三者之間的互動。本書主要從聖經接受史的視角，對這批聖經人物漢語傳記作品加以研究，關注文本對聖經的改寫方式，及背後的深層次原因，進而從聖經在華接受史角度、聚焦聖經文本在漢語語境中的接受、改寫和傳播。

本書的研究主要關注三個層面：聖經故事重寫策略、人物形象塑造、爭議性議題言說。首先，以聖經為藍本的聖經人物漢語傳記在改寫聖經時，存在增補、刪減等情況，通過詮釋的增補、對話的敘事性改寫、細節的凸顯，作者使作品兼具釋經和趣味的雙重功能；其次，傳記研究的核心在於人物形象的刻畫，進而樹立模範的本土人物形象，本書主要分析傳主形象的塑造和女性基督徒形象的書寫。聖經人物漢語傳記中，傳教士通過重寫傳主生平使傳主成為基督教化聖人，以塑造基督徒典範，向世人展現基督教圖景。女性形象是傳主形象之外傳教士的另一著力之處，作者通過凸顯貞潔等議題，使馬利亞、撒瑪利亞婦人等聖經中的女性形象，成為符合漢語語境的女性人物，她們信仰堅定、持守貞操、品行高潔，進而為中國女性展現中國化的基督教女性形象。最後，誕生於中國語境下的聖經人物漢語傳記無法迴避祭祖、占卜、殺戮等爭議性議題，其中的經文言說方式，有助我們進一步了解晚清時期聖經被接受的狀況。

4　慕維廉：《耶穌合稿·耶穌真據》（上海：上海三牌樓福音會堂，1877年），頁10。

通過上述議題的探討，本書將系統梳理聖經中的人物形象，如何在漢語語境中被重寫、重塑，進而在漢語傳記中被塑造為中國化的形象典範，從而加深基督教文化乃至西方文化在中國的傳播和接受的探討。

第一章　導　論

第一節　研究對象

哈佛大學韓南教授（Patrick Hanan，1927～2014）於 2000 年發表文章〈中國 19 世紀的傳教士小說〉（"The Chinese Missionary Novels of Nineteenth-Century China"），首次提出「傳教士小說」[1]概念。[2]他寫道，「『傳教士小說』（missionary novel），我指的是基督教傳教士及其助手用中文寫的敘述文本（以小說的形式）」，[3]並指出「人們對後者（注：指十九世紀譯成中文的世俗小說作品）投入了相當的學術關注，但傳教士小說卻完全被忽略了。」[4]「這

1　陳慶浩在〈新發現的天主教基督教古本漢文小說〉一文中認為，「1999 年 7 月，中央研究院中國文哲研究所暨美國哥倫比亞大學東亞系主辦『世變與維新：晚明清的文學藝術研討會』，由哈佛大學韓南作 "Wu Jianren and the Narrator"（〈吳趼人和敘事者〉）的開幕演講，提到『傳教士小說』，並指出不應忽略這批資料」。參閱陳慶浩：〈新發現的天主教基督教古本漢文小說〉，收入徐志平編：《第二屆中國小說戲曲國際學術研討會論文集》（臺北：里仁書局，2005 年），頁 467。但是在筆者在翻閱韓南的此文後，並未發現有「傳教士小說」概念的出現。

2　在該文中，韓南詳細分析了米憐、郭實獵、理雅各等人的作品，「較全面的介紹了早期的基督教漢文小說」。參閱陳慶浩：〈新發現的天主教基督教古本漢文小說〉，頁 467。該文後來被收入 Patrick Hanan, *Chinese Fiction of the Nineteenth and Early Twentieth Centuries* (Columbia University Press, 2004)一書，中譯本於同年出版。（韓南著，徐俠譯：《中國近代小說的興起》，上海：教育出版社，2004 年。）

3　Patrick Hanan, "The Chinese Missionary Novels of Nineteenth-Century China," *Harvard Journal of Asiatic Studies* 60 (2): 413.

4　Patrick Hanan, "The Chinese Missionary Novels of Nineteenth-Century China," *Harvard Journal of Asiatic Studies* 60 (2): 413.

篇文章強調這批小說[5]在中國文學處境中的意義，為十九世紀基督教漢文小說的研究奠定了基礎」。[6]

在該文中，他除了論述「傳教士小說」這一重要概念，亦提及另外一批文本，這些文本以傳記的形式書寫，韓南稱之為「聖經裏的人物傳記」（lives of Biblical figures）：

> 理雅各將自己傳統小說方面的知識用於寫聖經裏兩個人物的傳記。以前，這類傳記用一種淺顯的文言寫成，沒有小說的痕跡；它們通常以「言行錄」為題，是一種既定的傳記模式（biographical form）。例如郭實獵寫過《摩西言行錄》（1836）、《但耶利言行錄》（1837）、《保羅言行錄》（1837）、約翰言行錄（1837）、《彼得言行錄》（1838）以及《約色弗言行錄》（未註明出版日期）。可能他認為這種形式更為適合這種這些非凡人物的傳記吧。但理雅各為約色寫了一部六回的小說形式的傳記（novel-style lives）（《約瑟紀畧》，序言註明寫作時間為 1852 年），為亞伯拉罕寫了一部四回的傳記（《亞伯拉罕紀畧》，序言註明寫作時間為 1857 年）。雖然日期不同，但兩部作品用了同一篇中文序言，對讀者可能將敘述內容僅僅視為小說表示擔心。「此紀雖似小說之體，實非小說之流。」他解釋說，小說內容出自聖經，他用小說之體只是因為聖經比較費解，讓人打瞌睡。[7]

上述這段話關注到若干聖經人物漢語傳記文本，並提及這種文體由郭實獵（Karl Friedrich August Gützlaff，1803～1851）到理雅各（James Legge，1815～1897）的演變過程。韓南注意到理雅各「對讀者可能將敘述內容僅僅視為小說表示擔心」，這種擔心或許由於當時小說地位低下等原因。另一方面，韓南強調《約色弗言行錄》、《約瑟紀畧》以小說的形式書寫傳記，使文本呈現出一種傳記文學風貌。遺憾的是，韓南並未就這些聖經人物漢語傳記做深一步闡述。

筆者在查閱《1867 年以前來華基督教傳教士列傳及其著作目錄》（*Memorials of Protestant Missionaries to the Chinese: Giving a List of their Publications and*

5 「這批小說」指米憐、郭實獵、理雅各等傳教士所做的傳教士小說。

6 米憐等著，黎子鵬編注：《晚清基督教敘事文學選粹》（新北：橄欖出版有限公司，2012 年），導論，頁 xv。

7 Patrick Hanan, "The Chinese Missionary Novels of Nineteenth-Century China," *Harvard Journal of Asiatic Studies* 60 (2): 433.

Obituary Notices of the Deceased, 1867)、《基督聖教出版各書書目彙纂》(1918)、《中華基督教文字索引》(*A Classified Index to the Chinese Literature of the Protestant Christian Churches in China*, 1933)、《美國哈佛大學哈佛燕京圖書館藏晚清民國間新教傳教士中文譯著目錄提要》(*Descriptive Catalogue of Chinese Works by Protestant Missionaries from Late Qing Dynasty to Chinese Republican Period in the Harvard-Yenching Library, Harvard University, U.S.A.*, 2013)、《中國基督教文字事業編年史(1860～1911)》等資料後，發現數量頗豐的聖經人物漢語傳記。

然而，由於年代久遠，這些作品未能全部完整保存並傳於後世。筆者在查閱萊頓大學東亞圖書館(East Asia Library, Leiden University)、哈佛燕京圖書館(Harvard-Yenching Library, Harvard University)、牛津大學博德利安圖書館(Bodleian Library, Oxford University)、香港中文大學崇基圖書館、浸會大學圖書館等多個圖書館後，發現、整理、篩選出 40 部左右聖經人物漢語傳記，作為本書的研究對象。

目前已發現的最早傳記是米憐於 1814 年所著《救世者言行真史紀》，該書共二十節，分為「《福音書》之前的天啟及其他」、「耶穌的先祖」、「耶穌的誕生」……「耶穌受難」、「耶穌復活」、「耶穌升天」等部分，以四福音書為基礎講述耶穌生平。相較於米氏那部「歷久不衰，影響深遠」[8]的《張遠兩友相論》(1819)，更早創作的《救世者言行真史紀》可被視為他嘗試進行中國本土化創作、宣教的試驗品，並開創了聖經人物漢語傳記書寫的先河。

米憐之後，30 年代郭實獵撰寫了大量聖經人物漢語傳記，如《摩西言行全傳》(1836)、《但耶利言行全傳》(1837)、《保羅言行錄》(1837)、《約翰言行錄》(1837)等；40、50 年代，以理雅各為代表，著有《約瑟紀畧》(1852)、《亞伯拉罕紀畧》(1857)；其後，在十九世紀 60 年代至 80 年代，出現較大規模編著浪潮，克陛存(Michael Simpson Culbertson，1819～1862)、慕維廉

8 《張遠兩友相論》的重要性在於：「一九零七年的『中國百週年傳教大會』(Chinese Centenary Missionary Conference)委員在會議召開前進行了一項調查，檢討了從馬禮遜來華以來那一百年間(1807～1907)中國基督教文學的出版情況，找出了最受中國人歡迎且在傳教過程中效果至為顯著的作品。最後，他們得出一個排行榜，列出了頭二十位著作，其中《張遠兩友相論》名列第二名，僅次於丁韙良的《天道溯源》。中國一九三九年抗日戰爭期間，在華基督教界又進行了一次全面調查，而《張遠兩友相論》當時仍在發行，可見此書歷久不衰，影響深遠。」參閱米憐等著，黎子鵬編注：《晚清基督教敘事文學選粹》，頁 2。

（William Muirhead，1822～1900）、俾士（George Piercy，1829～1913）等傳教士相繼使用該文體，創作出多部聖經人物漢語傳記。概而論之，舊約以摩西、以利亞、約瑟為主，新約以保羅為主。筆者將以 1814 至 1911 年間[9]的聖經人物漢語傳記為研讀文本，展開相關具體研究。

此外，對於本書研究對象、作者身份問題，需做下列說明：

1. 本書所使用之研究文本，及其概況，詳參附錄。

2. 本書研究所對比的聖經版本，主要視各聖經人物漢語傳記所依據的聖經譯本而定。如米憐和郭實獵的作品，主要依據《神天聖書》；憐為仁（William Dean，1807～1895）的作品，主要依據《救主耶穌新遺詔書》（以下簡稱《新遺詔書》）。筆者依據不同譯本、尋找聖經人物漢語傳記對聖經的改寫，但不會特別強調查詢到的經文證據。如文中需引用具體經文，則以《和合本》為參考。

3. 關於作者，本書統以「傳教士」指稱作者身份。在聖經人物漢語傳記寫作的過程中，據筆者推測，應有中文助手的幫助，如《使徒保羅事蹟》（1907）序言末尾明確指出：「大英國長老會池約翰口授，陳紹棠筆譯」。[10]陳紹棠為清朝同進士出身，其光緒三年（1877）年參加丁丑科殿試，登進士三甲第 174 名；同年五月，經吏部授為知縣。按史料記載：「光緒按三年，丁丑，五月……引見新科進士，得旨……陳紹棠、傅廷元（等）……，俱著交吏部掣籤分發各省以知縣即用。」[11]關於陳紹棠上任後的具體生平、及其與池約翰的相關交往等內容，目前暫未可考，但序言此處以「筆譯者」的身份稱呼陳氏，可見其在該文書寫中所佔據的重要地位。

傳教士的中文助手大多受過良好教育，多為秀才、舉人等，如陳紹棠為進士，關於他們在傳教士中文學習、聖經翻譯、文學創作中的作用，尤思德（Jost Oliver Zetzsche）在其巨著《和合本與中文聖經翻譯》（*The Bible in China: History of the Union Version: or the Culmination of Protestant Missionary Bible Translation in China*, 1999）已有詳細分析。他深入梳理了在各個重要的中文聖經版本中，中文助手所扮演的角色，如《委辦譯本》中王昌桂、王韜等人的參

9 關於本書的研究時限，以 1814 年米憐的《救世者言行真史紀》為起點，以 1911 清朝覆亡為終點，但不排除會使用 1911 之後的部分文獻，如季理斐於 1924 年作《使徒保羅言行錄》，儘管該文著於 1911 年後，但鑒於季氏在清末傳教士中的重要地位，仍會將其納入研究範圍。

10 池約翰：《使徒保羅事蹟》，序。

11 《德宗景皇帝實錄》，收入《清實錄·大清德宗同天崇運大中至正經文緯武仁孝睿智端儉寬勤景皇帝實錄》（北京：中華書局，1987 年），卷 51。

與；《和合本》中，中文助手與傳教士之間的語言差異所產生的爭執；而在官話譯本中，中文助手的重要性要高於文言譯本，他們甚至具有與傳教士同等的投票權，狄考文稱讚自己的中文老師：「他修訂聖經的工作真的是愛心的勞苦，正如委員會的任何一位成員。」[12]這些中文助手與傳教士之間的相互合作，構成了「翻譯的團隊工作」（teamwork translation），在這個團體中，儘管中文助手的相關參與在史料記載中往往是「隱形」的，但無可否認，他們在聖經翻譯的整個過程中具有無可取代的作用，[13]對於傳教士理解中國讀者、接觸中國讀者，產生了一定影響。[14]同時，中文助手在參與著書的過程中，亦存在身份認同困惑等問題，[15]並由此採取不同的翻譯策略。

儘管這些中文助手在傳教士的文字事工中扮演不可或缺的角色，但在本書中如無特別說明，不會特別指出他們的參與，統以「傳教士」定義作者身份。採取此種處理的原因在於：1. 大多數中文助手的身份及相關工作已不可考，缺乏一手文獻以論證其在聖經人物漢語傳記創作中所具體從事的工作，如《使徒保羅事蹟》一般明確記錄陳紹棠為「筆譯者」的作品實屬罕見；2. 本書所使用的主要研究方法，是以文本為依據，對比聖經人物漢語傳記與其所依據的聖經版本之間的差異，並以此為切入點進一步探析造成此種差異的原因。鑒於上述兩方面原因，本書將不會特別討論中文助手問題。

第二節　文獻回顧

近年有頗多學者從事晚清基督教研究，在基督教本土化、[16]中國宗教與

12 From Jost O. Zetzsche, *The Bible in China: History of the Union Version: or the Culmination of Protestant Missionary Bible Translation in China*, p. 376.

13 John T. P. Lai, *Negotiating Religious Gaps: The Enterprise of Translating Christian Tracts by Protestant Missionaries in Nineteenth-century China*, p. 98.

14 Suzanne Wilson Barnett and John King Fairbank, eds., *Christianity in China: Early Protestant Missionary Writings* (Cambridge, Mass.: Harvard University Press, 1985), introduction, p. 7.

15 參閱姚達兑：〈晚清傳教士中國助手的身份認同問題：以王韜、管嗣复、蔣敦复為中心〉，《中國現代文學研究叢刊》，2014 年第 11 期，頁 35～47。

16 無論是本土化（localization），還是本色化（indigenization）、處境化（contextualization）、關聯化（inculturation）、本位化（adaptation），皆旨在探討基督教與中國文化的融合與適應之法，並「承受因差異而帶來的激蕩，以尋求協調整合的方法。」參閱邢福增：《文化適應與中國基督徒：一八六〇至一九一一年》（香港：建道神學院，1995 年），頁 21。本研究不欲探討上述術語的異同之處，統以「本土化」概稱之。

基督教、[17]中文聖經翻譯、[18]傳教士生平、[19]傳教士出版事業、[20]中西文化交流[21]等領域，取得重大進展。這些豐碩研究成果，為本研究提供了充足資料及借鑒。

具體至晚清漢語基督教小說領域，自韓南在其文章〈中國 19 世紀的傳教士小說〉中提出「傳教士小說」[22]概念後，不同學者提出不同的稱謂，如吳淳邦稱「中國基督教小說」，[23]宋莉華稱「傳教士漢文小說」，[24]陳慶浩稱「基督

該領域的代表性著作有 Jacques Gernet, *China & the Christian Impact: A Conflict of Cultures*, trans. by Janet Lloyd (Cambridge: Cambridge University Press, 1985).

17 中國宗教與基督教的關係，是中國基督教研究，尤其是入華之初的基督教研究是一個無法逃避的課題，在此領域的代表作有 Eric Reinder, *Borrowed Gods and Foreign Bodies: Christian Missionaries Imagine Chinese Religion* (Berkeley: University of California Press, 2004). Chloe Stärr, *Chinese Theology* (New Haven: Yale University Press, 2016).

18 自馬禮遜入華始，便有眾多傳教士致力於聖經翻譯研究，並由此產生了譯名之爭等影響深遠的歷史事件。該領域的代表作有 Jost O. Zetzsche, *The Bible in China: History of the Union Version: or the Culmination of Protestant Missionary Bible Translation in China* (Sankt Augustin: Monumenta Serica Institute, 1999). 李熾昌：《聖號論衡：晚清〈萬國公報〉基督教「聖號論爭」文獻彙編》（上海：上海古籍出版社，2008 年）。

19 關於傳教士生平研究的著作不勝枚舉，筆者僅在此羅列三部與本研究密切相關的著作：Norman J. Girardot, *The Victorian Translation of China: James Legge's Oriental Pilgrimage* (Berkeley: University of California Press, 2002). Lauren F. Pfister, *Striving for the "Whole Duty of Man": James Legge and Scottish Protestant Encounter with China: Assessing Confluences in Scottish Nonconformism, Chinese Missionary Scholarship, Victorian Sinology, and Chinese Protestantism* (New York: Peter Lang, 2004). Jessie Gregory Lutz, *Opening China: Karl F. A. Gützlaff and Sino-Western Relations, 1827~1852* (Grand Rapids, Mich.: William B. Eerdmans Pub. 2008).

20 該領域代表作有松浦章、內田慶市、沈國威編著：《遐邇貫珍の研究》（吹田：關西大学出版部，2004 年）。黎子鵬編注：《中國基督教文字事業編年史（1860～1911）》（香港：基督教文藝出版社，2015 年）。

21 該領域代表作有王立新：《美國傳教士與晚清中國現代化：近代基督新教傳教士在華社會文化和教育活動研究》（天津：天津人民出版社，1997 年）。譚樹林：《傳教士與中西文化交流》（北京：生活·讀書·新知三聯書店，2013 年）。Philip L. Wickeri, ed., *Christian Encounters with Chinese Culture: Essays on Anglican and Episcopal History in China* (Hong Kong: Hong Kong University Press, 2015). Song Gang, ed., *Reshaping the Boundaries: The Christian Intersection of China and the West in the Modern Era* (Hong Kong: Hong Kong University Press, 2016).

22 Patrick Hanan, "The Chinese Missionary Novels of Nineteenth-Century China," *Harvard Journal of Asiatic Studies* 60 (2): 413.

23 吳淳邦：〈19 世紀 90 年代中國基督教小說在韓國的傳播與翻譯〉，《東華人文學報》，第 9 期，2006 年 7 月，頁 215～250。

24 宋莉華：《傳教士漢文小說研究》（上海：上海古籍出版社，2010 年）。

教古本漢文小說」。[25]黎子鵬在其新著《福音演義：晚清漢語基督教小說的書寫》中認為，「韓南及宋莉華的稱法，沒有涵蓋中國基督徒單獨創作的小說；吳氏沒有規定語言載體，不利於集中研究；陳氏的『古本漢文』並非現代華人圈廣泛通用的詞彙。」[26]是故，黎氏認為，「晚清漢語基督教小說」(late-Qing Chinese Christian novel）比較合理，「這基本從時段、語言載體、宗教內涵及文學形式上恰當地規限了本書的研究對象，也更符合已掌握文獻的實際情況……基督教小說當中，只要是用漢語翻譯或撰寫的，無論作者或譯者是中國人或其他國籍的人，都應歸為『漢語基督教小說』。」[27]在該書中作者從創作和翻譯兩個維度，對《約瑟紀畧》、《勝旅景程》等文本進行宗教與文學進路的分析。[28]

在晚清漢語基督教小說研究領域，目前學界研究焦點主要集中於：1. 尋求這些小說與中國文學的關係，努力為它們在中國文學史上尋求一席之地；2. 探索文本背後的社會、宗教等因素；3. 從宗教與文學的視角，尋找小說中的基督教元素，及其與聖經之間的關係。

宋莉華的《傳教士漢文小說研究》一書是繼韓南提出「傳教士小說概念」後，首部系統研究該領域的專著。該書以文學史和翻譯史的視角關注晚清漢語基督教小說與中國文學的關係，及其對中國白話文運動的影響。「期望……在宗教傳播與文化交流的視野里，探討傳教士漢文小說的文學價值以及社會功能的延伸與轉化……探討其與中國現代白話語體的確立以及白話文運動之間的關係」。[29]她介紹了《天路歷程》、《回頭看紀略》以及兒童文學的譯介情況，同時對該領域的書目文獻進行整理，在本書附錄部分宋氏簡介了大約 800

25 陳慶浩：〈新發現的天主教基督教古本漢文小說〉，收入徐志平編：《傳播與交融：第二屆中國小說戲曲國際學術研討會論文集》(臺北：里仁書局，2006 年)，頁 467～485。

26 黎子鵬：《福音演義：晚清漢語基督教小說的書寫》，導論，頁 6。

27 黎子鵬：《福音演義：晚清漢語基督教小說的書寫》，導論，頁 6。

28 黎子鵬在〈晚清基督教中文小說研究：一個宗教與文學的角度〉一文中，從作者的角度，將該研究領域大致分為三個方向：對傳教士漢譯小說的研究；對傳教士創作的中文小說的研究；對華人基督徒創作的中文小說的研究。參閱黎子鵬：〈晚清基督教中文小說研究：一個宗教與文學的角度〉，收入黎志添編，《華人學術處境中的宗教研究：本土方法的探索》(香港：三聯書店，2010 年)，頁 227～244。而其新著《福音演義：晚清漢語基督教小說的書寫》，直接將這一領域，分為「翻譯編」和「創作編」兩部分。

29 宋莉華：《傳教士漢文小說研究》，緒論，頁 22。

部作品。2015年，宋莉華《近代來華傳教士與兒童文學的譯介》[30]一書問世，該書將晚清漢語基督教小說的研究進一步聚焦於兒童文學領域，選擇兒童福音故事、小基督徒成長故事等為研究對象，力求完整呈現傳教士翻譯兒童文學的歷史脈絡，進一步擴大了傳教士晚清漢語基督教小說的研究範圍。此外宋氏亦相繼發表了多篇論文，對不同文本進行個案研究，著重梳理它們與中國文學的關係。[31]

袁進致力於探索晚清漢語基督教小說與晚清白話文運動和「五四」白話文運動之間的關係，認為西方傳教士對中國近代文學變革的影響被大大低估了，需要重新調整現代文學的研究視野，[32]並發表了〈試論西方傳教士對中文小說發展所作的貢獻〉等文，[33]探尋晚清漢語基督教小說對中國文學史的

30 宋莉華：《近代來華傳教士與兒童文學的譯介》（上海：上海古籍出版社，2015年）。

31 如宋莉華：〈十九世紀傳教士小說的文化解讀〉，《文學評論》，2005年第1期，頁81～88；宋莉華：〈第一部傳教士中文小說的流傳於影響——米憐《張遠兩友相論》論略〉，《文學遺產》，2005年第2期，頁116～126；宋莉華：〈西方傳教士漢學的分支：傳教士漢文小說研究現狀〉，《國外社會科學》，2008年第5期，頁99～103；宋莉華：〈賓為霖與《天路歷程》的漢譯〉，《上海師範大學學報》（哲學社會科學版），2009年第5期，頁83～90；宋莉華：〈傳教士漢文小說與中國文學的近代變革〉，《文學評論》，2011年第1期，頁57～62；宋莉華：〈基督教漢文文學的發展軌跡〉，《武漢大學學報》（人文科學版），2012年第2期，頁17～20；宋莉華：〈美以美會傳教士亮樂月的小說創作與翻譯〉，《上海師範大學學報》（哲學社會科學版），2012年第3期，頁92～101；宋莉華：〈基督教兒童小說《安樂家》研究〉，《上海師範大學學報》（哲學社會科學版），2014年第1期，頁86～93；宋莉華：〈從《羅慕拉》到《亂世女豪》——傳教士譯本的基督教化研究〉，《文學評論》，2015年第1期，頁210～216；宋莉華：〈傳教士漢文小說的發展及其作為宗教文學的啟示意義〉，《武漢大學學報》（人文科學版），第69卷第4期，2016年7月，頁83～89；宋莉華：〈寫瓶有寄，傳燈不絕——韓南對傳教士漢文小說領域的開拓及其研究現狀〉，《國際漢學》，總第7期，2016年第2期，頁58～66。

32 該觀點見於袁進：〈重新審視歐化白話文的起源——試論近代西方傳教士對中國文學的影響〉，《二十一世紀評論》，2006年12號，總第98期，頁78～86。

33 袁進：〈試論西方傳教士對中文小說發展所作的貢獻〉，收入蔡忠道編，《第三屆中國小說戲曲國際學術研討會論文集》（臺北：里仁書局，2008年），頁415～525。此外還有袁進：〈試論中國近代對文學本體的認識〉，《江淮論壇》，1998年第4期，頁82～90；袁進：〈中國19世紀文學思潮芻議〉，《上海大學學報》（社會科學版），第7卷第3期，2000年6月，頁24～30；袁進：〈梁啟超為甚麼能推動近代小說的發展〉，《上海大學學報》（社會科學版），第11卷第3期，2004年5月，頁24～29；袁進：〈重新審視新文學的起源——試論近代西方傳教士對中國文學的影響〉，《湖南文理學院學報》（社會科學版），第30卷，2005年5月，頁2～4；袁

貢獻。

姚達兌的博士論文〈晚清漢語基督教文學之研究（1807～1902）〉，[34]一方面探求晚清漢語基督教小說與中國白話文起源之間的關係，力求為其在中國文學史上尋得應有地位；另一方面，研究文本產生的過程、背後的影響因素，及對傳教事業的助益。該文聚焦1807～1902年間的不同文本，釐清晚清漢語基督教小說產生的原因及其影響脈絡，分析這些作品的寫作過程中與口岸文人、《聖諭廣訓》、《三字經》等之間的關係。其後姚氏發表多篇論文，考證時新小說的作者及背景。[35]他認為，討論小說作品時應當結連作者生平進行互文性調查，才能使解讀更加趨準。[36]在這些文章中，姚達兌考察了張葆常、楊味西等人作品中的基督教因素，同時通過跨文本閱讀的方式，分析《張遠兩友相論》如何影響楊味西的寫作。而〈主體間性與主權想象——作為中國現代小說源頭之一的傅蘭雅「時新小說」徵文〉[37]一文，則從視閾融合（fusion of horizons）的角度，討論傅蘭雅（John Fryer，1839～1928）的徵文比賽如何激起參賽者的民族主義情緒與現代民族國家主權想像。

這些學者從中國文學的視角出發，多角度對明清傳教士漢譯文學進行文

進：〈論「小說界革命」與晚清小說的興盛〉，《社會科學》，2010年第11期，頁168～173。

34 姚達兌：〈晚清漢語基督教文學之研究（1807～1902）〉（廣州：中山大學，博士論文，2013年）。

35 該六篇論文為：姚達兌：〈傅蘭雅「時新小說」徵文參賽作者考（一）〉，《清末小說通訊》，第105期，2012年4月，頁21～26；姚達兌：〈傅蘭雅「時新小說」徵文參賽作者考（二）〉，《清末小說通訊》，第106期，2012年7月，頁17～20；姚達兌：〈張聲和略考——傅蘭雅「時新小說」徵文參賽作者考（三）〉，《清末小說通訊》，第107期，2012年10月，頁15～18；姚達兌：〈楊味西及其《時新小說》略析——傅蘭雅「時新小說」徵文參賽作者考（四）〉，《清末小說通訊》，第108期，2013年1月，頁21～28；姚達兌：〈張葆常的少年中國和廢漢語論——傅蘭雅「時新小說」徵文參賽作者考（五）〉，《清末小說通訊》，第109期，2013年4月，頁24～30；姚達兌：〈江貴恩的《時新小說》與《鬼怨》——傅蘭雅「時新小說」徵文參賽作者考（六）〉，《清末小說通訊》，第110期，2013年7月，頁18～23。另有近作：姚達兌：〈以儒證耶——哈佛燕京本林樂知譯《安仁車》的研究〉，收入陶飛亞、楊衛華編：《宗教與歷史：漢語文獻與中國基督教研究》（上海：上海大學出版社，2016年），頁331～346。

36 姚達兌：〈傅蘭雅「時新小說」徵文參賽作者考（一）〉，《清末小說通訊》，第105期，2012年4月，頁24。

37 姚達兌：〈主體間性和主權想像——1895年傅蘭雅時新小說徵文和中國現代小說的興起〉，《清華大學學報》（哲學社會科學版），2014年第2期，頁26～36。

學史和翻譯史分析，著力於資料發掘，強調晚清漢語基督教小說在中國文學史和翻譯史上的地位。[38]問題在於，儘管宋莉華聲稱她的研究「期望凸顯 19 世紀中西異質文化相互衝突與相互影響的大背景」，[39]並注意到了這批作品與聖經的關係，[40]在具體操作時，也嘗試分析索引派與《儒交信》(1729)的關係、《引家當道》(1882)所展現的理想基督徒生活等，卻有待進一步探討。但毋庸置疑，從宗教與文學的視角研究傳教士作品與基督教、與聖經的關係極其重要，「傳教士欲把西方基督教作品移植到中國的文化土壤之中，無可避免地要跟中國的歷史、文化、文學傳統接軌和對話。為求遷就不同讀者的文化知識水準和接受能力，譯者須考慮譯入語的文化與宗教語境。」[41]

黎子鵬主要從宗教與文學角度，關注晚清漢語基督教小說。與宋莉華等人的不同在於，黎氏不僅關注作品的中國文化語境，同時注重文本與聖經、基督教的關係。「漢語基督教小說既有豐富的宗教內涵，又有明顯的文學特徵；既可視為宗教文獻，又可視為中國文學中的特殊部分。因此，無論從宗教學或文學的角度進行單方面的研究，都不足以展現其特色，我們必須同時借助宗教學和文學兩方面的學術資源開展綜合性考察。」[42]

黎氏首先編注了《晚清基督教敘事文學選粹》、[43]《贖罪之道傳：郭實獵基督教小說集》[44]兩書，前者收錄了米憐、理雅各、胡德邁(Thomas H. Hudson，1800～1876)等人的共 6 部作品；後者收錄了郭實獵的《贖罪之道傳》、《正邪比較》等 9 部作品。黎氏將這批文本資料進行整理並加以注釋，為該領域研究提供了珍貴原始資料。同時，在緒論部分，他從中西兩個方向，著重分析這些作品與聖經的互涉、與中國小說傳統的融合等問題，比如郭實獵的《贖罪之道傳》、《常活之道傳》、《是非畧論》對清初才子佳人小說的參引。[45]黎子

38 除去上述學者的著述，還有其他研究問世，如杜慧敏：《晚清主要小說期刊譯作研究，1901～1911》(上海：上海書店出版社，2007 年)。何紹斌：《越界與想象：晚清新教傳教士譯介史稿》(上海：上海三聯書店，2008 年)。

39 宋莉華：《傳教士漢文小說研究》，緒論，頁 22。

40 宋莉華：《傳教士漢文小說研究》，緒論，頁 2。

41 黎子鵬：《福音演義：晚清漢語基督教小說的書寫》，導論，頁 3。

42 黎子鵬：《福音演義：晚清漢語基督教小說的書寫》，導論，頁 10。

43 米憐等著，黎子鵬編注：《晚清基督教敘事文學選粹》(新北：橄欖出版有限公司，2012 年)。

44 黎子鵬編注：《贖罪之道傳：郭實獵基督教小說集》(新北：橄欖出版有限公司，2013 年)。

45 黎子鵬編注：《贖罪之道傳：郭實獵基督教小說集》，導論，頁 liii。

鵬 2017 年新著《福音演義：晚清漢語基督教小說的書寫》，分為「翻譯編」和「創作編」兩部分，為近年研究成果之心得，其將多篇論文修改、整理後集結成書，所分析文本主要包括葉納清《金屋型儀》（1852）、博美瑞《安樂家》（1882）等。黎氏以宗教與文學的視角分析這些作品的基督教內涵，以及本土化創作方式，如《金屋型儀》中所塑造的模範聖徒形象、《安樂家》中的聖女形象等。

此外黎子鵬亦有多篇論文問世，[46]如〈晚清基督教小說《引家當道》的聖經底蘊與中國處境意義〉[47]一文，闡述《引家當道》中「家」的含義；〈晚清基督教文學：《正道啟蒙》（1864）的中國小說敘事特徵〉[48]從敘事學角度分析《正道啟蒙》的敘事結構、敘事角度；〈結緣於俾士：中華循道會之父〉[49]探尋《以利亞紀畧》（1863）同《委辦譯本》聖經的關係；〈「無上古國」：郭實獵小說《是非略論》與《大英國統志》中的英國形象〉（"Supreme Nation": The British Image in Karl Gützlaff's Novels *Shifei lüelun* and *Dayingguo Tongzhi*）[50]分析「英國」這一意象在郭實獵作品中的特殊地位；〈《聖經》與中國文學的互涉：清末時新小說《驅魔傳》中鬼魔的宗教原型與社會意涵〉[51]一文，以弗萊（Northrop Frye，1912～1991）的文學原型理論（theory of archetypes）作為

46 下文提到的黎氏的論文，有若干篇在修改、整理後，被收入其新著：《福音演義：晚清漢語基督教小說的書寫》一書中，「重點探討基督教的福音如何透過中國小說的形式敷演成文，推陳義理；分析這批漢語基督教小說如何利用中國文學的敘述資源（如章回體、夾敘夾議、小說點評等），藉以改寫《聖經》，譯述西方基督教文學，與中國本土宗教對話、與中國的社會文化處境互動等，從而歸納出作品所採用的跨文化的敘事策略，以及文學與宗教傳播的緊密關係。」參閱黎子鵬：《福音演義：晚清漢語基督教小說的書寫》，導論，頁 10。

47 黎子鵬：〈晚清基督教小說《引家當道》的聖經底蘊與中國處境意義〉，《聖經文學研究》，第 5 輯，2011 年，頁 79～95。

48 黎子鵬：〈晚清基督教文學：《正道啟蒙》（1864）的中國小說敘事特徵〉，《道風：基督教文化評論》，第 35 期，2011 年，頁 279～299。

49 黎子鵬：〈結緣於俾士：中華循道會之父〉，收入邢福增、關瑞文、吳青編：《人言我為誰乎？盧龍光院長榮休紀念文集》（香港：基督教文藝出版社，2014 年），頁 201～225。

50 John T. P. Lai, "Supreme Nation": The British Image in Karl Gützlaff's Novels *Shifei lüelun* and *Dayingguo Tongzhi*. in Song Gang ed., *Reshaping the Boundaries: The Christian Intersection of China and the West in the Modern Era* (Hong Kong: The University of Hong Kong, 2016), pp. 59~75.

51 黎子鵬：〈《聖經》與中國文學的互涉：清末時新小說《驅魔傳》中鬼魔的宗教原型與社會意涵〉，《中國現代文學研究叢刊》，2013 年第 11 期，頁 173～189。

分析工具，分析作者如何運用《聖經》中的原型，結合中國文學和宗教中的資源，建構作品中獨特的神魔形象；〈譯本的轉生——清末時新小說對《天路歷程》的重寫〉[52]分析《天路歷程》對時新小說的影響，「觀察中國基督徒如何吸收《天路歷程》的敘事技巧，來創作出饒具社會意涵的本土基督教小說」；[53]〈張佃書《無名小說》（1895）的宗教表述——以其「時調」為重點的分析〉[54]探討文本中出現的「時調」與《天路歷程》的互文，「從文學的角度分析該『時調』的源流、形式、內容及功能，以及從宗教的視角闡釋當中的多元宗教表達」。[55]

及至本書所研究之聖經人物漢語傳記，黎子鵬同樣有所關注。在《晚清基督教敘事文學選粹》一書的序言中，黎子鵬最先提及了《亞伯拉罕紀畧》這部「歷史人物傳記小說」。[56]在《贖罪之道傳：郭實獵基督教小說集》一書中，黎子鵬稱郭氏著述頗豐，其中包括「耶穌及聖徒的傳記」，[57]如《耶穌神蹟之傳》（1836）、《摩西言行全傳》等。黎氏稍後於〈結緣於俾士：中華循道會之父〉一文中論及《以利亞紀畧》同《委辦譯本》聖經的關係，作者認為，「從內容和敘寫風格來看，《以利亞紀畧》明顯脫胎自同年代（1854）出版的中文聖經《委辦譯本》。」[58]〈稗說聖經：理雅各的《約瑟紀畧》（1852）〉[59]一文，從史傳文學角度分析《約瑟紀畧》中所使用的敷演經文、勸世之教書寫策略，及所塑造的約瑟聖人形象。

但至目前為止，對聖經人物漢語傳記的研究還存在空白。首先，學界迄今未曾有學者對該領域進行系統深入研究。儘管黎子鵬有兩篇論文面世，但就該領域整體研究而言尚缺乏深度分析，尤有進一步深入探討空間；其次，目前學

52 黎子鵬、鄺智良：〈譯本的轉生——清末時新小說對《天路歷程》的重寫〉，《或問》，第 25 號（2014），頁 15～29。

53 黎子鵬、鄺智良：〈譯本的轉生——清末時新小說對《天路歷程》的重寫〉，《或問》，第 25 號（2014），頁 15。

54 黎子鵬：〈張佃書《無名小說》（1895）的宗教表述——以其「時調」為重點的分析〉，《漢學研究》，第 33 卷第 1 期（2015），頁 295～318。

55 黎子鵬：〈張佃書《無名小說》（1895）的宗教表述——以其「時調」為重點的分析〉，《漢學研究》，第 33 卷第 1 期（2015），頁 295。

56 米憐等著，黎子鵬編注：《晚清基督教敘事文學選粹》，編者序，頁 x。

57 郭實獵著，黎子鵬編注：《贖罪之道傳：郭實獵基督教小說集》，編者序，頁 ix。

58 郭實獵著，黎子鵬編注：《贖罪之道傳：郭實獵基督教小說集》，頁 210。

59 黎子鵬：〈稗說聖經：理雅各《約瑟紀畧》（1852）〉，收入氏著：《福音演義：晚清漢語基督教小說的書寫》，頁 129～158。

界多從文學研究的角度，以小說的視角分析晚清漢語基督教小說與中國文學的關係，本書所用之聖經接受史研究進路及所使用之傳記視角，未曾有學者關注。這批數量頗豐的作品絕不應被湮沒於歷史長河中，它們承載著傳教士對聖經的詮釋重點、對社會議題的回應、對中國經典的解讀方式。是故，本書嘗試從傳記角度為該領域研究打開新的視角。

第三節　研究價值

自韓南提出「傳教士小說」概念後，以宋莉華、袁進等學者為代表的學人，從小說角度對該領域逐漸展開深入研究，主要關注點在於它們與中國文學的關係，為其尋求在中國文學史上的一席之地。黎子鵬主要從宗教與文學的視角，探討作品與基督教、聖經的關係。毋庸置疑，目前對這批小說的研究已取得頗豐成果，《亞伯拉罕紀畧》等作品亦被納入研究視野，探索其對夾敘夾議、章回體等中國小說體式的借用。[60]但整體而言，對於聖經人物漢語傳記的研究目前存在若干盲點。

首先，就目前學界研究成果而言，對聖經人物漢語傳記缺乏整體、系統的研究，甚至可稱為「關注盲點」。目前為止，除卻黎子鵬的若干論文關注《約瑟紀畧》、《以利亞紀畧》等文本，尚無其他學者有所深入、系統研究。但這批作品是重要的，其重要性主要體現在：1. 這些作品直接脫胎於聖經，較之《是非畧論》等世俗性的晚清漢語基督教小說而言，[61]無論是情節還是人物設置，都更具有典範性；2. 它們延續了中國古典傳記文學釋經傳統的聖經人物漢語傳記，承載著作者的經文詮釋等活動。但較之釋經書，此種講故事的方式，無疑更具有趣味性、敘事性；3. 傳教士對經文的刪選、詮釋活動，與文本所處語境密不可分，因此具有現實性、敏感性。

概而言之，這些聖經人物漢語傳記是晚清文字事工浪潮中的一種特殊文

60 黎子鵬：〈稗說聖經：理雅各《約瑟紀畧》(1852)〉，收入氏著：《福音演義：晚清漢語基督教小說的書寫》，頁 129～158。

61 此處所謂「世俗性的晚清漢語基督教小說」，主要是在人物設置層面，將其與《約瑟紀畧》等進行區分。這些世俗性的晚清漢語基督教小說，人物設置並非直接取自聖經，而是以虛構的人物為主角，講述相關故事。筆者不否認這些小說的價值，亦無意將其與《約瑟紀畧》等文本，進行對立層面的分析，僅為釐清概念、避免讀者疑惑之便。

學產物，與釋經書相比，聖經人物漢語傳記承擔了改寫聖經故事、言說聖經內涵的功能，但比釋經書更具趣味性；同世俗性的晚清漢語基督教小說相比，聖經人物漢語傳記與聖經的關係更為密切，人物設置更具典範性；與聖經漢譯相比，聖經人物漢語傳記在改寫聖經的過程中折射出聖經與中國語境的矛盾之處，比直接的聖經翻譯更具敏感性。因此，這些作品本身及其背後深刻的複雜底蘊，有待學者進一步深入、具體研究。

其次，就研究角度而言，學界主要從小說角度對其進行探析尤注重其與中國文學的關係，本書欲轉而以傳記為視角，深入分析這批聖經人物漢語傳記。採用傳記視角的重要性在於：1. 傳主形象是傳記研究的核心，聖經人物漢語傳記的傳主皆出自聖經，自有其典範性；同時，亞伯拉罕等傳主具有多重面孔，他們既具有基督教聖徒的特質，又被作者以「聖人」稱之。以傳記為視角可深入分析傳主形象的多樣性和層次性，以期努力建構出傳教士所試圖為中國讀者所展示的基督徒形象。

一方面，傳教士以傳記的形式樹立眾多聖徒楷模，生動地傳遞上帝的恩典與榮耀，同時對信徒起到訓誡作用。因此，傳主具有雙重身份：他們既是一群道德卓越的真實人物，同時具有超越的神聖性。他們的角色功能一方面在於通過自身的道德模範作用，「保證這個世界在倫理層面的功能（ethically functional）」，[62]同時是「生動的傳遞者（transmitters）」，[63]傳遞上帝的恩典、榮耀等。由於傳主們皆出自聖經，所以這種楷模形象的樹立，較之《是非畧論》（1838）[64]等小說中虛構的主人公而言更加具有說服力。如《保羅言行錄》（1837）乃「借聖書之傳纂保羅言行之錄」，[65]全書共分為九章講述「勞苦堅心、忍耐博愛……冒險臨危遭難而不憚」[66]的保羅的一生；《約瑟紀畧》和《亞伯拉罕紀畧》，「本載諸聖經，先聖摩西感於聖神所述，以為後世勸者」，[67]理

62 Aviad M. Kleinberg, *Flesh Made Word: Saints' Stories and the Western Imagination*, trans. by Jane Marie Todd (Cambridge, Mass.: Belknap Press of Harvard University Press, 2008), p. xi.

63 Aviad M. Kleinberg, *Flesh Made Word: Saints' Stories and the Western Imagination*, p. xi.

64 《是非畧論》是郭實獵創作的一部晚清漢語基督教小說，主要講述英國的國情，包括教育、婚姻、司法、經濟、科技等，也用較大篇幅論及英國的宗教文化和基督教教義。

65 郭實獵：《保羅言行錄》（新嘉坡〔新加坡〕：堅夏書院，1837 年），序。

66 郭實獵：《保羅言行錄》，序。

67 理雅各：《亞伯拉罕紀畧》，收入黎子鵬編注：《晚清基督教敘事文學選粹》，頁 52。

雅各在文中樹立了約瑟和亞伯拉罕的聖人形象；[68]《約伯紀畧》（1866）中的約伯，「品行純良、勤緊行善、敬畏上帝、遠離呆惡」。[69]

另一方面，傳教士明確稱呼傳主為聖人，賦予他們儒家聖人特質。所謂聖人既學識淵博，「聖人之稱，明智之極名也」；亦品行高尚，「聖人稟有全德，大中至正，順應而不失其則。」「所謂聖人者，德合於天地，變通無方，窮萬事之終始，協庶品之自然。」聖經人物漢語傳記中的傳主被作者賦予智慧、德行等儒家聖人種種特質，如《約色弗言行錄》中，稱「約瑟為聖人」，[70]將父母接至埃及奉養；但以理作為聖人，「聰明睿智，鐘靈毓秀」，[71]「其（有）聰明智慧、才能卓異，超越於群賢士巫師矣……亦如隱逸之士，株守一隅」。[72]

以傳記視角分析傳教士對傳主形象的塑造，探討其所具有的聖人與聖徒的特質，可以窺視作者努力為中國讀者展現何種基督徒形象。黎子鵬〈稗說聖經：理雅各《約瑟紀畧》（1852）〉一文，雖分析約瑟所具有的聖人特質，以期「讓在儒家思想氛圍之下的中國讀者，更易對書中的角色產生認同和代入感，不至於將基督教與儒家倫理看為敵我對立」，[73]但黎氏的分析僅限於儒家視角的聖人形象分析，而忽視了約瑟所具備的聖徒特質，因此並不能完全回答其在論文中所試圖解決的「人物形象豐滿生動」、[74]「不至於將基督教與儒家倫理看為敵我對立」等問題。且黎氏僅以《約瑟紀畧》一文為例分析約瑟形象，本書將同時考察《約色弗言行錄》（約 1830s）、《約瑟傳》（1892）、《約瑟言行全傳》（1861）等多部約瑟傳記，以求整體審視晚清文學、宗教語境中多面的約瑟形象；進而研究在聖經人物漢語傳記中，傳教士所塑造的基督徒形象。

2. 以傳記為視角，可深入分析聖經人物漢語傳記所具有的詮釋功能。目

---

68 理雅各曾多次寫道「聖人亞伯拉罕」（理雅各：《聖書要說析義》，香港：英華書院，出版日期不詳，頁 4）、約瑟「為聖賢也」（理雅各：《約瑟紀畧》，香港：英華書院，1852 年，頁 6）

69 作者不詳，《約伯紀畧》（福州：美華書局，1866 年），頁 1。

70 郭實獵：《約色弗言行錄》（新嘉坡〔新加坡〕：堅夏書院，1830s），頁 22。

71 郭實獵：《但耶利言行全傳》（新嘉坡〔新加坡〕：堅夏書院，1837 年），頁 3。

72 郭實獵：《但耶利言行全傳》，頁 3。

73 黎子鵬：〈稗說聖經：理雅各《約瑟紀畧》（1852）〉，收入氏著：《福音演義：晚清漢語基督教小說的書寫》，頁 217。

74 黎子鵬：〈稗說聖經：理雅各《約瑟紀畧》（1852）〉，頁 132。

前學界以小說為視角，分析晚清漢語基督教小說時關注其與中國文學的關係，夾敘夾議、回末評等。如「《約瑟紀畧》明顯帶有中國章回體小說的敘事及審美特徵。從明代開始，章回小說就成了中國古代小說的一種主要體式，其文體特點是『分回標目、故事連續、段落整齊、首尾完具』。」[75]但這種分析僅從小說寫作體式層面，分析作品與中國文學的關係，忽視了此種寫作方式如何具體詮釋聖經。

以傳記視角觀之，或可對傳教士採用回末評等方式有更深入的了解。中國傳記文學發展之初，傳記的作用在於記錄史料、解釋經典，功能在於釋經，與注釋意義相仿。章學誠在《文史通義》中寫道：「傳記之書，其流已久……各記所聞，依經起義，雖謂之記可也……各傳其說，附經而行，雖謂之傳可也。」[76]李祥年在《傳記文學概論》中認為，「中國傳統的人物傳記創作，其大多側重於藉助人與事的傳述而闡發以儒家思想為主要支柱的社會倫理觀念，也不能不說是因受到了『釋經』的影響。」[77]所以，在傳記文學的發展之初，更多的功能在於解釋經典文字，具有嚴肅歷史觀，以及道德教化功用，如班固在《漢書・藝文志》中，將《史記》列入「儒家者流」，傳記與正典的關係可見一斑。

無可否認，聖經人物漢語傳記的書寫明顯具有中國古典傳記文學的痕跡，如米憐將耶穌生平，以「史紀」做題，名為《救世者言行真史紀》；理雅各的《約瑟紀畧》、《亞伯拉罕紀畧》，俾士的《以利亞言行紀畧》等亦模仿《史記》體例。[78]它們不僅模仿《史記》的創作樣式，更繼承了中國古典傳記的釋經功能。這也就解釋了為何傳教士在書寫聖經人物漢語傳記時，時不時加入對傳主或事件的評論。這一舉動不僅僅在於以中國文學的樣式與中國讀者拉近距離，更重要的作用在於傳遞作者自己的觀點，解釋聖經經文。通過這些詮釋可以窺視作者對當時爭議性議題的回應等問題，以傳記視角追溯其原初的釋經功能，方可明白在《約瑟紀畧》等文本中作者加入評論的重要性。

李熾昌若干年前曾言，目前學界還沒有非常詳細地從文本實踐和聖經解

---

75 黎子鵬：〈稗說聖經：理雅各《約瑟紀畧》(1852)〉，頁 136。

76 〔清〕章學誠著，葉瑛校注：《文史通義校注》(北京：中華書局，1985 年)，卷三，頁 28。

77 李祥年：《傳記文學概論》(合肥：安徽文藝出版社，1993 年)，頁 24。

78 關於作品與《史記》的關係，更為詳細的論述，可參閱米憐等著，黎子鵬編注：《晚清基督教敘事文學選粹》，導論，頁 xxvi～xxvii。

釋的角度進行的聖經研究（無論是天主教還是新教方面）。[79]如今學者已意識到該領域研究的重要性，並逐漸有所發展。從文本實踐和聖經解釋的角度進行聖經研究，能夠幫助研究者理解作者採用何種策略實現與中國本土化語境的融合，達到既傳播文化、又避免文化衝突的目的，這於今日而言具有重要借鑒意義。[80]因此，從傳記的視角探析作者重寫聖經故事的策略及其詮釋聖經的側重點，有助於今日「中國意識聖經學」（biblical studies in China）[81]的發展；而若以小說視角僅關注回末評、夾敘夾議等方式與中國文學的關係，或會有失此一面向。

對於聖經人物漢語傳記研究，不僅在研究成果和研究角度方面存在若干盲點，且在中國傳記文學研究領域，對宗教類傳記亦有所忽視。在中國目前現有的傳記研究中，多忽視宗教類傳記，無論是基督教還是佛道兩教。《中國傳記文學史》是中國傳記研究的重要著作，在這部書中韓兆琦全面梳理了中國傳記文學的發展脈絡，將傳記文學分為五類，[82]為後來的中國傳記文學研究奠定基調。及至後來的《傳記通論》、《中國傳記文學發展史》等，都逃不出這一基調的窠臼。

中國學者在研究中國傳記時缺乏對宗教類傳記的關注，而在書寫西方傳記史時卻會將基督教聖傳列入考察範圍。如楊正潤在《傳記文學史綱》中，明確將《舊約》分為史詩傳記、歷史傳記、先知傳記三類，[83]並研究歐洲中世紀

---

79 李熾昌編：《文本實踐與身份辨識：中國基督徒知識分子的中文著述，1583～1949》（上海：上海古籍出版社，2005 年），序言，頁 3。

80 李熾昌認為，在中國基督教的研究領域運用「跨文本方法」具有重要意義：1. 使我們避免陷入基督教文化與中國文化孰優孰劣的爭論；2. 使我們更全面地審視中西方文化交流的細節和空白地帶；3. 強調了文本的重要性，以文本為中心，將哲學、神學、歷史和語言問題共冶一爐進行研究。詳參李熾昌編：《文本實踐與身份辨識：中國基督徒知識分子的中文著述，1583～1949》，序言，頁 3～4。

81 此處所用「中國意識的聖經學」，取自中央民族大學宗教研究院於 2017 年 6 月 24～26 日，在京舉辦的「『中國意識的聖經學』工作坊」（"Biblical Studies in China" Workshop，該工作坊與山東大學饒宗頤宗教與中國文化研究所合辦）。游斌稱，在中國學術界開展的聖經學，既在「學術之為天下公器」的意義上，與西方聖經學界有這共同的平台，又因其不同的問題意識與文化、制度處境而與西方聖經學界有著顯著區別，它呼喚一種「具有中國意識的聖經學」。從深層次來說，這種研究需要處理「中國意識的聖經學到底包含哪些基本內涵」、「中國意識的聖經學與中國個宗教的經學傳統的對話與辨難」等問題。（來自游斌發給與會者的郵件）

82 參閱韓兆琦：《中國傳記文學史》（石家莊：河北教育出版社，1992 年），頁 3～5。

83 楊正潤：《傳記文學史綱》（北京：語文出版社，1999 年），頁 200～211。

聖徒傳記及其演變。但作者對這些作品的評價並不高，認為這些聖傳不具備傳記「應有的歷史科學性」，[84]「它們不是刻畫聖徒的性格，而是表現他們的宗教信仰，因此，人物也就只有共性而沒有個性；它們不是記載聖徒的真實活動，而是根據教會的需要隨意增減刪改，以便引申出某些道德教訓。因此可以說聖徒傳記基本上是教會的宣傳工具。」[85]此種評價並非完全客觀公正，卻在一定程度上影響了中國的宗教類傳記研究。

目前佛道兩教的宗教類傳記已有成果問世，如在臺灣已有一些關於佛道兩教傳記研究的碩士、博士論文。[86]臺灣中央研究院文哲研究所於 2007 年召開「聖傳與詩禪」主題研討會，在該次會議上眾多學者分析佛道兩教傳記與中國文學的關係、聖者形象的刻畫等問題，正如李豐楙所言，「既已發現中土的傳記傳統，在不同的記錄收錄情況下，聖者就已有偏重不同的形象、性格……（這）本就是一個值得研究的問題。」[87]因此，傳記中的傳主形象並非楊正潤所言，只有共性而沒有個性，千人一面。

天主教領域，李奭學從宗教與文學角度對晚明傳教士翻譯的聖傳作品有所研究，其《譯述：明末耶穌會翻譯文學論》一書，著重分析龍華民（Nicolas Longobardi，1565～1654）、高一志（Alfonso Vagnone，1568～1640）等傳教士對天主教聖傳的翻譯，如《聖若撒法始末》（1602）、《聖母行實》（1629）、《天主教聖人行實》（1629）等。李氏主要探析聖傳中的人物形象等議題，如《聖母行實》中的聖母瑪利亞與送子觀音之間的關係，「女神信仰的本土化現象是歷史常態……瑪利亞還有賜子的能力：她有如中國傳統中的『白衣大士』或『送子觀音』的天主教化身。」[88]

及至基督教領域，亦不應忽視宗教類傳記的地位和作用。米憐的《救世者言行真史紀》開創了傳教士書寫傳記的先河，其後，傳教士不僅書寫聖經人物漢語傳記，同時亦翻譯了大量傳記，崔文東在其博士論文〈晚清翻譯傳記研究〉中，已經注意到該文學領域：

84 楊正潤：《傳記文學史綱》，頁 70。

85 楊正潤：《傳記文學史綱》，頁 201。

86 如劉婉俐：〈藏傳佛教傳記的主體性與空性：伊喜嘉措佛母密傳的敘事研究〉（新北：輔仁大學，博士論文，2001 年）。

87 李豐楙、廖肇亨編：《聖傳與詩禪：中國文學與宗教論集》（臺北：中央研究院文哲研究所，2007 年），頁 13。

88 李奭學：《譯述：明末耶穌會翻譯文學論》（香港：香港中文大學出版社，2012 年），頁 182。

> 追溯晚清新聞史，可以發現翻譯傳記之刊布與近代報刊的誕生發展步伐一致……眾所周知，來華基督新教傳教士最早創立近代中文報刊，但是他們刊載翻譯傳記的實踐尚未受到充分關注。事實上，第一份中文雜誌《察世俗每月統記傳》就曾刊登馬禮遜譯寫的〈法蘭西國作變復平略傳〉，藉拿破崙霸業的滅亡來證明上帝意志之強大，已經具有傳記的色彩。隨後的《東西洋考每月統記傳》正式打出傳記的名目，於 1837 年連載郭實獵譯寫的〈譜姓．拿破戾翁〉。1838 年刊載〈華盛頓言行最略〉、〈馬哥理皇后略說〉、〈姓譜〉、〈顯理號第四〉……這些傳記傳主……大概都是依據英文資料譯寫，以中國傳統傳記的面目出之，難以辨明原著。……馬禮遜、郭實獵借翻譯傳記以傳播教義的實踐，自此成為傳統，為此後的傳教士所繼承，無論是《遐邇貫珍》、《六合叢談》、《書圖新報》、《格致彙編》、《中西教會報》，都不乏短篇西方歷史人物傳記。[89]

崔文東已經注意到在晚清的文學浪潮中傳教士譯寫了大量傳記，傳主包括亞歷山大、拿破崙、路德等各領域人物，傳記的創作亦持續頗長時間，由此可見此一文學樣式在傳教士作品中的重要地位。這些傳記的目的在於傳播教義，如馬禮遜、郭實獵所翻譯的拿破崙傳記，使傳主具有撒旦與魔王的色彩，[90]自此之後，「借翻譯傳記以傳播教義的實踐，自此成為傳統，為此後的傳教士所繼承。」[91]《基督教出版各書書目匯纂》、《中華基督教文字索引》、《基督教書目摘錄》等，都專門列出「傳記」文學門類，由此可見傳記對於基督教在華事業的重要性。

這些傳記作品在中國傳記文學史的研究中尚且缺席，但這一領域是重要的，通過對宗教類傳記的研究，可以「展現衍生自宗教傳統的聖徒傳記書寫如何影響現代主義文學，而現代主義又是如何回應與活化這個傳統。」[92]佛教、道教、天主教的宗教傳記研究，已逐漸有學者涉足，而基督教傳記領域目前較少

---

89 崔文東：〈晚清翻譯傳記研究〉（香港：香港中文大學，博士論文，2015 年），頁 24～25。

90 參閱崔文東：〈從撒旦到霸王——馬禮遜、郭實獵筆下的拿破崙形象及其影響〉，《清華學報》，第 45 卷第 4 期，2015 年 12 月，頁 631～664。

91 崔文東：〈晚清翻譯傳記研究〉，頁 25。

92 呂奇芬：〈斯泰因對聖徒傳書寫傳統的現代主義式回應〉，《中外文學》第 33 卷第 10 期，2005 年 3 月，頁 73。

有學者進行整體、深入研究。是故，從傳記視角對聖經人物漢語傳記進行研究，一方面可與佛教、道教、天主教的宗教傳記研究遙相呼應，以期重新定義宗教類傳記「這一文類在今日的功用與特色」，[93]填補目前中國傳記研究中宗教類傳記研究的空白，進而為基督教文學在中國文學史上的地位謀求一席之地，有所助益；另一方面亦可以在一定程度上填補基督教傳記研究領域的空白。

綜上所述，聖經人物漢語傳記的研究可從研究成果、研究角度、學科地位等方面，對學界目前研究有所補充。若僅以小說作為研究視角分析它們與中國文學的關係，無疑會局限了聖經人物漢語傳記的研究空間。本書從傳記文學視角探究傳教士對基督徒形象的書寫、對社會議題的回應等，嘗試構建出清末傳教士為中國讀者所呈現的基督教圖景。

第四節　研究進路

本書主要採用宗教與文學的研究方法，以聖經接受史為主要進路，通過對文本的細讀及考察，發現文本背後的文學、歷史、社會圖景。宗教與文學研究方法的重要性早已被諸多學者強調。余國藩在〈文學與宗教〉（“Literature and Religion”）一文中認為，對宗教研究中文學材料所扮演的角色功能的評價，最明顯、最合適的辯護，是從歷史的角度。很多時候我們並不能清晰明確地將文學從宗教文獻中分離出來，這不僅僅是因為宗教價值在一個社會中具有重要功能，更重要的是宗教同生活中包括文學在內的許多方面都相互交織，因此二者是不可明確區分的。[94]因此，「研究宗教不能偏廢文學上的資料」，[95]這些宗教文學作品「都具有保存宗教觀念，揭露宗教活動的功能」[96]，甚至有可能是「宗教傳統唯一主要的記錄」[97]。正如陳允吉在《佛教與中國文學論稿》一書開篇所言：「宗教與文學是人類生活行進到一定階段的產物，這

93 魏明德：〈聖方濟各·沙勿略傳——從傳教歷史到詮釋策略〉，收入李豐楙、廖肇亨編：《聖傳與詩禪：中國文學與宗教論集》，頁 137。

94 See Anthony C. Yu, “Literature and Religion”, in *Comparative Journeys: Essays on Literature and Religion East and West* (New York: Columbia University Press, 2009), pp. 5~8.

95 Anthony C. Yu, “Literature and Religion”, in *Comparative Journeys: Essays on Literature and Religion East and West* , p. 4.

96 Anthony C. Yu, “Literature and Religion”, in *Comparative Journeys: Essays on Literature and Religion East and West* , p. 4.

97 Anthony C. Yu, “Literature and Religion”, in *Comparative Journeys: Essays on Literature and Religion East and West* , p. 5.

兩類觀念形態的東西，好像一棵樹上長出的兩枝花朵，本來就存在著彼此互相含納的關係。」[98]孫昌武也強調：「研究中國文學史，科學地總結中國文學的歷史發展規律，不能不研究宗教。」[99]

傳教士翻譯或創作的中文作品，不僅具有中國文學的色彩，同時更加具備明顯的基督教文學要素。遺憾的是，「對於晚清基督教中文書籍的研究，學界以往對其歷史價值的發掘和義理的詮釋較為重視」，[100]而對文學方面研究不足。在韓南提出「傳教士小說」的概念後，儘管有宋莉華、姚達兌等學者，開始著眼於文學進路的文本的分析，但目前對這些問題的研究大多集中於作品同中國文學的關係，而缺乏從宗教與文學的角度審視這批作品。在目前對於這些作品的研究中，宗教與文學各自為營，缺乏彼此溝通與融合。

無可否認，晚清漢語基督教小說處於宗教與文學之間，既有文學的樣式，又具有基督教的內涵，但目前為止卻未受到足夠的重視，究其原因，「也許有宗教學者視其宗教內涵不夠深刻，文學研究者則指其文字造詣難登大雅之堂。另一方面，宗教學與文學研究各自有其學術傳統與規範，無論從宗教的視角研究文學，抑或從文學的角度研究宗教，皆非兩個學術傳統的重點所在。」[101]尤其是從宗教與文學的角度將文本與聖經進行跨文本閱讀的研究，目前尚留有一定程度空白。

但從宗教與文學的進路進行研究又是重要的，它能夠幫助研究者理解作者採用何種策略實現與中國本土化語境的融合，達到既傳播文化、又避免文化衝突的目的，這於今日而言具有重要借鑒意義。具體至聖經人物漢語傳記，它們直接取材於聖經，同聖經的關係格外密切，因此需尤其注意文本背後作者對聖經的詮釋。

以理雅各筆下的聖經人物為例，約瑟、亞伯拉罕均被作者稱為「聖人」。《約瑟紀畧》中，他尊敬兄長，見面即「向兄施禮」；[102]他不為女主人美色所誘：「自古則有男先乎女，罕見女先乎男。女既求之，而男拒之者，非得性情之正、道學之深，其孰能之？此約瑟所以為聖賢也」；[103]他心存寬仁之心：「諸

98 陳允吉：《佛教與中國文學論稿》（上海：上海古籍出版社，2010 年），頁 1。
99 孫昌武：《中國文學中的維摩與觀音》（天津：天津教育出版社，2005 年），頁 3。
100 米憐等著，黎子鵬編注：《晚清基督教敘事文學選粹》，導論，頁 xvi。
101 黎子鵬：《福音演義：晚清漢語基督教小說的書寫》，導論，頁 7。
102 理雅各：《約瑟紀畧》，頁 2。
103 理雅各：《約瑟紀畧》，頁 6。

兄妒害約瑟，不仁已極。而約瑟殊無懷恨復仇之意……觀其返金於囊，兼贈路費一節，其心之寬仁可見矣」；[104]他在父親死後，寬待兄弟，「汪涵大度，不懷私忿而然也……約瑟所為，深得聖書之首矣」。[105]《亞伯拉罕紀畧》中，亞伯拉罕懇請上帝勿滅所多馬等二城，「非徒以有姪在彼，亦憫二邑之生民耳……（其）仁民愛物之心，於此可見矣」。[106]

但這些聖經人物之所以被作者稱為「聖賢」，不僅僅因為其美好的品行，更加因為他們對上帝持有信念，乃「義人」。《落爐不燒》（1861）[107]中，沙得臘、米煞、亞百泥呵，「佢地斷斷不肯去拜邪神，獨拜上帝啫，可見佢地嘅品行，實是富貴不能移，威武不能屈的，當真可敬可愛」。[108]理雅各引用「富貴不能淫，貧賤不能移，威武不能屈，此之謂大丈夫」[109]的典故，正面樹立不肯拜邪神的基督徒形象，同時強調它的意義，即「係教我後世嘅人，學效沙得臘等嘅樣子，丹心敬事上帝，遵守天理，莫貪富貴而忘正直之道，莫怕艱難而失行善之心，總要堅持雅操方能做個昭昭嘅君子。死後靈魂得救，可享天堂嘅美福，咁個意思」。[110]換言之，作為聖人單有美德尚且不夠，更需「丹心敬事上帝」，最終才能得救上天堂，此處仍是強調「稱義」的信心。

由上例可以看出，若我們僅僅以中國文學的視野觀照傳教士編著的聖經人物漢語傳記，無疑會削弱、甚至抹滅文本豐富的信息，它們「既有豐富的宗教內涵，又有明顯的文學特徵；既可視為宗教文獻，又可視為中國文學中的特殊部分。因此，無論從宗教學或文學的角度進行單方面的研究都不足以展現其特色，我們必須同時借助宗教學和文學兩方面的學術資源展開綜合考察。」[111]

是故，對聖經人物漢語傳記的研究不僅要借鑒當前研究的方法與成果，

---

104 理雅各：《約瑟紀畧》，頁 15。

105 理雅各：《約瑟紀畧》，頁 17。

106 理雅各：《亞伯拉罕紀畧》，收入米憐等著，黎子鵬編注，《晚清基督教敘事文學選粹》，頁 64。

107 理雅各：《落爐不燒》（香港：英華書院，出版日期不詳），以《但以理書》三章 1～30 節為依據，以粵語方言重寫「金像與火窯」的故事。

108 理雅各：《落爐不燒》，頁 4。

109〔漢〕趙岐注，〔宋〕孫奭疏，《十三經注疏》整理委員會整理：《孟子注疏》（北京：北京大學出版社，2000 年），頁 193。

110 理雅各：《落爐不燒》，頁 3。

111 黎子鵬：《福音演義：晚清漢語基督教小說的書寫》，導論，頁 10。

挖掘它們與中國文學，尤其是傳記文學之間「剪不斷，理還亂」的關係，另一方面亦要從聖經研究的角度，深入挖掘文本背後的宗教因素。此時，聖經接受史——尤其是聖經在華接受史——將成為本書研究的另一重要方法。

聖經接受史（reception history of the Bible, *Rezeptionsgeschichte*）是近年來西方學界一個重要關注點，「最近幾年，關於聖經文學接受史領域的研究，取得了重大了進步，一系列專著和論文不斷問世，整體或部分地處理聖經的文學接受（literary reception）。」[112]它使得「聖經研究（biblical studies）可以進入一個名為『聖經詮釋』（biblical interpretation）的廣闊天地」，[113]本書主要以聖經接受史為視角，分析聖經人物漢語傳記對聖經故事的改寫策略，以及這種策略背後的文本語境及深層次原因。

按照《聖經接受史牛津手冊》（*The Oxford Handbook of the Reception on History of the Bible*）中的定義：

> 聖經接受（reception of the Bible）由各個單個行為，以及三千年來的關於聖經經文的詮釋組成。它包括所有（接受活動），從耶穌閱讀以賽亞書，到奧古斯丁閱讀羅馬書……沒有任何事物被排除在外。而接受史（reception history），是一個不同的事物。它通常——並非一直都是——是學者的事情（enterprise），它由（學者們）篩選、校勘各種關於接受文獻（reception material）的碎片組成，同歷史學家們的特殊興趣關注點保持一致，並且將這些碎片賦以敘事的框架（narrative frame）。[114]

> 以「接受」的理念充實「接受史」研究，（要求研究者們）具有接受史學家（historians of reception）的視野……當關注過往對聖經的回應（response to the Bible）時……需要回答下列問題：誰的（*whose*）回應被認為是重要的？……被揀選的材料為何是合法的，它們最終要被整理到何種程度？[115]

112 Anthony C. Swindell, *Reforging the Bible: More Biblical Stories and their Literary Reception* (Sheffield: Sheffield Phoenix Press, 2014) p. xi.

113 Emma England and William John Lyons, eds., *Reception History and Biblical Theory: Theory and Practice* (London: Bloomsbury T&T Clark, 2015), p. 4.

114 Michael Lieb, Emma Mason and Jonathan Roberts, eds., *The Oxford Handbook of the Reception on History of the Bible* (Oxford: Oxford University Press, 2013), p. 1.

115 Michael Lieb, Emma Mason and Jonathan Roberts, eds., *The Oxford Handbook of the Reception on History of the Bible*, p. 1.

簡言之，聖經接受廣泛存在於歷史長河中，當這些錯綜複雜的個別現象、以一種歷史現象進入學者視野、被進行學術研究時，即被稱為「聖經接受史」。它「主要關注聖經的文本、故事、意象、人物等（要素），在漫長的世紀發展中，通過引用、詮釋、閱讀、校訂、適應、影響等形式，所構成的接受史」，[116]要求研究者以史學家的視野，關注不同時期讀者對聖經文本的閱讀、接受、詮釋，並通過整理、研究，發現其中的歷史發展脈絡，進而探索該種現象發生的文學、社會、政治等原因。因此，聖經接受史作為一種研究方法，將文本、詮釋者、讀者、語境結合起來，鼓勵學者在該領域進行更深層次的挖掘。[117]

「接受史的理念建基於伽達默爾（Hans-Georg Gadamer，1900～2002）的哲學詮釋學（philosophical hermeneutics）」，[118]該研究範式代表學者是盧茲（Ulrich Luz），他在「接受史的影響下……最知名的研究是對《馬太福音》的系列研究，在這些研究中，他對《馬太福音》的接受史給予了特別的關注。」[119]其後，聖經接受史研究在西方學術界逐漸開始發展。[120]這種發展趨勢大致可分為兩個方向：關注聖經在文學、藝術、音樂等多領域的接受史，以及分析不同學者的接受史，[121]但此二者大多數情況下並非可以截然分開。

---

116 Timothy Beal, "Reception History and Beyond: Toward the Cultural of Scripture", *Biblical Interpretation* 19 (2011): 359.

117 Emma England and William John Lyons, eds., *Reception History and Biblical Theory: Theory and Practice*, p. 5.

118 Michael Lieb, Emma Mason and Jonathan Roberts, eds., *The Oxford Handbook of the Reception on History of the Bible*, p. 1.

119 Michael Lieb, Emma Mason and Jonathan Roberts, eds., *The Oxford Handbook of the Reception on History of the Bible*, p. 3.

120 關於聖經接受史的理論基礎及發展脈絡，參閱 Michael Lieb, Emma Mason and Jonathan Roberts, eds., *The Oxford Handbook of the Reception on History of the Bible*, Introduction, pp. 1~10. Timothy Beal and Mark Knight, "*Wirkungsgeschichte*, Reception History, Reception", *Journal for the Study of the New Testament* 32 (2): 137~146; Timothy Beal, "Reception History and Beyond: Toward the Cultural of Scripture", *Biblical Interpretation* 19 (2011): 357~372.

121 相關研究有：「中世紀傳統中的聖經」（"The Bible in Medieval Tradition"）系列。該系列中的每一冊分別關注聖經中的某部經文，提供充足史料，分析它們在中世紀的詮釋方法，尤其在學術、靈修、佈道、個體回應等領域的接受史。迄今為止有《加拉太書》（*The Letter to the Galatians*）、《羅馬書》（*The Letter to the Romans*）、《創世紀》（*The Book of Genesis*）三冊問世。參閱 http://www.eerdmans.com/Products/CategoryCenter.aspx?CategoryId=SE!BMT。《聖經與聖經接受手冊》（*Handbook of the Bible and Its Reception*），主要針對聖經接受史中的各議題進入深入分析，尤其是聖經人物、歷史處境等；《聖經與聖經接受研究》（*Studies of the Bible and Its*

《聖經接受史牛津手冊》（*The Oxford Handbook of the Reception History of the Bible*）著重神學領域，分為兩個部分：上篇著重分析不同經文的接受史，如《但以理書》《約翰福音》等；下篇收錄多位學者文章，關注歷史上不同人物「在特定時間、特定地點」[122]的情況下對聖經的接受，如但丁與聖經的關係、《出埃及記》在拉丁美洲的接受狀況、卡爾・巴特（Karl Barth，1886～1968）對《羅馬書》的詮釋等。

《聖經與聖經接受百科全書》（*Encyclopedia of the Bible and Its Reception*）「不僅是關於猶太教和基督教聖經的百科全書式材料綜述，更加包括關於它們巨大的影響和廣泛接受狀況的研究」，[123]尤其是「文學、神學、哲學等不同樣式著作中，關於聖經接受史的各種資料」。[124]該百科全書涵蓋文學、藝術、音樂、電影等各個領域，晚清漢語基督教小說研究也被納入其範圍內。[125]其相關系列《聖經與聖經接受手冊》（*Handbook of the Bible and Its Reception*）主要是針對《聖經與聖經接受百科全書》中的議題進入深入分析，尤其是聖經人物、歷史處境等。

斯溫德爾（Anthony C. Swindell）在研究聖經接受史時，尤其關注文學層面的研究，分析同一經文在不同空間的接受狀況，試圖回答「空間是否可以解放神學」[126]的問題。《改造聖經：聖經十四個故事的文學接受史》（*Reworking the Bible: The Literary Reception-History of Fourteen Biblical Stories*）[127]主要研

Reception），著重探索學術與文化處境中的聖經接受史；《聖經與聖經接受期刊》（*Journal of the Bible and Its Reception*）是關於聖經接受史研究的期刊，主要發表相關領域的研究文章，以推動該領域在研究方法和具體內容等方面的創新，參閱 http://www.degruyter.com/page/762。

122 Michael Lieb, Emma Mason and Jonathan Roberts eds., *The Oxford Handbook of the Reception on History of the Bible*, p. 7.

123 Christine Helmer and Eric Ziolkowaki, eds., *Encyclopedia of the Bible and Its Reception* (Berlin: Walter de Gruyter, 2009~), preface.

124 Christine Helmer and Eric Ziolkowaki, eds., *Encyclopedia of the Bible and Its Reception*, Introduction.

125 該領域研究，被納入「東亞文學研究」類目下，該類目包括晚清漢語基督教小說等內容。參閱 Christine Helmer and Eric Ziolkowaki eds., *Encyclopedia of the Bible and Its Reception*, Vol. 7, pp. 181~183.《聖經與聖經接受百科全書》同時收錄了黎子鵬撰寫的一篇有關郭實獵的文章，參閱 Christine Helmer and Eric Ziolkowaki eds., *Encyclopedia of the Bible and Its Reception*, Vol. 10, pp. 1024~1025.

126 Anthony C. Swindell, *Reforging the Bible: More Biblical Stories and their Literary Reception*, p. xi.

127 Anthony C. Swindell, *Reworking the Bible: The Literary Reception-History of Fourteen Biblical Stories* (Sheffield: Sheffield Phoenix Press, 2010).

究聖經中的十四個故事在文學領域的聖經接受史，如洪水、雅各與以掃、以斯帖、耶穌等聖經故事在莎士比亞（William Shakespeare，1564～1616）、艾略特（George Eliot，1819～1880）筆下，如何被書寫與改造。該書同樣對這些故事的改造過程進行了一種精確的神學分析，在研究的過程中，他注重故事在空間地理位置上的流傳與轉變，並探尋這種轉變背後的文化因素。《重塑聖經：更多的聖經故事及其文學接受》（*Reforging the Bible: More Biblical Stories and their Literary Reception*）則「嘗試繪製諸多聖經故事在接受史中的里程碑事件，並為這些材料的進一步討論提供平臺」，[128]此書同《改造聖經》在研究進路上有異曲同工之處，重點分析不同經文在不同時空的文學演變，如亞當夏娃在歐洲文學中的不同形象、路得在波蘭和南非的不同形象等。簡言之，斯溫德爾的聖經文學接受史研究以空間為切入點，關注聖經人物在不同地域的接受史。本研究對聖經接受史這一進路的使用，則將對空間的關注轉為對時間的探尋，分析聖經人物漢語傳記的在漢語語境中的歷史演變過程。

《接受史與聖經研究：理論與實踐》（*Reception History and Biblical Studies: Theory and Practice*）[129]收錄多篇論文，系統總結聖經接受史在過往數十年發展中所彰顯的重要性及取得的重要學術成就，從理論探討、學科地位、面臨問題、具體實踐等多方面，深入討論該範式在現今學術發展中所面臨的前景與桎梏，尤其致力於建立聖經接受史在聖經研究中的學科地位。

與國外聖經接受史研究不斷發展的狀況相比，國內相關研究則稍顯不足。目前有若干篇相關論文問世，如陳龍斌的〈《馬可福音》的結尾：從魯迅的《復仇（其二）》談起〉；[130]王志希的〈「離經叛道」：「聖經接受史」視野下的「異端邪說」——以《天風》雜誌的「耶穌再來」論述為中心〉。[131]這兩篇論文的問題在於，儘管都聲稱以「聖經接受史」的視角[132]進行論述，但在具體

128 Anthony C. Swindell, *Reforging the Bible: More Biblical Stories and their Literary Reception*, p. xi.

129 Emma England and William John Lyons, eds., *Reception History and Biblical Theory: Theory and Practice* (London: Bloomsbury T&T Clark, 2015).

130 陳龍斌：〈《馬可福音》的結尾：從魯迅的《復仇（其二）》談起〉，《聖經文學研究》，第 7 輯，2013 年，頁 239～260。

131 該文發表於第七屆「基督教與中國社會文化」國際年青學者研討會（2014 年 12 月 8～10 日）。

132 例如陳龍斌寫道：「本書倡議『聖經接受史』的學術研究，並以『互文性』作為分析工具，嘗試開拓聖經學與文學（尤其魯迅學）的跨學科對話。」（陳龍斌：〈《馬

操作中並未有對該方法的具體整理與闡釋。王志希後於《輔仁宗教研究》上發表文章〈全球史視野下的「聖經接受史」——走向「全球基督教史」與「接受史」的整合〉，[133]系統梳理了從伽達默爾（Hans-Georg Gadamer，1900～2002）「效果史」（effective history）到姚斯（Hans Robert Jauss，1921～1997）「接受史」（reception history）的理論流變，以及該理論如何影響聖經研究，使聖經接受史逐漸在聖經研究中佔得一席之地。作者主要關注聖經接受史如何應用於中國基督教史研究中，他認為「聖經學者筆下的某一個聖經人物、某一個聖經時間、某一卷聖經或某一個聖經片段的『接受史』，多數時候都是『在西方歷史中』的『接受史』……作為非西方地區的基督教史研究者，則有必要對非西方地區的『聖經接受史』加以重視」。[134]

不同於王志希對「聖經接受史如何應用於中國基督教史」這一問題的關注，筆者將聚焦於該方法在中國基督教文學研究中的作用。以聖經接受史的視角審視不同作者對於同一經文的接受，對聖經人物漢語傳記研究而言大有裨益，可幫助研究者分析同一文本背後廣闊的歷史、神學世界，梳理文史經三者之間的關係。聖經接受史的研究，從以文化背景研究經文詮釋轉變為從經文詮釋研究文化背景，[135]以動態視角分析文本與語境之間的關係，探討文本背後的世界（behind the text）、文本中的世界（in the text）、文本前的世界（in front of the text）。[136]簡言之，聖經接受史從文本入手，探討文本與讀者、語境之間的關係，它將聖經研究置於一個更為廣闊的空間，[137]將聖經研究從神學中解放出來，[138]以文本為依據，探討其與歷史、神學的相遇。在這一相遇事件中，文史

可福音》的結尾：從魯迅的《復仇（其二）》談起〉，《聖經文學研究》，第 7 輯，2013 年，頁 239。）

133 王志希：〈全球史視角下的「聖經接受史」——走向「全球基督教史」與「接受史」的整合〉，《輔仁宗教研究》，第 31 期，2015 年秋，頁 143～170。

134 王志希：〈全球史視角下的「聖經接受史」——走向「全球基督教史」與「接受史」的整合〉，《輔仁宗教研究》，第 31 期，2015 年秋，頁 157。

135 Caroline Vander Stichele, "The Head of John and its Reception or How to Conceptualize 'Reception History'", in Emma England and William John Lyons, eds., *Reception History and Biblical Studies: Theory and Practice*, p. 80.

136 W. Randolph Tate, *Biblical Interpretation: An Integrated Approach* (Peabody, Massachusetts: Hendrickson Publishers, 1991), introduction, p. 3.

137 Susan Gillingham, "Biblical Studies on Holiday? A Personal View of Reception History", in Emma England and William John Lyons, eds., *Reception History and Biblical Studies: Theory and Practice*, p. 17.

138 Anthony C. Swindell, *Reforging the Bible: More Biblical Stories and their Literary Reception*, p. xi.

經三者以「文」為核心，「史」與「經」為語境，分析聖經作為文本在不同語境中的接受史。

以聖經接受史的視角研究聖經人物漢語傳記，可幫助研究者從文本入手，分析文本背後的歷史、神學等問題。「文學研究歸根結底離不開社會背景，因為文學文本說到底是一定時期的社會歷史生活的產物，研究者可以採用各種闡釋方法，但不論採用哪種方法都不能完全無視文本賴以形成的社會現實」，[139]由此方可把握文本的整體意義和背景。齊馬（Peter V. Zima）認為，「只有在文學和社會都以語言角度出現的情況下」，[140]對文學文本和社會背景之間關係的研究才有可能，強調「把社會領域看成是由各種集體語言，即社會方言組成的整體」，[141]在語言層面上透視文本背後的社會和歷史問題。傳教士在創作聖經人物漢語傳記時，「考慮到中國社會文化的處境，因而結合中國讀者的知識背景對故事情節予以補充。」[142]為了使文本更加貼近中國讀者的接受及理解能力，傳教士增加與中國語境相契合的內容。比如，在作品開端將文本的發生背景置於中國歷史環境中，「以論證《聖經》記載的歷史性與可信性。」[143]於此同時，誕生於晚清風起雲湧浪潮中的聖經人物漢語傳記，文本的書寫過程中亦會反應當時社會現狀，如對解夢、占卜等超自然議題的淡化，回應《聖諭廣訓》中「異端」、「幻術」的攻擊，本書第五章對此會有詳細分析。

同時，以聖經接受史的視角審視聖經人物漢語傳記，亦可窺視文本的神學世界。晚清時期有眾多神學小冊子問世，在《基督聖教出版各書書目彙纂》、《中華基督教文字索引》等目錄中，開闢專門的「神學」目錄，用以收錄神學著作。聖經人物漢語傳記雖不似《聖書註疏》（1839）等神學小冊子般直接訴說神學理念，但亦承擔著言說聖經的任務，且不同傳教士神學理念的不同，對同一經文的詮釋亦呈現出不同的重點。以理雅各的《亞伯拉罕紀畧》和郭實獵的《聖書列祖全傳》（1838）為例，這兩部作品對「亞伯拉罕獻以撒」的詮釋有所不同。理雅各《亞伯拉罕紀畧》寫道：

---

139 梁工編：《西方聖經批評引論》（北京：商務印書館，2005 年），頁 262。

140 齊馬著，吳岳添譯：《社會學批評概論》（桂林：廣西師範大學出版社，1993 年），頁 140。

141 吳岳添：〈本文社會學——社會學批評的新發展〉，《外國文學評論》，1988 年第 3 期，頁 26。

142 米憐等著，黎子鵬編注：《晚清基督教敘事文學選粹》，導論，頁 xix。

143 黎子鵬：《福音演義：晚清漢語基督教小說的書寫》，頁 43。

> 老牛舐犢，無靈之物尚爾，而況人乎？是天下無不疼惜兒女之父母也，獨子尤甚，然則罕豈獨無是心哉？其所以欣然獻子於壇，畧不顧惜者，蓋以上帝造生保養，錫福賦靈，恩誠罔極，無由仰答萬一，故當敬之愛之，在萬人萬物之上；苟有命誡，則當樂守勿違，雖粉身碎骨，拋棄妻子，在所不計也。況且妻撒拉原屬石胎，年登九十，已無生育之道，而上帝賜生此子，是上帝所賜者，上帝取回，有何不可？且以撒乃上帝許約之子，言由其裔挺生救主，以拯萬邦之人；上帝言出惟行，斷無許而不成之理，故罕信之無疑，坦然獻子於壇上，自以為上帝能反常道而生之，亦能由死而甦之也。[144]

理雅各一方面沒有否認亞伯拉罕與以撒之間的父子之情，另一方面強調亞伯拉罕的信德。郭實獵《聖書列祖全傳》對該段經文同樣有所詮釋：

> 聖書曰：但人恆心遭試煉之後，可得永生之冕旒。……亞伯拉罕疼愛其獨生之子，然上帝諭捨之，不諾而捐之也。真可謂信德定當不變焉。因此原上帝垂顧之，以為諸信士之祖也。[145]

二人雖然都強調「信德」，但理雅各同時融入了父子倫理的討論，而在郭實獵的詮釋中這種人倫關係則是缺席的，更強調亞伯拉罕的信心。這種接受差異的產生同二人對中國文化的立場、神學觀念等息息相關。郭實獵將對信仰力量的樂觀和堅信，同敬虔主義相結合，使「盡可能廣泛地傳播救贖信息」成為自己文學創作的首要任務，因此經文神學內涵的詮釋在郭氏的作品中居於更加重要的地位。

而對於理雅各而言，他試圖解決基督教教義、中國傳統文化、當下社會議題三者之間的張力。他認為，文本是一個可以自我映射的個體（auto-reflective text），[146]內容必須反映一定的社會議題，「必須來自於他在馬六甲、香港，與中國人打交道所發現的一系列問題」。[147]由上述分析可見，郭實獵與理雅各二人不同的神學理念導致了對同一經文詮釋策略的差異。

筆者以上述例子說明，以聖經接受史的視角觀照聖經人物漢語傳記，可

144 米憐等著，黎子鵬編注：《晚清基督教敘事文學選粹》，頁 77。

145 郭實獵：《聖書列祖全傳》（新嘉坡〔新加坡〕：堅夏書院，1838 年），頁 9。

146 See Lauren F. Pfister, “Some New Dimensions in the Study of the Works of James Legge (1815~1896): Part I”, pp. 32~35.

147 See Lauren F. Pfister, “Some New Dimensions in the Study of the Works of James Legge (1815~1896): Part I”, p. 33.

以發現不同作者對同一經文的不同編著策略、對同一傳主的不同塑造方式、文本背後的歷史與神學畫面等多方面內容。在這些文本的分析中，文史經三者的相遇與書寫共同構成了本書的主要研究方法。

第五節　論文框架

本書對聖經人物漢語傳記的研究，所選主題主要依據內部文本來源、自身人物形象、外部社會議題的思路，研究下列問題：對聖經故事的重寫、對人物的塑造和對爭議性議題的處理，本書研究框架具體如下：

第一章「導論」，分析本書的研究方法、研究框架等。

第二章「精琢經文：傳記的文本改寫策略」，主要從聖經文學視角，論述傳教士在重寫聖經故事時的書寫策略，分析他們在何種情況下會對經文有增補、刪改的處理，以使聖經人物漢語傳記可以承擔起聖經本土化、閱讀趣味性、人物多樣性的功能。

第三章「塑造傳主：傳記中的聖人基督徒模範」，主要研究聖經人物漢語傳記中的傳主形象。傳記書寫的主要目的在於塑造傳主形象，使其對讀者具有楷模作用。傳教士大多稱傳主為「聖人」，但他們作品中的「聖人」與儒家概念中的「聖人」有何區別？本章通過梳理「聖人」一詞由利瑪竇（Matteo Ricci，1552～1610）開始的使用策略，進而分析新教傳教士對該詞的借鑒，研究其如何書寫有別於天主教傳統和儒家傳統的基督教聖人形象，以樹立基督徒模範，呼籲讀者歸信。

第四章「建構婦人：傳記中的女性信仰者形象」，主要分析聖經人物漢語傳記中主母馬利亞、抹大拉的馬利亞等女性形象。婦女形象是除去傳主形象之外傳教士於傳記中的另一著墨之處，本書首先梳理聖經人物漢語傳記中的女性整體形象，其次重點解析耶穌傳記中，主母馬利亞、撒瑪利亞婦人、抹大拉的馬利亞三者的女性形象，將她們塑造成為貞潔的信仰者和可信的見證者。

第五章「關注矛盾：傳記的爭議性議題書寫」，主要探討作者對爭議性議題的處理模式。在運用聖經撰寫聖經人物生平時，傳教士會面對若干與中國語境不相符的議題，本書將其稱為「爭議性議題」（controversial issues）。此章主要討論傳教士對三個爭議性議題的處理：聖經中的孝道與《孝經》中的孝道之間的矛盾及處理，聖經中的解夢等超自然現象與中國民間信仰之間的矛盾及處理，聖經中的血腥殺戮情節與《史記》等中國文學中戰爭觀之間的矛盾及處理。通過對這些議題的分析，本章嘗試構建傳教士面對不同議題所採取的不同書寫模式，如詮釋、淡化等。

第六章「結語」，本章主要總結傳教士在聖經人物漢語傳記中的寫作策略，以及通過傳記努力向讀者展現怎樣的基督徒、基督教形象。

小　結

晚清漢語基督教小說的研究，目前學界已有頗多成果。宋莉華等學者多從小說角度，分析其與中國文學之間的關係，黎子鵬從宗教與文學的進路分析作品與聖經之間的關係。具體至聖經人物漢語傳記，無論在研究成果、研究角度、學科地位等方面，皆存在不足之處。本書欲跳出小說的園囿，以傳記視角審視《約瑟紀畧》等多部聖經人物漢語傳記。這些聖經人物漢語傳記具有多種面向，其既脫胎於聖經、又對經文有所改寫；文中的人物形象，既堅守身為基督徒的立場，又具有中國文化的色彩；對議題的詮釋既回應與文本語境有所爭議的經文，又持守基督教教導。本書以宗教與文學、聖經在華接受史為主要研究進路，以傳記視角解析上述主題，以期為漢語聖經研究開拓新的研究領域及視角。

第二章　精琢經文：傳記的文本改寫策略

概　論

在基督教文學傳統中從來不乏改寫聖經故事的文學活動，「教會僧侶利用文學來宣傳基督教信仰，傳播基督教教義，寫出了各種形式的作品，其中最主要的有聖詩、佈道文、敘事詩、聖徒傳、宗教劇等。宗教文學的內容大體包括四個方面：一是演繹聖經故事，描寫基督顯靈的奇跡；二是宣傳教義，駁斥異端邪說；三是描寫聖徒捨身殉教的故事；四是抒寫信徒自己的虔誠和懺悔之情……聖詩和聖徒傳佔有比較重要的地位。」[1]

這些聖徒傳、宗教劇等「是一種繼承於晚期羅馬時期的藝術表現形式，嘗試探尋戲劇人物內在的張力與靈魂」，[2]「通過描繪聖徒與罪人的形象，為道德正義提供一種莊嚴的戲劇化講道方式」。[3]中世紀時期出現大量以聖經為藍本、對聖經故事及聖經人物進行重述的劇本，主要有受難劇（passion plays）、[4]聖

1 陳惇、劉洪濤：《西方文學史》（成都：四川人民出版社，2003 年），卷 1，頁 113。

2 Murray Roston, *Biblical Drama in England: From Middle Age to the Present Day* (London: Faber, 1968), p.18.

3 Murray Roston, *Biblical Drama in England: From Middle Age to the Present Day*, p. 13.

4 受難劇主要描述耶穌的降生、受難、復活等。

誕劇（nativity plays）、[5]神秘劇（miracle plays）、[6]道德劇（morality plays）[7]等。如羅斯維莎（Hrosvitha，935～973）[8]的《亞伯拉罕》（*Abraham*）一劇，將這位信德之始祖描繪成一位神聖的隱士，在該劇中，亞伯拉罕化妝成求愛者，使迷途的少女悔過自新；受難劇《受難的讚美》（*Ludus de Passione*）講述了耶穌受難的故事；貝奧武甫（Beowulf，約 1195～1247）創作了大量歌頌聖母的詩篇，以及書寫聖徒生平的詩歌體傳記；費爾汀（Henry Fielding，1707～1754）的《約瑟夫・安德魯斯傳》[9]（*Joseph Andrew*）並非對「聖經經文的直接重寫」，[10]但以約瑟為原型，通過對其各種美德的描述諷刺社會生活各個層面。

皮埃爾（Piero Boitani）在《聖經與重寫》（*The Bible and its Rewriting*）一書中，認為「經文重述……也就是對經文的重寫（rewritings），包含兩個文本要點：聖經，以及已經重新創造後的文本」。[11]作者發現在聖經文本中存在一個內在空間，在這個空間中有著（經文的）的沉默與爆發，這種情感的顯現為聖經故事的重寫提供了可能，[12]而重寫後的文本就其本質而言，體現了作者認知上帝的方式：

5 「《新約・路加福音》第二章比較細緻地記述了耶穌誕生的故事，但仍然缺少戲劇表演所需要的細節。於是從 11 世紀起就出現了表現耶穌誕生的作品。最早可追溯到的劇本，分別見於利摩日（Limoges）修道院和艾弗里（Ivrea）修道院。其詞句非常簡單，大約可以被看做牧羊人在聖槽邊的交談。至公元 14 世紀，儒恩（Rouen）大教堂上演了一出被稱為『牧羊人的劇』（Plays of Shepherds）的劇……後來發現 13 世紀的一部讚美詩集恰好可以為之提供對照和補充，從而我們對該劇的劇情才有了基本的了解。」參閱楊慧林，黃晉凱：《歐洲中世紀文學史》（南京：譯林出版社，2001 年），頁 237。

6 神秘劇是是對聖徒的生平、事蹟和殉教傳所作的戲劇再現。參閱 Robert Speaight, *Christian Theatre* (New York: Hawthorn Books, 1960), p. 17.

7 道德劇不是為了證明聖經的某一時刻，或者描述耶穌、聖徒的生平。相反，它的中心在於通過描述普通人的生活，追尋世人的救贖方式。參閱 Lee A. Jacobus, ed., *The Bedford Introduction to Drama* (Boston, Mass.: Bedford/St. Martin's, 2009), p. 206.

8 羅斯維莎，中世紀一位重要詩人、戲劇家。她的作品主要包括聖徒傳八篇、戲劇六部，且以基督教為題材，如詩歌體的聖徒傳，有寫聖母經歷的，也有寫殉道者故事的。

9 本書是費爾汀的第一部小說，原名 *The History of Adventures of Joseph Andrews, and of His Friend Mr. Abraham Adams*。

10 Anthony C. Swindell, *Reforging the Bible: More Biblical Stories and their Literary Reception*, p. 65.

11 Piero Boitani, *The Bible and its Rewriting* (Oxford: Oxford University Press, 1999), preface, p. vi.

12 Piero Boitani, *The Bible and its Rewriting*, pp. 281~283.

> 在經過了數千年的釋經、評論，以及最近的文學分析，今日的聖經研究已經不再懼怕昔日……弗萊（Northrop Frye，1912～1991）……布魯姆（Harold Bloom）……等人的研究範式……不管我們承認與否，那些重寫者（rewriters）所做的其中一個卓越工作便是，言說唯一信實的上帝，以及「辨識人神關係」。[13]

因此，皮埃爾聲稱「認識上帝的方式就是重寫經文」，[14]新的敘述文本核心問題便是認知上帝。斯滕伯格（Meir Sternberg）亦認為，文本中存在間隙（gappings），其目的在於使讀者更好地意識到上帝的潛在並深思其目的。[15]「亞伯拉罕這一『開放的文本』（open text）從來不曾閉合、上帝不可被言說，不可作為認知的產物，但是可以被重新認知（re-cognition），因此所有的文本都是一種經文重述，一種重寫」。[16]同時在重寫與認知上帝的過程中，新的文本構建了新的歷史、新的城市、新的人物、新的傳奇、適應不同時代的不同需求。正如奧爾特（Robert Alter）在《正典與創造力：當代書寫與聖經權威》（*Canon and Creativity: Modern Writing and the Authority of Scripture*）一書中所言，這些重寫後的作品「警示了聖經在某種程度上已經不適用於傳統讀者」，[17]而正典應該是超歷史的文本社群（transhistorical textual community），因此具有無窮的創造力。在某種程度上可以將這些這些重寫後的作品視為正典再次被創造後的文本。

誕生於此種文學傳統之下的聖經人物漢語傳記，通過重寫聖經故事以塑造傳主的生平，使其適應文本的中文語境，並煥發出活力以號召讀者歸信。相較於開篇所提及的文學作品，在傳教士所創作的傳記中，對聖經的改動遠遠低於上述著作，理雅各甚至聲稱「據事直陳，不敢稍有加減於期間」。[18]但這並不意味著作者對聖經經文毫無改動，恰恰相反，他們通過對經文的增補、刪減等書寫活動，創作出既忠實於聖經、又於細微處有所改動的聖經人物漢語傳記。

---

13 Piero Boitani, *The Bible and its Rewriting*, pp. 281~283.

14 Piero Boitani, *The Bible and its Rewriting*, p. 203.

15 Meir Sternberg, *The Poetics of Biblical Narrative* (Bloomington: Indiana University Press, 1985), p. 47.

16 Piero Boitani, *The Bible and its Rewriting*, p. viii.

17 Robert Alter, *Canon and Creativity: Modern Writing and the Authority of Scripture* (New Heaven: Yale University Press, 2000), p. 9.

18 理雅各：《亞伯拉罕紀畧》，收入米憐等著，黎子鵬編注：《晚清基督教敘事文學選粹》，頁 52。

本章將首先概述傳教士對傳記這一文體的認知過程，及在此過程中所關注的創作焦點；概述在聖經人物漢語傳記中，傳教士對經文的改寫大致包括何種情形。其後從傳教士的創作焦點角度，分析聖經人物漢語傳記對聖經的改寫策略：第一節審視作者對中國古典傳記文學釋經傳統的繼承，及如何對經文進行本土化詮釋；第二節探討聖經人物漢語傳記作為敘事文體，傳教士如何在作品中改寫經文對話；第三節研究傳教士在作品中增加了哪些細節，以使傳記的核心「人物形象」更加立體和豐滿。在上述章節的分析中間或用及各聖經文學批評理論，尤以聖經敘事學批評（narrative criticism）為主。

關於文體的使用，自馬禮遜始[19]就一直成為傳教士關注的焦點，並一直延伸至聖經翻譯等各個領域。[20]他們意識到使用小說這一文學樣式的局限，[21]卻

19 文體的採用，於馬禮遜而言，時有變化。按照米憐在《新教在華傳教前十年回顧》（*A Retrospect of the First Ten Years of the Protestant Mission in China*, 1820）中的回憶：「在將聖經譯成中文的過程中，馬禮遜先生有段時間對選用最適宜的文體風格感到茫然無措。正如在其他大多數國家的情況一樣，中文書籍中也有三種文體風格：文言，白話和折中體。『四書』和『五經』中的文體非常簡潔，而且極為經典。大多數輕鬆的小說則是以十分口語化的體裁撰寫的。《三國演義》——一部在中國深受歡迎的作品，其文體風格折中於兩者之間。」「……在重新考慮這件事（注：指聖經翻譯所使用的語言問題）後，他（注：指馬禮遜）決定採用折中體；因為這種文體從各方面看都最適合於一本旨在廣泛流通的書。……這種文體既沒有超越目不識丁的理解水平，又不會讓受過良好教育之人感到粗鄙。每當中國人進行嚴肅的談話時，都假裝瞧不起口語化的小說作品，但同時，他們又不得不承認古代經書的風格沒有普遍的適用性。」參閱米憐著，北京外國語大學中國海外漢學研究中心翻譯組譯：《新教在華傳教前十年回顧》（鄭州：大象出版社，2008 年），頁 43～44。

20 關於傳教士在聖經翻譯過程中，對於文體的爭論，可參閱 Jost Oliver Zetzsche, *The Bible in China: History of the Union Version: or the Culmination of Protestant Missionary Bible Translation in China* (Sankt Augustin: Institut Monumenta Serica, 1999).

21 於傳教士而言，小說的局限在於：1. 政府對小說的嚴禁政策：嘉慶以來，凡稗官小說，連同其流通渠道「小說坊肆」一概嚴禁，馬禮遜等人注意到這種狀況。2. 小說對道德、人心的敗壞：理雅各在《約瑟紀畧》和《亞伯拉罕紀畧》的序言中，開篇便明確指出：「每見小說稗官之過半，不是訛傳，便是說怪；將無作有，造假為真，以變幻為奇文，以淫詞為趣味，使讀者悅目移神，傾心喪志。一旦失其所守，豈不痛哉？是無益反有害於世也。此紀雖似小說之體，實非小說之流，……莫非因我世人，每檢聖經則厭其繁，一展卷即呼呼欲睡，惟於小說稗官則觀之不倦、披之不釋。故倣其體，欲人喜讀，而獲其益，亦勸世之婆心耳。實與小說大相懸絕也，讀者幸勿視為小說而忽之焉。」（理雅各：《亞伯拉罕紀畧》，收入米憐等著，黎子鵬編注：《晚清基督教敘事文學選粹》，頁 52。）理氏認為「小說」這一文學體式，多是「訛傳」、「說怪」，會令人「悅目移神，傾心喪志」。而自己的作

又苦於一時間無法找到合適的文體。按照米憐的回憶，馬禮遜在聖經翻譯的過程中，逐漸意識到「將經書的注疏和《三國演義》結合在一起的文體，更適合中文的聖經和一般神學理論著作。這些注疏中所涉及的通常是一些嚴肅的主題，需要全神貫注地反覆研讀，因此其文體風格可能也適用於基督教神聖事物的尊貴性；而以《三國演義》為範本所塑造出來的風格會使語言的表達更為平實流暢。」[22]馬氏很明顯意識到，「將經書的注疏與《三國演義》結合在一起的文體，更適合中文的聖經和一般的神學理論著作」，而這種能夠將經文的注疏與《三國演義》結合在一起的文體應是中國的古典傳記。[23]

如果說馬禮遜只是模糊認識到有一種文體，可將經文注疏和《三國演義》兩者結合起來，以適用於聖經和一般的理論著作，米憐則將這種文體進一步明確至「歷史性敘事」領域：「經書中極受推崇的『四書』，內容大部分是格言和警句，這就需要一種特殊的文體風格，但此種文體並不適用於歷史性的敘事」。[24]相較於馬禮遜，米憐更加明確地注意到傳教士需採用一種「敘事性文體」來講述聖經故事，他的《救世者言行真史紀》開創了以傳記重寫聖經人物生平的先河。

米憐之後的郭實獵明確關注到提出「傳」這一文學樣式，《東西洋考每月統記傳》甲午年（1834）二月刊中，郭氏對「傳」有明確論述：

品，只是仿照小說體式，為使讀者樂於閱讀，但事實上並非小說。因此，他明確聲明，「此紀雖似小說之體，實非小說之流」，「實與小說大相懸絕也」。俾士在《以利亞紀畧》序言中的觀點，與理雅各有異曲同工之處：「夫野史稗官，即所謂小說也，其事或真或假，其理或有或無，或過涉鋪張，或奢談淫亂。披覽之者，似堪娛目騁懷，賞心解悶，而不知其費耗精神、壞亂心術，固無益而有損乎。……體雖仿乎小說，實非同乎小說，不過取其便於閱覽，免讀者展卷神疲耳。」（俾士：《以利亞紀畧》，羊城：增沙書室，1863 年，序。）他同樣認為，閱讀小說會使人「費耗精神」、「壞亂心術」，自己的作品並非小說，只是為了使讀者「便於閱讀」而採用這一體式。俾士對小說的看法、控訴，及對自己作品體式的強調，與理雅各基本相同。因此筆者推測，他應是閱讀過理雅各的作品。

22 米憐著，北京外國語大學中國海外漢學研究中心翻譯組譯：《新教在華傳教前十年回顧》，頁 44。

23 中國傳記文學誕生之初，功能在於詮釋經典，如司馬遷認為自己的《史記》是繼春秋所作；且其與「正一代之得失」的歷史功用密不可分。其後，亦經歷了魏晉、唐宋等發展，及至明清時期，《三國演義》、《水滸傳》等史傳小說逐漸興起。關於中國傳記文學的發展脈絡，可參閱韓兆琦：《中國傳記文學史》。本書論及中國傳記文學，如無特殊說明，特指《史記》、《漢書》等中國古典傳記文學。

24 米憐著，北京外國語大學中國海外漢學研究中心翻譯組譯：《新教在華傳教前十年回顧》，頁 45。

> 傳之流如線之續，一代生且盛，一代死且亡。我先始祖都臨墓，我自己將亡，我後代不存而亡，此是諸人之道也。……傳者，其始終知人道所以立廢，究諸說融會貫通，執堯舜禹相授之心法也。曰德，曰誠，曰仁，曰敬，敬至上帝萬物之主，誠心敬之，施德與人，著仁與萬物。[25]

郭實獵認為「傳」這一文體，可以融匯貫通諸學說、教授聖人之言，「其始終知人道所以立廢，究諸說融會貫通，執堯舜禹相授之心法也。」更為重要的是，傳記的書寫可以使讀者尊敬上帝，誠心敬之。在意識到傳記文學的重要功用後，他創作了大量的聖經人物漢語傳記，如《救世主耶穌基督行論之要畧傳》（1834）、《摩西言行全傳》（1836）等。[26]至此，經過馬禮遜、米憐、郭實獵三人的努力，他們逐漸意識到傳記文學對聖經詮釋的益處。在郭氏之後，理雅各、憐為仁、俾士等傳教士創作了大量的聖經人物漢語傳記。

通過對上述脈絡的梳理不難發現，於傳教士而言，他們對聖經人物漢語傳記的書寫主要集中在兩個方面：詮釋聖經和敘事性文體。人物形象的書寫、基督徒形象的樹立，是傳教士創作聖經人物漢語傳記的主要目的之一，他們不止一次在自己作品的序言中提及，欲世人效仿作品中的人物，歸信基督。如《保羅言行錄》篇首有序言，評價保羅「勞苦堅心、忍耐博愛……冒險臨危遭難而不懼」，[27]呼籲廣大讀者傚法保羅，以其為榜樣「行德施仁」。[28]《以利亞言行傳》（1861）的寫作，目的在於「欲使閱之者更明於耶穌就靈之道。閱是書者，可合觀之而鑒其信也可。」[29]是故，傳教士在聖經人物中的關注焦點——聖經詮釋、敘事文體、人物形象，將成為本節的主要討論議題。但展開具體論述之前，筆者欲首先概述傳教士改寫聖經故事的概況，其後再詳論上述議題。傳教士對聖經的處理，除去經文詮釋、敘事文體、人物形象三方面之外，大致包括以下幾種：

（一）補充中國化語境

傳教士在創作聖經人物漢語傳記時，「考慮到中國社會文化的處境，因而

---

25 郭實獵編，黃時鑑整理：《東西洋考每月統記傳》（北京：中華書局，1997 年），頁 34。

26 關於郭實獵所創作的聖經人物漢語傳記作品列表，可參閱郭實獵著，黎子鵬編注：《贖罪之道傳：郭實獵基督教小說集》，導論，頁 lxxx～lxxxii。

27 郭實獵：《保羅言行錄》，頁 1。

28 郭實獵：《保羅言行錄》，頁 1。

29 克陛存：《以利亞言行傳》（上海：美華書館，1861 年），頁 2。

結合中國讀者的知識背景對故事情節予以補充。」[30]為了使文本更加貼近中國讀者的接受及理解能力，傳教士增加與中國語境相契合的內容。比如，在作品開端將文本的發生背景置於中國歷史環境中，「以論證《聖經》聖經記載的歷史性與可信性。」[31]「泰西商朝時人有約瑟」，[32]以利亞生於「周孝王時，泰西基列縣的庇村」。[33]「當漢儒子嬰居攝年間，保羅生於羅馬藩屬國其利利亞省大數城」，[34]於「漢武帝光武建武十年」[35]開始遍地宣講耶穌之道。「耶穌基督……誕於猶太國……（迄今）約一千八百七十七載，即漢平帝紀元也。」[36]聖經人物漢語傳記作為一種敘事文體，傳教士將人物和事件置於具體歷史中，為其制定「一種特定的情節結構，形成一套歷史事件……這在本質上乃是一種文學運作」。[37]通過這種運作，將文本置於中國讀者所熟悉的語境中，無疑可以拉近與他們之間的距離。

同時，在具體敘事時增加更易為中國讀者理解的用語。如《約瑟紀畧》中，法老連做兩夢後，「於是醒覺，卻是南柯一夢」。[38]「南柯一夢」出自李公佐的《南柯太守傳》，其後成為中國文學中的重要意象，如湯顯祖的《南柯夢》，依南柯一夢的典故敷演而成。及至約瑟被賣至埃及所受種種之苦，則是因為「天降降大任於斯人也」。[39]該句出自《孟子・告子下》，[40]此處被施白珩（C. G. Sparham，1960～1931）用以形容約瑟所受之苦。關於傳教士的作品如何與中國語境相契合，已有較多學者進行討論，在此不一一贅述。[41]

30 米憐等著，黎子鵬編注：《晚清基督教敘事文學選粹》，導論，頁 xix。
31 黎子鵬：《福音演義：晚清漢語基督教小說的書寫》，頁 43。
32 理雅各：《約瑟紀畧》，頁 1。
33 俾士：《以利亞紀畧》，頁 1。
34 郭實獵：《保羅言行錄》，頁 1。
35 郭實獵：《保羅言行錄》，頁 10。
36 慕維廉：《耶穌列傳》，收入氏著：《耶穌合稿》（上海：上海三牌樓福音會堂，1877 年），頁 1。《耶穌合稿》為慕氏關於耶穌作品的合集，包括《耶穌列傳》、《耶穌真據》、《耶穌感人》三部作品。
37 Hayden White, *Tropics of Discourse: Essays in Cultural Criticism*. (Baltimore: Johns Hopkins University Press, 1978), p. 85.
38 理雅各：《約瑟紀畧》，頁 8。
39 施白珩：《約瑟傳》（漢口：聖教書會，1892 年），頁 10。
40 原文為：天將降大任於斯人也，必先苦其心志，勞其筋骨，餓其體膚，空乏其身，行拂亂其所為，所以動心忍性，增益其所不能。參閱〔漢〕趙岐注，〔宋〕孫奭疏，《十三經注疏》整理委員會整理：《孟子注疏》，頁 407。
41 參閱米憐等著，黎子鵬編注：《晚清基督教敘事文學選粹》，導論。

（二）促進敘事流暢性

米憐、郭實獵等人重視作為敘事文體的聖經人物漢語傳記，[42]以敘事學角度觀之，敘事即講故事，在此過程中情節的流暢性、完整性、戲劇性，於讀者而言至關重要。而在聖經敘事中，事件的進行並非遵守嚴格意義上的時間流。按照歷史考據學的觀點，造成此種現象的原因在於聖經經歷了多次編訂，因此經常會有錯位、含糊不清、次序混亂之處。儘管這些經文在聖經敘事學批評等其他角度，可以找到答案，[43]但對於初初接觸聖經、缺乏基督教知識的中國讀者而言，這種敘事上的凝滯會令他們更加疑惑。因此，對於傳教士需要就這些經文作出改寫，以使情節的進行更加流暢、富有邏輯。如法老將約瑟的父兄賜居歌珊後，經文為「約瑟導父見法老」（《委辦譯本》，創 47：7），[44]理雅各將此處改寫為「約瑟謝恩而出，又攜父朝見法老」。[45]「謝恩而出」這一細節，連接了法老、約瑟二人會面與約瑟「導父見法老」兩個場景，使情節銜接更加連貫、自然。

另如耶穌的傳記，不止在每一福音書中存在敘述順序和時間上的錯置，[46]四福音書的不同記載更為耶穌傳記的書寫造成了困擾，為此傳教士會對相關經文進行改寫。如耶穌的降生，《救世主耶穌基督行論之要畧傳》（1834）、《救世主言行撮畧》（1842）、《耶穌言行錄》（1872）都同時融合《馬太福音》、《路加福音》的相關經文，按照「天使預告耶穌降生（路 1：26～38）——耶穌降生（路 2：1～7）——博士朝拜聖嬰（太 2：1～12）——希律迫害耶穌（太 2：

42 學界今日所言「傳記」，與敘事文體有明確區分。但本書所言之傳記，乃指《史記》等中國古典傳記，其敘事性毋庸置疑。關於傳記體例的歷史流變，及《史記》的敘事文學價值，參閱楊正潤：《傳記文學史綱》（南京：江蘇教育出版社，1994 年）。趙白生：《傳記文學理論》（北京：北京大學出版社，2003 年）。

43 如《創世紀》曾提及上帝的兩次創世（創 1：2～2：4a；2：4b～3：24），考據學認為，這是由於二者依據的底本不同，編纂者把這兩種記載都視為聖典，皆抱有崇敬之心，認為既不可刪減，也不可改動，因此只能並列起來。而奧特（Robert Alter，1935～）認為，這是復合手法運用，以使讀者從更廣闊的角度理解人神關係：「上帝既是無所不能、尊貴威嚴的，又與受造物關係密切，並且主動施恩憐憫。世界既是井然有序、運行有道、和諧美妙的，同時又在資源、地形等方面，呈現出複雜多變的態勢。」

44 《約瑟紀畧》依據《委辦譯本》所做，就法老賜居歌珊地一段經文而言，《委辦譯本》經文為：「約瑟導父覲法老，雅各為法老祝嘏。」

45 理雅各：《約瑟紀畧》，頁 25。

46 如《馬太福音》提及約翰之死，首先提及，希律王聽到耶穌的名聲，以為他是從死里復活的約翰；（太 14：2）其後再論及約翰死亡的原因和過程。（太 14：3～12）

13～17）」的順序進行整合。

施洗約翰的被殺，在《馬太福音》中，作者使用錯時的敘述手法：[47]希律王以為耶穌是復活的約翰是第一敘事層；施洗約翰被殺的事件敘述是第二敘事層。這種敘述時間的倒置在經文中缺乏相應的過渡與解釋，會對缺乏聖經常識的中國讀者造成閱讀障礙。為此，《救世主耶穌基督行論之要畧傳》開闢專門章節，講述約翰生平。郭實獵首先講述約翰被捕下獄的背景：「蓋若翰不畏人屢次取人之恨。於是時四方君希羅得淫邪放肆，強奪非利百之妻，其為親弟也。若翰責曰：『茲非禮所不宜之事。』希羅得甚怒，禁若翰於監。」[48]此段出自《馬太福音》十四章2～4節，並將經文「不宜娶爾弟兄為妻」（《神天聖書》），改為「禮所不宜之事」，突顯基督教亦重視禮數，其後講述約翰在宴會上被殺的場景。是故，郭氏對約翰被殺的敘述，刪除了經文中的第一敘事層而直述第二敘事層，以避免造成讀者對經文敘述的困惑。

（三）概述部分輔線

傳記的書寫主要目的在於塑造傳主的形象，但是由於聖經中所記載的人物生平，有時與其他事件平行、穿插記錄，因此需要作者概述部分與傳主生平關係不大的經文。所謂概述（summary）是指「在文本中把一段特定的故事時期濃縮或壓縮為表現其主要特征的較短句子，以此加快敘事速度。」[49]敘事性作品常常離不開概述，「因為作家講述的故事一般覆蓋很長時間，不可能完全用場景來表現……從而形成多種多樣的敘述密度」，[50]「聖經中大量運用了這一種敘述形式，[51]用以連接不同的事件。」[52]

及至聖經人物漢語傳記，講述傳主生平成為敘事的主線，此主線之外的文

47 關於「錯時」的概念，參閱熱拉爾．熱奈特（Gdrard Genette）著，王文融譯：《敘事話語．新敘事話語》（北京：中國社會科學出版社，1990年），頁14～15。梁工：《當代文學理論與聖經批評》（北京：人民出版社，2014年），頁243～246。

48 郭實獵：《救世主耶穌基督行論之要畧傳》（新嘉坡〔新加坡〕：堅夏書院，1834年），卷4，頁18。

49 Shlomith Rimmon-Kenan, *Narrative Fiction: Contemporary Poetics* (London; New York: Routledge, 2002), p. 83.

50 梁工：《當代文學理論與聖經批評》，頁248。

51 如《路加福音》講述幼年時的耶穌，以「這孩子漸漸長大，心靈堅強」（路1：80）概之。

52 奧爾特：《聖經敘述文的藝術》，黃愈軒、譚晴譯（香港：天道書樓有限公司，2005年），頁111。

本傳教士往往會以概述的方式加快敘事速度。這種處理方法的前提在於刪除的經文不會影響傳主生平本身的完整性，不會影響傳主形象的塑造，即「無關此意者，行傳多不載。」[53]如《聖書列祖全傳》和《亞伯拉罕紀畧》中都刪除了羅得與女兒的故事，而《約色弗言行錄》、《約瑟紀畧》、《約瑟言行全傳》和《約瑟傳》都刪除了猶大和他瑪的故事，這種處理一方面是由於這兩個故事中涉及父女亂倫的因素，考慮到中國讀者的接受情況而予以刪除。基督教在入華之後面臨多種指責，其中一項罪名是「有違倫常」，因此「可見關於性事的描述是編著者有意刪去的，相信是顧及中國傳統文化對性事的忌諱。」[54]

但在另一方面從敘事學角度觀之，筆者推測傳教士刪除這兩個故事，也是因為在書寫亞伯拉罕和約瑟生平時，它們與人物生平的主線關係不大。以約瑟的故事為例，在《約瑟紀畧》、《約瑟傳》、《約瑟言行全傳》中，刪除的不僅有猶大與他瑪的故事，還有雅各啟程前往埃及時的族譜敘述（創 46：8～25）、雅各去世前對兒子們的祝福（創 49：1～28）。有學者認為猶大和他瑪的故事，是一個「完全獨立的單元」，[55]「與約瑟的故事毫無關聯，且打亂了前文的敘事結構」。[56]「在三位先祖的故事（12～36）後，《創世紀》接下來的一個單元整體是 37 至 50 章的約瑟故事……38 章關於猶大和他瑪的故事，以及 49 章中的雅各之歌，顯然與這個整體無關，是屬於後來插入進來的」。[57]

另如耶穌降生的故事，《救世主耶穌基督行論之要畧傳》、《救世主言行撮畧》、《耶穌言行錄》都同時融合《馬太福音》、《路加福音》的相關經文，雖然按照「天使預告耶穌降生（路 1：26～38）——耶穌降生（路 2：1～7）——博士朝拜聖嬰（太 2：1～12）——希律迫害耶穌（太 2：13～17）」的順序進行整合，但是皆刪除了馬利亞探望以利沙伯（路 1：39～45）、馬利亞的頌歌（路 1：46～55）和撒加利亞的頌歌（路 1：67～79）。

《約瑟傳》中，施白珩在保留了約瑟生平故事框架的前提下，將諸多與傳主生平無關的細節進行改寫、合併，如雅各前往埃及見約瑟時僅一筆帶過：

53 池約翰：《使徒保羅事蹟》（上海：美華書館，1907 年），頁 2。
54 米憐等著，黎子鵬編注：《晚清基督教敘事文學選粹》，導論，頁 xxxix。
55 Alex Preminger and Edward L. Greenstein, eds., *The Hebrew Bible in Literary Criticism* (Ungar, N. Y.: The Ungar Publishing Company, 1986), p. 490.
56 Alex Preminger and Edward L. Greenstein, eds., *The Hebrew Bible in Literary Criticism*, p. 490.
57 游斌：《希伯來聖經的文本、歷史與思想世界》（北京：宗教文化出版社，2007 年），頁 49。

「雅各帶了自己的羣畜，連所有的財帛，和全家人起身，往埃及那裡去了」。[58]施氏同時省略了經文中關於家譜的敘述（創 46：8～27），因為「我們很難把家譜當作敘述事件那般分析——雖然，這都是一些已發生事情的記載，是把一整段經驗中某一項基本材料概述而成的記錄。」[59]父子相見時本是雅各先打發猶大去見約瑟，其後約瑟再起身去見父親，但在《約瑟傳》中省略了「猶大見約瑟」的情節，直接寫道：「約瑟聽見父親將來，就坐車往歌珊地去接他。」[60]

綜上所述，傳教士在敘事背景、敘事次序、敘事輔線等方面，對聖經作出改寫，以期拉近與中國讀者的距離，減少其閱讀障礙。

第一節　增補詮釋：經文內涵的神學言說

從上文對馬禮遜等傳教士創作理念的回顧，可以看出他們努力尋求一種可以將詮釋聖經、講述聖經結合起來的文體，以「欲人喜讀，而獲其益」。[61]此種文體的其中一個重要功能在於釋經，事實上，在一些基督教出版目錄中也曾將這類傳記收入「釋經」類，如《中華基督教文字索引》（*A Classified Index to the Chinese Literature of the Protestant Christian Churches in China*）將《基督本記》（*Life of Christ*, 1896）、《基督實錄》（*Life of Christ*, 1898）、《基督實蹟》（*Historical Life of Jesus*, 1902）等耶穌傳記列入「神學教義」（doctrinal theology）類；[62]將《保羅悟道傳》（*Spiritual Development of St. Paul*, 1903）列入「神學」門類。[63]由此可見，釋經功能是聖經人物漢語傳記的一個重要焦點。

上章曾言及這種釋經功能延自中國古典傳記的傳統，為實現此種功能，傳教士在聖經人物漢語傳記中的評論形式，大致可分為以下幾種：開篇序言、回首詩評、文中批註、文內增釋、文末評論。

開篇序言多在指明寫作目的，即以傳主為模範，呼籲讀者效仿之，並歸

58 施白珩：《約瑟傳》，頁 9。
59 Robert Alter, *The Art of Biblical Narrative*, p. 63.
60 Robert Alter, *The Art of Biblical Narrative*, p. 10.
61 理雅各：《約瑟紀畧》，序。
62 G. A. Clayton, ed., *A Classified Index to the Chinese Literature of the Protestant Churches in China* (Hankow: China Christian Publishers' Association, 1938), p. 52.
63 D. MacGillivary, ed., *Descriptive and Classified Missionary Centenary Catalogue of Current Christian Literature: 1907 continuing of 1901 (Wen-li and Mandarin)* (Shanghai: Christian Literature Society, 1907), p.95.

信基督。《使徒保羅事蹟》(1907)序言讚保羅為「教友之模範」,[64]希望「諸教友務依聖神之指示讀此,則宣道之銳志自能益增……斯言尤為近日之策勵焉。」[65]池約翰樹立約翰為宣教典範,並希望以此書堅定教內人士的宣教信心。《以利亞言行傳》稱「以利亞之行載諸聖書,亦欲使閱之者更明於耶穌就靈之道。閱是書者,可合觀之爾堅定其信也可。」[66]克陛存(Michael Simpson Culbertson,1819～1862)以以利亞為榜樣,希望讀者可以明白耶穌的救贖之道,堅定信仰。

回首詩評即在每章開篇,以詩歌概述本章內容、點明主旨,概括和加強小說人物形象的特徵,藉以引導讀者吸收、接納作者暗中傳遞出的價值觀,[67]此類手法在中國古代小說中很常見。余國藩認為這些詩歌的功能共有三重:描寫各重大場面;用作對話;評論情節進展與人物個性。[68]如《亞伯拉罕紀畧》第二回詩曰:「帝天造化別陰陽,一女一男配鳳凰。夫不他婚婦不貳,方符始設舊倫常」,[69]用以概述亞伯拉罕納夏妾為妾的故事,並批判其不符合上帝造一男一女的經文教導。這種批判既是對亞伯拉罕言行的點評,亦影射中國的一夫一妻多妾制。[70]

文中批註包括眉批、旁批、夾批[71]等,多用以解釋文中的若干詞彙、經文

64 池約翰:《使徒保羅事蹟》,序。

65 池約翰:《使徒保羅事蹟》,序。

66 克陛存:《以利亞言行傳》,序。

67 許麗芳在《章回小說的歷史書寫與想像:以三國演義與水滸傳的敘事為例》中指出:「從講史、平話至明清歷史演義,此類通俗文本皆不免有評述的干預敘述之話語,即政治或道德的判斷或評價,一般多集中於各卷首末,或情節段落間,所謂『有詩為證』或『詩曰』等文體結構……沿襲既久,遂形成通俗文學以至後世白話小說之寫作模式。」參閱許麗芳:《章回小說的歷史書寫與想像:以三國演義與水滸傳的敘事為例》(臺北:秀威資訊科技股份有限公司,2007年),頁10～11。

68 余國藩:〈源流、版本、史詩與寓言——英譯本《西遊記》導論〉,收入李奭學編譯:《〈紅樓夢〉、〈西遊記〉與其他》(北京:三聯書店,2006年),頁259。

69 理雅各:《亞伯拉罕紀畧》,收入米憐等著,黎子鵬編注:《晚清基督教敘事文學選粹》,頁59。

70 一夫一妻多妾制與一夫一妻制之間的衝突,是傳教士在傳教中,所遇到的主要問題之一。在「不孝有三,無後為大」的教導下,一夫一妻多妾制的存在,與子嗣綿延、孝道等議題緊密相連。關於二者的衝突,可參閱黃一農:《兩頭蛇:明末清初的第一代天主教徒》(上海:上海古籍出版社,2006年),頁130～174。

71 眉批,即在正文上端空白部分,以小字加以評註。旁批,即在正文一側,以小字加以評註。夾批,即在正文之間,以雙行小字加以評註。具體可參劉葉秋等編:《中國古典小說大辭典》(石家莊:河北人民出版社,1998年),頁25～27。

來源等。如《救世主言行撮畧》開篇指明故事發生在「猶太國，加利利省，拿撒勒邑」，其中以小字註明何謂「猶太國」：「此國在正西天，離中華萬餘里也。」[72]天使向馬利亞預告耶穌降生時，「上帝將封以祖大辟之位，永治耶哥伯之族。」[73]其後解釋何謂「耶哥伯之族」：「耶哥伯，乃亞伯拉罕之孫，猶太人之祖也。耶哥伯，尊崇上帝，凡有實拜神天者，皆其族也。」[74]另如郭實獵在《保羅言行錄》開篇介紹保羅是羅馬人，「生於羅馬藩屬國其利其亞省大數城，兩親為國之良民」，[75]其後以小字部分介紹何為「羅馬」：「於是時，羅馬人降服西方列國，每省置總督掌理異國之政，且萬國咸寧矣」，[76]之後接續道：「保羅原來為猶太人」，緊隨該句之後以小字部分解釋何謂「猶太人」。[77]

文內增釋即在行文內，適時增加評論與詮釋。與批註不同的是，增釋的內容是正文的一部分，其多用以詮釋重要的經文背景、經文內涵，篇幅較長，在文首、文中、文末皆有可能出現。《以來者言行紀畧》（1849）開端，憐芬妮寫道：「昔以色列中，有提實比人，為神之先知，名以來者。彼時在其國之王名亞合，行惡比前諸王尤甚，因其有造偶像。其妻耶洗別，所稱王后者，又服侍菩薩巴勒，為之設祭築壇，另有捕敬神之人。其夫婦間，實可謂不敬神之甚。」[78]考慮到讀者並不熟悉亞哈王和耶洗別，作者在開端加入背景介紹，且稱巴力為「菩薩」，很明顯是考慮到本土化因素。

《保羅言行錄》中安美瑞（Mary E. Andrews，1840～1936）開篇用了大量篇幅介紹保羅生活時代的背景，她在開篇寫道：「人要知道保羅所遇見的事，須先熟悉當時的光景如何。」[79]之後在第一、二章，她詳細介紹了猶太、希臘、羅馬三國的政治、文化、宗教狀況，如「猶太國與各國制度不同，因為異邦人

72 憐為仁：《救世主言行撮畧》（暹羅：理夏書院，1842 年），頁 1。
73 憐為仁：《救世主言行撮畧》，頁 1。
74 憐為仁：《救世主言行撮畧》，頁 1。
75 郭實獵：《保羅言行錄》，頁 1。
76 郭實獵：《保羅言行錄》，頁 1。
77 經文為：「猶太人，上帝特選之百姓也，於夏朝年間，上帝擇其民之始祖，以為萬代之師，是人敬信。上帝且伏拜萬物之主宰，上帝以鴻福之應承曰：以爾兼爾，苗裔普天下之國，皆受祝也。上帝與此民奉知聖旨設律例矣，其詞章自夏始，與垂百世之下，廑廑如線之續漸漸張，愈久愈照如此。猶太人蒙上帝之默照，敬奉聖法，諸異族奉事菩薩之中，凜崇萬物之主宰也。」（郭實獵：《保羅言行錄》，頁 1。）
78 憐芬妮：《以來者言行紀畧》（出版地不詳，1849 年），頁 1。
79 安美瑞：《保羅言行》（天津：華北書會，1910 年），頁 1。

皆在黑暗，惟獨猶太人得著天上的真光」；[80]「希利尼人所最重看的，就是文學。他們書甚多，國民常王遠方貿易，因此散居各方」，[81]並且「敬拜各等邪神」；[82]羅馬則「戰勝各國，到耶穌降世的時候，地中海四圍之地，都歸了羅馬。按新得之地，風土人情各處不同」，[83]「有在羅馬京城被建造大廟，塑畫各地的神像，隨時敬拜」。[84]

文末評論大致有回末評論和篇末評論兩種。前者的功用在於與開篇詩評相呼應，只是在內容上會更精細，對義理的闡述更直接。再以《亞伯拉罕紀畧》為例，第二回開篇以詩歌點明一夫一妻制，文末評論再次聲明：「一夫一妻，上帝原始造人之匹偶也，然則男不當娶二婦，若女之不得嫁二夫矣。」[85]後者多在於直接闡明經文含義，呼籲讀者歸信基督。如《救世主言行撮畧》文末稱本書寫作目的在於，「頌謝上帝，以待聖神之臨，及四方傳教，主亦助之，表著神能以徵其道。另有耶穌所為多端，不能一一書之，但即此可信耶穌，誠乃基督大辟後裔，可賴其名而得生命也。」[86]憐為仁點明自己所做耶穌傳記，一則在彰顯上帝之大能；二則在證明耶穌乃上帝之子，呼籲讀者歸信之。

上述四種評論方式，並非都會同時出現在同一部作品中，但它們具有共通的功能：承擔起作者對經文內涵的言說。司馬懿（Chloë Starr）在《中國神學：文本與語境》（*Chinese Theology: Text and Context*）一書中認為，晚清時期是宣教與翻譯活動頗為活躍的偉大時期，開創性地譯著了很多作品，卻並非一個有「神學新思想」（new theological thinking）的時代。[87]但依筆者淺見，缺乏神學新思維並非意味著沒有神學反思。在聖經人物漢語傳記中，作者所增補的詮釋處處彰顯著他們對經文的神學反思，及如何將這種思考應用於中國社會。司馬懿也承認，如果缺乏對中國文學樣式和文本社會語境（social context）的考察，就不能真正地認識中國神學。[88]

---

80 安美瑞：《保羅言行》，頁 1。
81 安美瑞：《保羅言行》，頁 2。
82 安美瑞：《保羅言行》，頁 2。
83 安美瑞：《保羅言行》，頁 3。
84 安美瑞：《保羅言行》，頁 3。
85 理雅各：《亞伯拉罕紀畧》，收入米憐等著，黎子鵬編注：《晚清基督教敘事文學選粹》，頁 63～64。
86 憐為仁：《救世主言行撮畧》，頁 85～86。
87 Chloë Starr, *Chinese Theology: Text and Context* (Hew Haven: Yale University Press, 2016), introduction, p. 3.
88 Chloë Starr, *Chinese Theology: Text and Context*, introduction, p. 3.

聖經接受史重視聖經的理解（understanding）、詮釋（interpretation）、接受（reception），在分析此種詮釋歷史的過程中，研究者們應該意識到詮釋者們將聖經置於一個更為廣闊的空間，經文與各種文化、社會相遇，這也就意味著這種詮釋更為多元。[89]尤其需要關注聖經在某一特定歷史時期的詮釋，以及詮釋者嘗試傳遞的社會背景信息。[90]因此，以聖經接受史的視角審視聖經人物漢語傳記，傳教士所增補的詮釋及該種詮釋的社會語境應是其中一個重要研究視角，更遑論重新詮釋聖經經文、再次書寫聖經故事，是創作聖經人物漢語傳記的初衷之一。

以郭實獵為例，《保羅言行錄》中主要依據《使徒行傳》建構保羅生平，[91]對保羅書信較少提到，僅僅只有一章「保羅教訓寄書」（第五章），在這一章中他詳細論述了保羅「順服掌權者」的神學理念，並在論述該段經文之前增加了背景的詮釋：「當是之際，皇帝甚勒索百姓，屠戮無辜者，亦捕害聖會矣。然保羅苦勸各人該服國政。」[92]與聖經相比，郭實獵的這段改寫以增加評論的方式論及保羅作出順服掌權者論述時的背景：羅馬政權勒索百姓、捕害教會。此種背景論述，即在告知讀者經文相關背景知識，亦是在影射晚清時期的基督教處境，回應當時的反教言論。

教會在羅馬政權時期處於艱難的境地，清朝禁教後的基督教會，與之有著相似處境。禁教政策的實施、各種反教言論，使得基督教的傳播舉步維艱。《聖諭廣訓》曾明確提及：

89 Susan Gillingham, "Biblical Studies on Holiday? A Personal View of Reception History", in Emma England and William John Lyons, eds., *Reception History and Biblical Studies: Theory and Practice*, p. 17.

90 Jonathan Morgan, "Vistors, Gatekeepers and Receptionists: Reflections on the Shape of Biblical Studies and the Role of Reception History", in Emma England and William John Lyons, eds., *Reception History and Biblical Studies: Theory and Practice*, p. 63.

91 對保羅生平的記錄，主要來自《使徒行傳》、保羅書信，及其他散落的典外文獻。對於如何利用這些資料，不同學者有不同意見。沃特．泰勒（Walter F. Taylor Jr.. *Paul*）將這些資料的使用方式分為三種：《使徒行傳》作為首要來源；保羅書信作為單一來源；保羅書信作為首要來源。參閱 Walter F. Taylor Jr.. *Paul: Apostle to the Nations* (Minneapolis, MN: Fortress Press, 2012), p. 31. 他在《保羅：萬國的使徒》中，使用了第三種進路。威廉姆．約翰（Conybeare William John, 1815～1857）的《聖保羅生平與書信》（*The Life and Epistles of St. Paul*）、索茲（Marion L. Soards）的《使徒保羅》（*The Apostle Paul: An Introduction to his Writings and Teaching*），亦採用了該種方法。

92 郭實獵：《保羅言行錄》，頁 29。

> 非聖之書、不經之典，驚世駭俗紛紛藉藉起，而為民物之蠹者，皆為異端……自古三教九流，傳儒宗而外厥有仙釋。朱子曰：「釋式之教，都不管天地四方，只是理會一個心；老氏之教，只是要存得一個神氣。」此朱子持平之言。可知釋道之本指矣。自遊食無藉之輩，陰竊其名，以壞其術，大率假災祥禍福之事，以售其誕幻無稽之談，始則誘取貲財以圖肥己。漸至男女混淆，聚處為燒香之會。農工廢業相逢，多語怪之人。又其甚者奸回邪慝，鼠竊伏其中，樹黨結盟，夜聚曉散，幹名犯義惑世誣民。及一旦發覺征捕，株連身陷囹圄，累及妻子。教主已為罪魁福緣且為禍本。如白蓮教聞香等教，皆前車之鑒也。又如西洋教宗天主，亦屬不經，因其人通曉歷數，故國家用之，爾等不可不知也。[93]

《聖諭廣訓》明確規定天主教等為異端，此異端不讀孔孟等正典，對社會有危害，它們假藉佛教、道教的名義以實則斂財，男女混雜、有傷風化。鑒於《聖諭廣訓》的廣泛流通，[94]理雅各等諸多傳教士都對此作出回應，[95]郭實獵的這段論述亦在影射朝廷禁教政策。

不僅清廷明令昭示基督教等異端的不軌行為，士大夫、官紳等亦控訴基督教的種種罪行，首要罪行當屬不順服當權者。明神宗年間極其重要的南京教案，沈榷控告傳教士的三宗罪，首要一宗是傳教士送禮物給國民收買人心，以求在適當時候可以傾覆政權。這種「顛覆政權」的言論，從明末延續至晚清數百年間未曾中斷，《不得已》、《鬼叫該死》、《辟邪紀實》、《湖南合省公檄》等反教小冊子的流通，在一定程度上加速了上述觀點的流行。

在此反教言論環境中，保羅「順服掌權者」的議題顯得尤為重要。以至郭實獵在論述完保羅「順服掌權者」的神學立場後，以夾批方式加入自己觀點，重申基督徒對當政者的順服：「耶穌之門生皆服事其官府，因官府設之，管庶民為耶穌之徒，而不長長，非安分未之有也。萬國奉耶穌之教，萬國咸寧矣，

93 周振鶴編纂：《聖諭廣訓：集解與研究》（上海：上海書店出版社，2006 年），頁 5。

94 關於《聖諭廣訓》的流通程度及方式，參閱周振鶴編纂：《聖諭廣訓：集解與研究》，頁 584～594。

95 關於理雅各的回應，參閱廖振旺：〈「萬歲爺意思說」——試論十九世紀來華新教傳教士對《聖諭廣訓的出版與認識》，《漢學研究》，第 26 卷第 3 期，2008 年 9 月，頁 225～262；段懷清、周俐玲編：《〈中國評論〉與晚清中英文學交流》（廣州：廣東人民出版社，2006 年）。

惟背救世之道莫不逆上憲法之律例矣。」[96]郭氏在《是非畧論》中亦寫道：「以耶穌贖罪真道，勸教官憲人民，使各聆聽真道。壓滅邪惡之心，不敢放肆言行」，[97]「且神天聖書亦命人伏上權曰：『各人宜伏上權，蓋權無非由神天而來。且各官員皆是神天命之，是以抗權者，抗神天之例。凡抗之者，自取罪罰焉。』」[98]該論述與《保羅言行錄》有異曲同工之處。

另如《亞伯拉罕紀畧》，該書第二回理雅各在回末增加評論，點評亞伯拉罕娶妹為妻的行為：

> 原造物之初，止有一夫一婦，是為萬國之始祖，以廣傳人類於地面者也。當是時，婚姻匹配者，皆其子女必矣，是兄姊妹弟為婚也。至周朝制禮，方別姓氏，同姓不得為婚。意罕之時，去古未遠，尚得娶妹為室。[99]

周朝以降出於維護宗法制度的需要規定「同姓不得為婚」，因為同姓為婚有可能打破本姓內部的嫡庶、長幼、親疏關係，周王室由此制定嚴密的婚姻制度與婚嫁程序。[100]亞伯拉罕的這一行為確與當時中國的婚姻制度不符，於是理雅各以增加評論的方式，詮釋亞伯拉罕的這一行為，他將傳主娶妹為妻的行為放至遠古時期。伏羲和女媧的故事[101]便是遠古時期「一個以兄妹婚為主題的故事」，[102]該故事以洪水神話為依託，展現洪水過後倖存人類的再生歷史，以人類的再次起源作為整個神話故事的核心。該神話傳說頗似聖經中的洪水故事，其後的人類繁衍故事正正契合其所言「婚姻匹配者，皆其子女

96 郭實獵：《保羅言行錄》，頁 29。

97 郭實獵：《是非畧論》，收入郭實獵著，黎子鵬編注：《贖罪之道傳：郭實獵基督教小說集》，頁 320。另可參閱黎子鵬：《福音演義：晚清漢語基督教小說的書寫》，頁 101～128。

98 郭實獵：《是非畧論》，頁 330。

99 理雅各：《亞伯拉罕紀畧》，收入米憐等著，黎子鵬編注：《晚清基督教敘事文學選粹》，頁 70。

100 關於中國婚姻制度的演變歷史，參閱王潔卿：《中國婚姻：婚俗、婚禮與婚例》（臺北：三民書局，1989 年）。

101 按照《開天闢地以來帝王紀》殘卷記錄：「伏羲，女媧，因為父母而生，為遭水災，人民盡死，兄妹二人，依龍上天，得存其命。見天下慌亂，惟金剛天神，教言可行陰陽，遂相羞恥，即如昆崙山藏身。伏羲在左巡行，女媧在右巡行，契許相逢，則為夫婦，天遣和合，亦爾相知。伏羲用樹葉覆面，女媧用芒花遮面，共為夫妻。今人交禮，戴昌妝花，因此而起。懷娠日月充滿，遂生一百二十子，各認一姓。」（敦煌殘卷：《開天闢地以來帝王紀》，編號 P. 4016）

102 王小盾：《原始信仰和中國古神》（上海：上海古籍出版社，1989 年），頁 165。

必矣」。

第三回講述上帝滅所多瑪、蛾摩拉二城，作者在該回末尾評論道：

> 天下之惡，末穢於雞姦。蓋上帝造人，陰陽配合，此天性也，而人竟乘婦女順性之用，嗜慾灼爍，男與男作此羞愧之事，此其所以為至穢焉。所多馬人雖無惡不作，然又莫盛於雞姦，無論遠近親疏，不拘尊卑貴賤，茍有姿色者，爭而狎之，是致幾欲污及天使。噫！人而至此，真禽獸不如矣，宜乎其有毀滅之禍也。今之好斷袖者，可不戒哉。[103]

在該評論中，理雅各將開篇詩歌部分所提到的所蛾二城的罪孽，直接詮釋為斷袖之好、雞姦之行。這種詮釋既有基督教傳統，[104]也與同性性行為在中國的狀況有關。

早在明嘉靖年間，葡萄牙商人蓋略特・伯來拉（Galeote Pereira）在《中國報道》中已寫道：「我們發現他們當中最大的罪孽是雞姦，那是極常見的醜行，一點都不稀奇」，[105]漢斯・普特斯曼（Dutchman Hans Putmans）稱中國人是「卑劣的雞姦者」。[106]清乾隆年間，英國人約翰・巴羅（John Barrow）在遊歷中國各地後寫道：「這種令人憎惡的、非自然的犯罪行為在他們那裡卻引不起什麼羞恥之感，甚至許多頭等官員都會無所顧忌地談論此事而不覺得有什麼難堪。這些官員們都有孌童侍候，那些漂亮的少年年齡在 14 至 18 歲之間，衣著入時。」[107]

明清時期的貴族與優伶、主人與奴僕之間存在著複雜的同性關係，《紅樓夢》第九回便寫道：「原來薛蟠自來王夫人處後，便知有一家學，學中廣有青

103 理雅各：《亞伯拉罕紀畧》，收入米憐等著，黎子鵬編注：《晚清基督教敘事文學選粹》，頁 69～70。

104 關於上帝滅所多瑪二城的原因，學者們有諸多討論，參閱 Weston W. Fields, *Sodom and Gomorrah: History and Motif in Biblical Narrative* (Sheffield: Sheffield Academic Press, 1997). Mark D. Jordan, *The Silence of Sodom: Homosexuality in Modern Catholicism* (Chicago: University of Chicago Press, 2000). Morris B. Kaplan, *Sodom on the Thames: Sex, Love, and Scandal in Wilde Times* (Ithaca: Cornell University Press, 2005).

105 博克舍編注，何高濟譯：《十六世紀中國南部行紀》（北京：中華書局，1990 年），頁 157。

106 魏斐德著，陳蘇鎮等譯：《洪業：清朝開國史》（南京：江蘇人民出版社，1995 年），頁 82。

107 Bret Hinsch, *Passions of the Cut Sleeve: The Male Homosexual Tradition in China* (Berkeley: University of California Press, 1990), p. 141.

年子弟。偶動了『龍陽』之興，因此，也假說來上學……只圖結交些契弟」。[108]香憐和玉愛如「兩個多情的小學生」，[109]「生得嫵媚風流」，[110]連賈寶玉、秦鐘來上學，「見了他兩個，也不免繾綣羨愛」，[111]不免「八目勾留，或設言托意，或詠桑寄柳」。[112]就連秦鐘二人，因為「都生的花骨朵一般的模樣，又見秦鐘腼腆溫柔，未語先紅，怯怯羞羞，有女兒之風；寶玉又是天生成慣能做小伏低，賠身下氣，性情體貼，話語纏綿。因此二人又這般親厚，也怨不得那起同窗人起了嫌疑之念，背地裏你言我語，詬誶謠諑，佈滿書房內外。」[113]這種同性之間的複雜關係，究竟與基督教所視為淫邪的同性戀是否完全相同暫且不論，[114]但毋庸置疑是不為基督教所接受的。

更為重要的是，理雅各尤其強調「無論遠近親疏，不拘尊卑貴賤，苟有姿色者，爭而狎之」，意即他認為明清貴族子弟間的同性性行為大多同姿色有關。在這種關係中，優伶孌童大多嬌如女子、嫵媚溫柔，該種形象從上文《紅樓夢》中對寶玉、秦鐘、香憐、玉愛的外貌描寫，可窺得一二。優伶孌童在某種意義上被視為女性看待，他們與貴族之間的關係即謂「狎陰」（或「狎陽」），因此理雅各對所多瑪二城被滅原因的神學詮釋，考慮到了當時的明清社會狀況。

綜上所述，聖經人物漢語傳記中傳教士以增加詮釋的方式進行文本的神學意義言說，這種言說充分慮及文本的社會語境。正如理雅各所強調的那樣，文本是一個可以自我映射的個體（auto-reflective text），[115]內容必須反映一定的社會議題，「必須來自於他在馬六甲、香港，與中國人打交道所發現的一系列問題」。[116]因此，聖經人物漢語傳記中所增補的神學詮釋顯示出他們對於回

108〔清〕曹雪芹：《紅樓夢》（北京：燕山出版社，2022年），頁65。
109〔清〕曹雪芹：《脂硯齋重評石頭記》，頁65。
110〔清〕曹雪芹：《脂硯齋重評石頭記》，頁65。
111〔清〕曹雪芹：《脂硯齋重評石頭記》，頁65。
112〔清〕曹雪芹：《脂硯齋重評石頭記》，頁65。
113〔清〕曹雪芹：《脂硯齋重評石頭記》，頁65。
114 關於明清時期，天主教與基督教在看待同性戀問題上，與中國文化的差異，可參張傑：〈明清時期在華天主教在同性戀問題上與中國的文化差異〉，《中國性科學》，2005年5月，第14卷第5期，頁40～48。
115 See Lauren F. Pfister, "Some New Dimensions in the Study of the Works of James Legge (1815~1896): Part I", in *Sino-Western Cultural Relations Journal*, 1990 (12): 30~48.
116 See Lauren F. Pfister, "Some New Dimensions in the Study of the Works of James Legge (1815~1896): Part I", in *Sino-Western Cultural Relations Journal*, p. 33.

應神學立場、社會議題的關注和回應，並在文本中嘗試融合上述因素，重新書寫漢語語境中的聖經故事。

第二節　置換對話：角色言論的敘事改寫

「聖經不管面對什麼情況，始終偏愛對話形式……就連向上帝求問神諭，都以對話形式記載。」[117]奧爾特曾在《聖經敘述文的藝術》(*The Art of Biblical Narrative*)一書中，以《撒母耳記上》21 章 1～10 節、大衛在挪伯的聖所內與亞希米勒相遇的故事為例，詳細分析該段情節中的對話，進而尋找出聖經作為一種敘事文體所具有的一個普遍特點，即對話顯然居於主導地位，通過這種對話可以將說話人的思想，如同真正交談那樣直接表述出來。個中原因在於「聖經作者們強烈意識到，在創世的過程中語言發揮了首要的作用，於是他們傾向認為思想必須經過說話的步驟，才可以清楚圓滿地表達」，[118]因此聖經敘事中，對話具有表述說話人思想的功能。

巴埃弗拉特(Shimon Bar-Efrat，1929～2010)亦認為，話語是塑造人物形象的一種方式，「講話者跟對話者的特點都能從話語中得以體現，或者更確切地說，是話語反應和揭示了講話人，有時也使聽者的特點顯露出來——或者說是表現了說話者對整個人的看法。一個人講話，不只是見證了他自己的想法和感受，同時也容易表現出跟他對話的那個人的性格、情緒、興趣和地位。」[119]在巴埃弗拉特看來，對話的力量是雙方的，同時傳遞出對話雙方在性格等方面的信息。

是故，在聖經中存在一種風格上的偏執，傾向於「通過對話來敘事」(narration-through-dialogue)。[120]對話的存在實具重要意義，其所表述的不僅是說話人的思想，亦承擔對對方形象的側面書寫。但奧爾特同時也承認，「在許多採用第三人稱的敘事中，(情節)都深受對話的拘束；所用的詞語，也往往會重複這些敘述之前或緊隨其後的相關對話的元素。因此，敘事會被置於次要的角色，作用也不過是要肯定對話匯總的言論主張。」[121]

---

117 奧爾特：《聖經敘述文的藝術》，黃愈軒、譚晴譯，頁 120。
118 奧爾特：《聖經敘述文的藝術》，黃愈軒、譚晴譯，頁 122～126。
119 Shimon Bar-Afrat, *Narrative Art in the Bible*, p. 64.
120 奧爾特：《聖經敘述文的藝術》，黃愈軒、譚晴譯，頁 121。
121 奧爾特：《聖經敘述文的藝術》，黃愈軒、譚晴譯，頁 114～115。

本章開篇已述，傳教士對聖經人物漢語傳記的書寫，其中一個焦點在於以敘事文體言說聖經故事。而聖經中大量對話的進行，會在一定程度上阻礙敘事的流暢性與完整性，使讀者將注意力集中於言論，而將敘事置於次要地位。這時傳教士需要就這些對話作出改寫，將對話改寫為敘事的一部分，以敘事的推進代替對話的言說，這種方式存在的前提在於對話的刪除不會影響整個故事情節的推進。

《以來者言行紀畧》中，亞哈因為拿伯葡萄園的緣故悶悶不樂，王后耶洗別問及為何，經文為：「其（注：指亞哈）謂之曰：『因我曾說於耶色列以勒人拿波得而言之曰……而其答曰……』。」（《神天聖書》，王上 21：6）[122]而作者僅將這段對話省略為「王以此情詳告之」。[123]在聖經中存在許多重複話語（repetition words），該段情節亦然。《列王紀上》二十一章 2～3 節已講述過亞哈與亞伯之間的對話，及至下文耶洗別問起，亞哈在此重述二人之間的對話。若以聖經敘事學視角觀之，這些重複的話語，重提了敘事或敘事系列中整個短語或句子，從而構成了一個（語言上）的母題。這種重複要麼是逐字重複，要麼有些許改動，而不管是完全重複還是有所更改，在反映情境異同、描繪人物，以及強調主體和概念等方面，都有重要作用。[124]

對於以敘事方式傳播聖經的聖經人物漢語傳記而言，創作動機之一在於將「一展卷即忽忽欲睡」的聖經經文，重寫為「欲人喜讀，而獲其益」的故事。「作家的創作動機是指作家從事創作活動或創造一部特定作品的內在需要或驅動力，它是與一定的主觀願望或目的相聯繫的。」[125]不同的創作動機，對作品的文學樣式、寫作語言等有不同的影響。以敘事文體為創作目標之一的聖經人物漢語傳記，在對話的揀選上，以情節的推進和連貫為主要目標，重複性話語的出現將阻礙這一目標的達成，於是作者以「此情詳告之」代替。

這種「以此情詳告之」代替人物對話、避免重複敘事的寫作手法，在中國

122 經文為：惟其妻耶西比勒到之，而謂之曰：「汝靈因何憂，致汝不食何餅乎？」其謂之曰：「因我曾說於耶色列以勒人拿波得而言之曰：『以汝之葡萄園為錢賣與我，或汝有所悅，則我以別的葡萄園給汝換之。』而汝答曰：『我不肯以我的葡萄園與爾。』」（《神天聖書》，王上 21：6）

123 憐芬妮：《以來者言行紀畧》，頁 12。

124 Shimon Bar-Efrat, *Narrative Art in the Bible*, pp. 214-215. Also see Meir Sternberg, *The Poetics of Biblical Studies: Ideological Literature and the Drama of Reading*, pp. 365-440.

125 童慶炳：《文學理論要略》（北京：人民文學出版社，1995 年），頁 113。

章回小說中頗為常見。「避免重複性，迴避相近者相犯，是小說敘事的常規原則。」[126]

及至下一節僕人向耶洗別報告拿伯的死訊，耶洗別將其報告給亞哈。當耶洗別聽到拿伯的死訊後，「則謂亞哈曰：『起而獲耶色列以勒人拿波得所不肯為錢而與爾者之葡萄園，蓋拿波得不活，乃已死矣。』」（《神天聖書》，王上 21：15）。作者則將這段對話刪除，代之以敘事模式的情節推進：「當下耶洗別聞之拿伯已死，即請夫君亞合王起管彼園」。[127]

關於聖經經文中耶洗別所言這段話的重要性，奧爾特有深入分析：

> 下一節，王室的僕人向耶洗別簡報了這一信息：「拿伯已經被人用石頭打死了。」於是耶洗別意氣風發地把這個消息告訴亞哈，她一開口就說，亞哈立即就可以多去那個垂涎已久的葡萄園了；而在她所說的版本中，格式給改變了：「因為拿伯現在沒有命了，已經死了。」她之所以運用這細微的同義反覆（tautology）技巧，可能是要向猶豫不定的丈夫再一次保證，指出拿伯已經不再成為他們之間的障礙了……耶洗別在她的報告中，當然刻意隱瞞了拿伯之死的恐怖真相——她給拿伯捏造罪名，定他的罪，使他被人用石頭打死。[128]

奧爾特對耶洗別這段言論的分析，凸顯了敘事的同義反覆技巧、及「死」之一詞兩次運用的深刻內涵。但在《以來者言行紀畧》中，作者首先將耶洗別的言語敘述刪除，轉而以一種情節敘事代替。這種處理方式雖然刪除了人物之間進行對話的這一行為，但仍然保留了對話對於「推進情節進行」的功能，將這種功能以敘事的方式取而代之，即敘事性言說（narrative discourse）。這種改寫受限於經文的言說方式，是一種「受對話規限的敘述」（dialogue-bound narration），它不會把對話的內容逐字逐句地重複反映，只會把說話中提及的事實報告出來。[129]

此種刪除對話、以簡要敘事代替的方式，在聖經人物漢語傳記中屢見不鮮。如《約瑟傳》中，約瑟為法老解夢後曾對法老說：「所以法老當揀選一個有聰明有智慧的人，派他治理埃及地。」（《和合本》，創 41：33）而施白珩在保留了約瑟言語的大致內容後，將對話改寫為：「約瑟便勸王派一個有才能的

126 葉朗等編：《中國美學通史》（南京：江蘇人民出版社，2014 年），卷 7，頁 525。
127 憐芬妮：《以來者言行紀畧》，頁 12。
128 奧爾特：《聖經敘述文的藝術》，黃愈軒、譚晴譯，頁 135。
129 奧爾特：《聖經敘述文的藝術》，黃愈軒、譚晴譯，頁 135。

臣，治理埃及國。」[130]將約瑟與法老的對話，以第三人稱方式，改寫為敘事性情節。「採用第三人稱把對話內容複述，可以使讀者把注意力轉回到說話者本身，轉回到他們所選擇的重點。」[131]

另如酒政向法老推薦約瑟，施白珩以「酒政方記得約瑟，提出他的名」[132]，取代經文的對話，加速情節的進行；[133]約瑟的兄弟們第二次下埃及，約瑟看到他們後，吩咐家宰擺酒，[134]施白珩寫道：「約瑟見便雅憫與弟兄同來，就使家宰引他們到自己的屋裡，也吩咐他預備大筵席。」[135]約瑟與弟兄們相認時[136]「約瑟因為情不自禁，就叫埃及人們都離開他去」，[137]理雅各在《約瑟紀畧》中，則代之以「約瑟情不自禁，屏退左右，不令一人侍側。」[138]約瑟將要去世時，「約瑟使以色列族發誓云：『上帝必眷顧爾，爾當攜我骨出於是邦。』」（《委辦譯本》，創 50：25），理雅各將這段對話刪除，代之以「（約瑟）於是使族人誓，言於上帝眷顧之時，必攜其骸骨出埃及，不可有負誓。」[139]

《約瑟傳》中，約瑟第一次見到兄弟們後，先是問他們從哪裡來，之後指責他們為奸細（創 42：7～8），而施白珩將這兩段對話合併：「約瑟一見，就認得他們，想起從前所作的夢來，卻假作不認得，正顏厲色的問他們：『你們從何處來？你們不是奸細嗎？要窺探這國的間隙來的嗎？』」[140]這種刪除對話、以精簡敘事代替之的前提在於，此種改寫不影響整個故事情節的推進，不會干

130 施白珩：《約瑟傳》，頁 5。

131 奧爾特：《聖經敘述文的藝術》，黃愈軒、譚晴譯，頁 115。

132 施白珩：《約瑟傳》，頁 4。

133 經文為：那時酒政對法老說：「我近日想起我的罪來。從前法老惱怒臣僕，把我和膳長下載護衛長府內的監里。我們二人同夜各做一夢，各夢都有講解。在那裡同著我們有一個希伯來的少年人，是護衛長得僕人，我們告訴他，他就把我們的夢圓解，是按著各人的夢圓解的。後來，正如他給我們圓解的成就了：我官復原職；膳長被掛了起來。」（《和合本》，創 41：9～12）

134 經文為：約瑟見便雅憫和他們同來，就對家宰說：「將這些人領到屋裡，要宰殺牲畜，預備筵席，因為晌午這些人同我吃飯。」（《和合本》，創 43：16）

135 施白珩：《約瑟傳》，頁 7。

136 經文為：約瑟在左右站著的人面前情不自禁，吩咐一聲說：「人都要離開我出去。」（《和合本》，創 45：1）

137 施白珩：《約瑟傳》，頁 9。

138 理雅各：《約瑟紀畧》，頁 18。

139 理雅各：《約瑟紀畧》，頁 16。

140 施白珩：《約瑟傳》，頁 9。

擾文本的完整性和讀者對經文的接受與理解。但與此同時，聖經中存在某些對話在文本中具有重要地位，不可輕易刪除。當這些對話篇幅較長，如奧爾特所言會阻礙情節的流暢推進、轉移讀者注意力時，作者需要對對話進行改寫，以敘事性表述呈現對話的進行。

以約瑟與兄弟們的相認為例，約瑟要求便雅憫留下、其他人歸家時，猶大進行了較大篇幅的申訴（創 44：18～34），這段經文是舊約中的一段著名自白。這段懇切和扣人心弦的求情，對整個敘事情節的發展至關重要，是《創世紀》裡面人與人說話最長的一段，是約瑟與哥哥和好的轉折點，[141]是促使約瑟與兄弟們相認的關鍵契機。

如此之長的對話對敘事文體而言，無疑會沖淡文本的敘事緊湊性。這段自白，只有第 24、30、31 節不是直接引述前幾章的經文，因此整篇求情並沒有新加的材料，而是動之以情希望引起約瑟的同情心，以至有學者認為這段經文其實並不需這麼長。[142]但傳教士在書寫時，無法直接刪除這段篇幅如此之長、極具敘事關鍵性的話語，因此需要對此進行改寫。此處以《約瑟紀畧》為例，分析改寫技巧。

這段自白開場於猶大對約瑟的求情：「主與法老若同一體，僕有一言，告於主前，主勿怒。」（《委辦譯本》，創 44：18）《約瑟紀畧》亦寫道：「大人尊若法老，請勿怒，容僕一言。」[143]整體而言，並無明顯變化。[144]其後，猶大這段長長的求情告白，共有三個層次。首先，猶大論述與約瑟之間先前的論爭（創 44：19～24），此處猶大具有充分的言說技巧，他單單指出約瑟吩咐必須帶便雅憫去埃及，卻故意不提這是為了證明他們是誠實的人，不是探子；並暗示約瑟需為整件事負責，卻用很輕的語氣提及約瑟要求他們帶便雅憫到埃及。[145]

這一事件中，[146]猶大始終使用直接轉述的方式如實複述二人先前的對

141 John Skinner, *A Critical and Exegetical Commentary on Genesis* (Edinburgh: Clark, 1930), p. 485.

142 Nahum M. Sarna, *Understanding Genesis* (New York: Schocken Books, 1966), p. 306.

143 理雅各：《約瑟紀畧》，頁 17。

144 《約瑟紀畧》以同時期的《委辦譯本》為藍本，書寫約瑟生平，但在具體遣詞造句、語句順序上，理雅各有自己的風格，並非按照《委辦譯本》逐字逐句使用。

145 John Sailhamer, *Essential Bible Commentary* (Grand Rapids, Mich.: Zondervan, 2011), p. 254.

146 經文為：昔日主問僕云：「有父與兄弟否？」僕告主曰：「有父年老耄耋，生季子，其同母之兄亡矣。其母惟遺此子，父絕愛憐。」主命僕攜之至，欲目睹之。僕告

話，真實又有技巧地還原當時的場景，在這一陳述中猶大暗示約瑟需要為此事的結果負有責任，卻又表達地十分有技巧。理雅各寫道：「昔大人下問，可有父親郎弟乎。僕稟稱有老父幼弟，是父晚年所生，其同母弟已死，彼獨留存，故老父愛之異常。大人命僕攜來謁見，僕曾稟告，此子不能離父，離則恐致父死。大人責令，若非幼弟同來，不得復覯尊顏，是以僕輩歸家，將大人之言，稟告老父。」[147]

理雅各將猶大對過往的直接陳述轉為第三人稱的轉述，約瑟與猶大的第一次對話，經文為「昔日主問僕云」，理雅各將其改為「大人下問」，以敘事筆法間接轉述二人所言之事且「下問」一詞，彰顯出猶大對約瑟的尊重；而猶大的回答，理雅各將經文的「僕告主曰」改為「稟稱」。及至約瑟與猶大的第二次對話，理雅各的改寫手法與第一次類似，將「僕告主曰」、「主命僕曰」改寫為「僕曾稟告」、「大人責令」。此種改寫的好處在於，首先，較之直接陳述而言，這種簡介轉述針對性和指責性更加降低；其次，作者以「稟稱」、「大人命僕」等具有敘事意味的動詞，串聯起過往整個事件的進行，既顯示出猶大對約瑟的尊重，亦使敘事具有更加明顯的敘事色彩。及至經文的第二層，猶大講述起身前往埃及之前與父親的對話，及其對父親所作的保證（創 44：25～32），[148]理雅各寫道：

> 此後，老父命僕再來乞糧，僕曰：「幼弟同往，則可。否，則不可，因無幼弟同行，不得復見其人之面。」僕父曰：「爾知我妻子拉結氏惟生二子，一出不歸，我謂必為野獸所傷，至今不復相見。一獨存，爾欲攜之去，設遭災，是使我皓然白首，淒涼歸墓也。」今若歸見僕父，而幼弟不與我偕，僕父愛幼弟如命，既見其不歸，則必死。如是則僕將使老父皓然白首，淒涼歸墓矣。且僕曾在父前，願保此

主曰：「彼與父不能暫離，恐別父則父死。」主命僕曰：「若季弟不至，爾曹不復覯我面。」僕旋歸，吾主之僕我父，則以主言告。（《委辦譯本》，創 44：19～24）

147 理雅各：《約瑟紀畧》，頁 17～18。

148 經文為：我父曰：「復往乞糧。」僕曰：「若季弟偕往，則可；否則不可。蓋季弟不同行，則其人之面，我不能覯。」吾主之僕我父告我曰：「爾知我妻拉結惟生二子，一出不歸。我曰必死於獸，至今不得見。一子尚存，今爾欲攜之去，設遭災害，是使我皓然白首，淒涼歸墓。」今歸見吾主之僕我父，而季弟不與我偕，將若何。況父惜季弟如命。既見其不同歸，父必死。如是僕將使吾主之僕我父，皓然白首淒涼歸墓。蓋僕保此子於父前曰：「如不攜之歸，我畢生負疚。」（《委辦譯本》，創 44：25～32）

子，若不攜同歸，則終生負疚。[149]

該層中猶大仍然使用直接講述的方式，原原本本地還原自己與父親的對話。理雅各的改寫將開端與結尾的對話改寫為間接敘事，但中間猶大訴情的主體部分，作者保留了聖經經文中的敘述方式。這段經文中猶大向約瑟清楚說明了雅各對便雅憫的特別偏愛，且更為重要的是猶大不再像以前嫉妒約瑟那樣嫉妒便雅憫了，這是猶大生命的轉變，他出於身為兒子的責任，更甚者是出於對父親的孝順，他欣然接受這一事實。整段獨白是發自他對父親深深的同情，他真正明白父親的生命與便雅憫的生命緊緊相連。[150]此段獨白以手足之情和父子之情，深切表述猶大的轉變：

> 他（注：指猶大）甚至可以深表同情地引述雅各那句特別露骨的話：他妻子為他生了兩個兒子——像是說，利亞不是他的妻子，其他的十兄弟都不是他的兒子。二十二年前，猶大是陰謀的策劃者，是他提出把約瑟賣掉，使他淪為奴隸；現在他準備自己作奴隸，好讓拉結僅存的另一兒子得自由。二十二年前，他與兄弟們同謀，把血衣帶給父親，自己在旁默默看著父親傷心欲絕；現在，他不惜用盡一切辦法，也要使父親不再受同樣的傷害。[151]

此處如此強烈的情感、如此劇烈的轉變，非直述不可得。《約瑟紀畧》中作者保留了經文的述說方式，與第一層次的改寫不同，此處理雅各延續經文的直接敘述方式，講述猶大的情感、轉變，與吶喊。

最後，猶大肯請約瑟以自己為僕釋放便雅憫，[152]他用這種包含自我犧牲的懇求作為他求情告白的結束，這是聖經第一次提及「代人受苦」。[153]理雅各延續經文的方式，寫道：「故願代弟居此，聽從大人驅使，請容幼弟與其兄九人同歸，則感無能。蓋僕歸，而幼弟不歸，恐怕老父遭禍，吾何忍乎？」[154]

綜上所述，理雅各對該段的改寫，在第一層次將猶大的直述代之以敘事言說，既增強文本的敘事性，又減弱了約瑟在該事件中的責任，凸顯猶大的說

149 理雅各：《約瑟紀畧》，頁 18。

150 奧爾特：《聖經敘述文的藝術》，黃愈軒、譚晴譯，頁 295。

151 奧爾特：《聖經敘述文的藝術》，黃愈軒、譚晴譯，頁 295。

152 經文為：今僕願代季弟居此，為吾主之奴，容季弟偕兄歸。如我歸而季弟不歸，見父遭禍，吾何忍乎？（《委辦譯本》，創 44：33～34）

153 Claus Westermann, *Handbook to the Old Testament*, trans. by Robert H. Boyd (London: S. P. C. K., 1975), p. 298.

154 理雅各：《約瑟紀畧》，頁 18。

話技巧；在第二、三層次理雅各延續經文的直述方式，直接表現猶大的轉變以及強烈的手足之情、父子之情，且作者使用了「下問」、「稟稱」、「命」、「稟告」、「責令」等詞，增強文本的敘事性。理雅各對這段對話的處理既保留了原經文的大致框架，同時又進行細微的修改，使文本具有了敘事與情感的雙重效果。

第三節　凸顯細節：人物形象的多層刻畫

聖經中塑造了各式各樣的人物，向讀者傳達故事的意義和價值，他們的經歷、性格等也都更加吸引讀者，能喚起讀者的情感，使我們感其所感、樂其所樂、悲其所悲，體會他們的命運和遭遇。同時聖經作者的寫作手法是極其簡樸的，他們「既沒有細緻地分析人物的動機，也沒有詳細描述角色的心理動態……作者只以最簡略的筆法，勾勒出人物的外形、姿態、動作、衣著等……簡單來說，我們在西方文學傳統中慣常看到的細膩的人物描寫技巧……聖經作者似乎一概沒有採用」。[155]但這並不意味著聖經中人物不是立體、形象、多面的，[156]亞伯拉罕、約瑟、摩西、大衛等在聖經中栩栩如生，扮演著承受上帝使命的典範角色，同時也超越了這些角色本身，在世世代代讀者的心中留下了不可磨滅的印象。

聖經中人物形象的多面性、立體性和豐富性毋庸置疑，問題在於，聖經作者所採用的質樸描寫手法，對於缺乏聖經常識、習慣了小說等文學樣式中細緻描繪的中國讀者來說，[157]人物的生動性將大打折扣；況且聖經中存在大量的文本空白，需要讀者運用想象來填補，這對於中國讀者而言同樣具有困難。在此情形下，對以塑造人物為核心的聖經人物漢語傳記而言，需要使人物言行更加細緻化，形象更通俗易懂、更具有趣味性。

聖經人物漢語傳記的書寫，其中一個重要目標在於樹立基督徒典範，號召

---

155 奧爾特：《聖經敘述文的藝術》，黃愈軒、譚晴譯，頁 197。

156 奧爾特也承認，在聖經敘事中，作者採用獨特的技巧，描繪人物形象。他認為，聖經作者繼承了早期美索不達米亞和敘利亞——巴勒斯坦的文學傳統，採用較簡單的人物描述手法，但他們實際上還發展出一套新的方法，描寫人物時所用的手法，異常巧妙，而且極富想象力。參閱 Robert Alter, *The Art of Biblical Narrative*, pp.114~130.

157 關於中國小說的敘事技巧，參閱許麗芳：《章回小說的書寫與想像：以三國演義與水滸傳的敘事為例》。

讀者效仿其言行，歸信基督，因此傳主的形象往往具有重要的典範作用。《保羅言行錄》(1837)乃「借聖書之傳纂保羅言行之錄」，[158]全書共分為九章講述「勞苦堅心、忍耐博愛……冒險臨危遭難而不憚」[159]的保羅的一生；《約瑟紀畧》和《亞伯拉罕紀畧》，「本載諸聖經，先聖摩西感於聖神所述，以為後世勸者」[160]，樹立了約瑟和亞伯拉罕的聖人形象；《約伯紀畧》(1866)中的約伯，「品行純良、勤緊行善、敬畏上帝、遠離呆惡」。[161]這些道德卓越、敬畏上帝的形象，為信徒樹立了楷模。正如郭實獵在《聖書列祖全傳》(1838)序言中所說：

> 讀聖書之言，自覺可以信耶穌基督，進智慧得救矣……夫聖錄，一乃上帝默示，有用以教訓、譴謫、責善、傳義，致上帝之僕，成人全備於萬善矣。……余輯拾祖宗列傳，取聖書之言，以表著信德，其祖宗曰亞伯拉罕……看官思之，勿喪良心，乃須忍耐，則凜遵上帝之命，可得所許之福矣……萬望善讀者，非背道亡，乃信從保矣。列祖宗雖於夏朝年間行為，卻迄今日中外萬國仰德，且取其干預教化之尤者，誠心細察，愈就愈明，又愈善。祈俯首默想，庶乎自己之便益，學信士之信德，隨表樣，暨祖宗邀上帝之眷顧矣。[162]

如上所述，郭實獵創作該文的目的在於通過述說「信士之祖宗」[163]亞伯拉罕生平，表彰其信德，為讀者樹立信仰的楷模和仿效對象，以達致教訓、譴謫、責善、傳義的目的。在此創作動機之下，聖經人物漢語傳記中會增添眾多聖經中不曾提及的細節，以使傳主形象更加易懂。如《約瑟傳》中，當約瑟與弟兄們第一次相見問及家中情形時，施白珩增加約瑟的心理活動：「(約瑟)聽見便雅憫還在，心中切切地思念他」，[164]此時對心理變化等情緒的描寫有助於塑造故事中的人物個性。此種手法在聖經中亦比比皆是，如對大衛的心理活動有數次描寫，「大衛因耶和華突然衝出撞死烏撒就生氣」(撒下，6：8)，「大

158 郭實獵：《保羅言行錄》，序言。
159 郭實獵：《保羅言行錄》，序言。
160 理雅各：《亞伯拉罕紀畧》，收入米憐等著，黎子鵬編注：《晚清基督教敘事文學選粹》，頁 52。
161 作者不詳：《約伯紀畧》(福州：美華書局，1866 年)，頁 1。
162 郭實獵：《聖書列祖全傳》，序。
163 郭實獵：《聖書列祖全傳》，頁 4。
164 施白珩：《約瑟傳》，頁 5。

衛就非常惱怒那人」（撒下，12：5），「大衛王聽見這一切的事，就非常憤怒」（撒下 13：21）。這些描述儘管都是簡短的書寫，但對建構大衛的形象起到了重要作用，通過簡短心理描寫，可以幫助讀者拼湊出人物性格的總體畫面。約瑟思念便雅憫這一細節的增加，使二人的手足之情躍然紙上。

另如保羅，「其少年之事，記有一二，外闕如是」。[165]郭實獵認為他「生長才能非常，學問圓悟，廣博覽經典。雖然性情聰慧，件件過人，卻讀書焚膏繼晷矣。到二十有餘歲，便學得上帝之律例，兼通聖經之諸本，知錄能文，已成學士。亦勤攻希臘之書，於詩詞一道，尤其所長也。」[166]郭氏所塑造的保羅的青少年時期，一方面才能非常、學問圓悟、廣博覽經典、讀書焚膏繼晷，聰慧、博學，尤其通曉詩詞之道，這一形象的塑造符合中國傳統文人典範。韓愈〈進學解〉有言：「焚膏油以繼晷，恒兀兀以窮年」，以形容學子汲汲求學之情狀，張潮在《虞初新志》一書的序言中亦有言：「相傳文人多眚，歸咎讀書，焚膏繼晷，以致失明。」意即文人讀書焚膏繼晷，甚至導致失明，郭實獵在此處形容保羅好學、博學之品行。

另一方面，保羅通曉聖經，遵守律法，熟悉希臘之書，此乃是從信徒角度刻畫保羅。通過上述兩方面的細節的增添，保羅成為郭實獵所描寫的學士。學士一詞最早出於周代，指在學讀書的貴族子弟，魏晉南北朝後該詞後逐漸演變為官名，如唐朝設置學士院，清朝設大學士一職，這些職位的任職者無不是飽讀詩書、學識淵博之人，郭實獵此處的「學士」應指飽學之士。在郭氏文中，學士不僅需勤於求知且熟知聖經，這種描寫使保羅具有了儒士和基督徒的雙重面孔。

保羅的此種博學形象，亦有其歷史原因。在晚清基督徒群體中，多數信徒受教育水平、社會地位等皆低下，邢福增在《文化適應與中國基督徒：一八六〇至一九一一年》一書中，詳細分析了當時中國基督徒在國人心目中的形象。[167]因此，保羅的博學、好學，對於基督徒形象的書寫實具重要意味。安美瑞對保羅青少年時期的描述更加詳細，補充了更多細節：

> 掃羅從作小孩子的時候，必定常聽上帝的聖名，聽唱歌，就是大衛的詩篇。一切的故典，都是舊約上的事蹟。知識既開，必是常聽他

165 池約翰：《使徒保羅事蹟》，頁 2。

166 郭實獵：《保羅言行錄》，頁 1。

167 參閱邢福增：《文化適應與中國基督徒：一八六〇至一九一一年》。

父以摩西的律例教導他，叫他明白，又能背誦，又常見他父親如何遵守摩西的律法。每日得聽禱告的言語，安息日隨父入會堂拜主。必是先在家中讀書，後在會堂的小學房受教，所讀的必是摩西的律法書。[168]

相較於郭實獵賦予保羅的雙重面孔，安美瑞更傾向於刻畫保羅的學習細節。這與本書的寫作目的有關，安美瑞在本書序言中明確指出自己的寫作動機：「（我）感到，亟需創作一部作品，以幫助中國學生和其他人更好地了解聖經」，[169]因此，《保羅言行》旨在「教育中國教會中的年輕人，以更好地裝備他們自身，成為上帝的僕人，靈性得到提升」，[170]即本書的目標讀者是教會中的中國學生和年輕人，《保羅言行》是一部給中國教會中的年輕基督徒所看的書，目的在於提升他們的靈性，是故在人物塑造上，幼年時期的保羅更貼近教會中基督徒的成長經歷。另如迫害教會時候的保羅，安美瑞增加了對其心理活動的描寫：

他雖然感動（注：指司提反的殉道帶給保羅的感動），倡首逼迫教會，或想他心中必是不安，也有點疑惑，如同迦馬列。但是他的不安和疑惑，更是使他要盡力的逼迫耶穌門徒，因為不要這疑惑永遠的攪擾他，又不肯信耶穌是基督，所以他不得不另想法子，使心得安。或者他想若能格外行事奉住的事，及必能得著所求的，因此纔行出這逼迫教會的事。論掃羅本來是仁慈的人，並不是喜歡叫人受苦。他這樣的事奉主，按他的天性，實以為難事。然而越以為難，就越顯出自己是有愛主的心，也就更加覺得有功了。……保羅聽見這事（注：指各地教會的興起），就越發的仇恨門徒，因為恨心越深，心越不順遂，志向也就越發堅定，於是執意必到各處嚴查密訪（迫害教會）。[171]

在此處安美瑞增加對保羅心理活動的描寫，以豐富其作為一名基督徒不斷成長的過程，且這種心理活動的刻畫具有基督教的傳統。在基督教歷史上，從奧古斯丁到路德，西方教會都視內省良心（introspective conscience）為重

168 安美瑞：《保羅言行》，頁 18。
169 安美瑞：《保羅言行》，序。
170 安美瑞：《保羅言行》，序。
171 安美瑞：《保羅言行》，頁 23～24。

要觀念，[172]保羅的反思、成長、悔改，或多或少地類似於榮格所說的個體化進程（the individuation process）。[173]安美瑞在《保羅言行》中著重描繪保羅的個體成長過程，此處關於保羅迫害教會的心理鬥爭的書寫，如心中不安、有些疑惑，其後需要另想法子以求心安，正正表現出保羅內心自省時的矛盾與衝突。

不僅是傳主形象，對於傳記中的次要人物（minor character），[174]傳教士亦有所刻畫。從人物塑造角度而言，次要人物的存在在文本中發揮結構性的作用，用以襯托主要人物。他們在文本中的地位雖不如主要人物重要，卻同樣重點突出、異彩紛呈。如拔示巴的故事中（撒下 11：1～26），烏利亞誠實坦蕩、忠心耿耿；《路得記》中，拿俄米、波阿斯仁慈又信仰堅定。

另一方面，如上所述，聖經採用質樸的描寫手法，敘事人很少直接講述人物個性，主要通過其言行得以表現，此時人物形象的言行成為傳教士需要著重描繪的另一層面。以《約瑟紀畧》為例，當主母試圖引誘約瑟時，理雅各寫道：「主母見其容顏秀美，體度超羣，動起淫念，斜著一雙色眼，對約瑟曰：『請與我寢。』」[175]與《委辦譯本》經文相比，[176]作者作出兩處改寫。

首先，經文直接寫約瑟「風采甚都」，而理雅各以主母的視角側面描寫約瑟風采。在聖經中極少對人物外貌的清晰詳細描繪，只有極少數例子對人物外貌做以簡要描寫，但即使在這種描寫中，也並不會提及具體特徵，主要功能在於推進情節發展，解釋故事經過，此處關於約瑟的描寫即是一例。理雅各將經文的直接敘事，轉為第三人稱的側面描寫，以次要人物的視角凸顯約瑟的美貌；且作者擴充了經文關於約瑟外貌的描述，以容顏秀美加劇文本的進展與衝突。

其次，作者將經文簡單一「目」字，擴充為「斜著一雙色眼」，以神態的描繪詳細勾勒主母勾引約瑟的場景，使主母的淫蕩形象較之經文更為飽滿。以神態與眼神的描繪，細緻刻畫二人勾搭的場景。幾次三番之後，約瑟拒絕主母

172 克里斯特·施騰達爾：〈使徒保羅與西方的內省良心〉，花威譯，《聖經文學研究》，2016 年第 1 期，頁 136。

173 克里斯特·施騰達爾：〈使徒保羅與西方的內省良心〉，花威譯，《聖經文學研究》，2016 年第 1 期，頁 138。

174 本處所言次要人物，主要是相對於聖經人物中的傳主而言，指傳主之外的其他人物形象。

175 理雅各：《約瑟紀畧》，頁 5。

176 經文為：約瑟風采甚都，久之，主母目約瑟曰：「與我偕寢。」

的誘惑、逃出內室時，衣服丟在了主母手中，「那婦人見約瑟逃出，遺衣在己手中，變羞為怒」。[177]此處增加了經文中[178]不曾有的細節：變羞為怒，它與前文的「斜著一雙色眼」共同構成了該事件中主母情緒變化的主線。由起淫念，到未遂羞惱，這種細節的衝突與變化將一個充滿淫念的婦人形象樹立在讀者面前。

酒政與膳長夜間做夢後，二人「自不能解，鬱鬱不樂」，[179]其後理雅各增加了兩處對膳長心理變化的描寫。首先，膳長見約瑟為酒政解夢的寓意極好，便「想己夢意亦佳」；[180]聽完約瑟的解夢後「心甚不悅」。[181]約瑟為酒政與膳長解夢，但二人的心理變化經文中並未提及，理雅各加入這些細節使作為次要人物的膳長的情緒起伏，更加具有戲劇性。

另如在《保羅言行》中，保羅在塞浦路斯傳道時，曾於巴拿巴遇到一個假先知巴耶穌，保羅厲聲訓斥、行神蹟後，士求保羅歸信耶穌。(《和合本》，徒13：6～12）這本是保羅宣教生涯中的一個事跡，聖經中的敘述，也較為簡略。但聖經中的某些相當簡短的段落，往往會成為重寫創作中的一個重要元素。《保羅言行》中，安美瑞在保留原有故事框架的前提下充分擴充了這個故事的內容：

> 方伯是個聰明人，又好求道。他曾交了一個行邪術的猶太人，名叫巴耶穌，受了他的迷惑，信服他，又收留他。如今聽說巴拿巴和掃羅來此傳道，就將他們請來，要聽他們所講的。這時巴耶穌見光景不好，知方伯若聽使徒所講的真道，必不能再佩服他的假道。於是他就抵擋使徒，盡力的阻攔，不讓方伯聽講耶穌的真道。那時掃羅又名保羅的，足足被聖靈感動，知道巴耶穌的心意，就注目看著他，又用直言責備他，指說他的惡意，稱他為魔鬼的兒子、眾善的仇敵，也說他既這樣攔阻耶穌的正道，就必須受罰，暫且眼瞎不能看見。保羅纔說完這話，他的眼睛立刻昏暗，求人拉手領他。方伯看見這奇事，更知道使徒所傳的是真道，就信了耶穌。[182]

177 理雅各：《約瑟紀略》，頁 5。
178 經文為：主母見其遁，棄衣在手。
179 理雅各：《約瑟紀略》，頁 5。經文為：約瑟朝入，見其有憂色。
180 理雅各：《約瑟紀略》，頁 6。
181 理雅各：《約瑟紀略》，頁 6。
182 安美瑞：《保羅言行》，頁 7。

在這段書寫中，安美瑞擴充了士求保羅和巴耶穌兩個次要人物的書寫，使她們的形象更為豐滿。就士求保羅而言，是聰明人、好求道；同時，作者為他聽信巴耶穌作出詮釋：受了迷惑。在聖經經文中僅提到士求保羅與巴耶穌經常在一起，卻又「是個通達人，他請了巴拿巴和耶穌來，要聽神的道」(《和合本》，徒 13：7)，但並未解釋這種矛盾存在的原因，安美瑞增加了上述細節，於是受迷惑的士求保羅與下文歸信耶穌的士求保羅，共同構成了該事件中次要人物歸信歷程的書寫。

及至巴耶穌，聖經經文中提及他「抵擋使徒，要叫方伯不信真道」(《和合本》，徒 13：8)，卻並未提及他如此行得原因。安美瑞為他加入了心理活動：知道光景不好，也知道安伯如果聽了保羅的真道後，必然不會再相信自己的道。通過這種細節的增加，一個心理陰暗、行徑卑鄙的假先知形象，以一種更易理解的方式呈現在中國讀者面前。

作者同時改寫了保羅訓斥的話，將對話以敘事性筆法陳述出來，加入「又」、「也」等關聯詞，保證敘事的流暢性。此種手法上節已有分析，此處不再贅述。總之在這一非重大事件中，安美瑞增添了諸多細節以書寫士求保羅與巴耶穌兩個次要人物，通過心理活動等的描寫，一心求道、悔改歸信的信仰者，與一個心理陰暗、行徑卑鄙的假先知，一正一反兩個角色，以更加豐滿、易懂的方式躍然紙上。

小　結

聖經人物漢語傳記是對聖經的重寫，這種創作方式在基督教文學傳統中，歷史悠久。在聖經人物漢語傳記中，傳教士主要關注三個方面的重寫：經文詮釋、對話改寫和細節凸顯。馬禮遜等傳教士試圖尋找一種合適的文體，可以同時兼備注疏聖經和敘事書寫的雙重功效，在搜尋的過程中，傳記作為一種理想文體逐漸進入他們的視野。聖經人物漢語傳記繼承了中國古典傳記文學的釋經功能，以增加評論的方式詮釋聖經的神學內涵，並將這種經文詮釋置於中國文化語境中，成為本土化釋經的一種創作方式。

作為敘事文體的聖經人物漢語傳記，為了增強其敘事功能，傳教士改寫了聖經中的大量對話。經文中的對話自有其重要性，但大量對話的出現無疑會阻礙敘事的流暢性，轉移讀者注意力。作者或刪除對話、以簡要敘事代替，或改寫大段對話，使聖經人物漢語傳記更具有敘事色彩。

人物形象是傳記書寫的一個重要目標，傳教士試圖通過人物的書寫為讀者樹立基督徒典範，呼籲他們歸信基督。不同於中國文學中對人物的精描細畫，聖經中作者只是以簡要筆法勾勒人物，此種文本空白呼喚著傳教士的填補和細化。他們通過對人物心理、神態等細節的凸顯，使傳主和各次要人物以更多層次、更通俗的方式呈現於中國讀者面前。

除去上述三個主要創作焦點，補充中國化語境、調整敘事時間、概述部分輔線，也是傳教士的改寫內容。通過這些重寫活動，聖經人物漢語傳記成為兼備詮釋聖經和趣味性雙重功能的敘事性文本，在中國語境中具有了新的生命。

第三章　塑造傳主：傳記中的聖人基督徒模範

概　論

傳記書寫的核心在於人物形象的塑造，斯溫德爾在以聖經接受史為視角，分析聖經人物的文學接受史時，發現同一聖經人物在不同時空存在不同形象，如雅各、以斯帖等人物，在莎士比亞、艾略特等人作品中呈現不同面孔；亞當夏娃在歐洲文學的不同時期具有相異的書寫重點；路得形象的書寫受到女性主義神學的影響。[1]在聖經人物漢語傳記中，無論是約瑟、亞伯拉罕、耶穌等傳主形象，還是主母馬利亞、抹大拉的馬利亞等婦女形象，與聖經中的形象書寫相比都具有明顯差異，且折射出文本背後的宗教、文化等因素。本章和下章主要從聖經在華接受史的視角，從文學層面分析這些聖經人物形象在中國語境中的書寫和演變，及其產生的原因。

在中國宗教文學史上從來不乏傳記的書寫，以本教聖人為傳主書寫其生平，凸顯他們聖的特質。東漢末年佛教傳入後，中國傳記文學領域，新增「僧佛傳記」這一新的文學體式。南北朝時的《高僧傳》、唐朝時的《大慈恩寺三藏法師傳》都是重要的佛教傳記文獻。明清之際出現了一批佛教神祇或人物的傳記，如《南海觀音全傳》、《達摩出身傳燈傳》等。道教亦有頗多相關傳

1　關於聖經接受史的文學接受研究，可參閱 Anthony C. Swindell, *Reforging the Bible: More Biblical Stories and their Literary Reception*; Anthony C. Swindell, *Reworking the Bibl: The Literary Reception-History of Fourteen Biblical Stories*.

記，李豐楙、廖兆亨所編《聖傳與詩禪》一書收集了數篇論文，詳述道教諸多人物成聖過程及傳記書寫的歷史流變。[2]道教的傳記作品大體可分為兩類，其一是正式的仙真傳記，如《茅山志》、《七真年譜》等，其二是名為「傳」的神仙故事：

> 由於道教修仙法門的秘傳性質與修仙者隱世不為人知的神秘特性，許多關於平凡人得道成仙的故事傳說已經不可考其真偽，這類作品就會被歸類為「志怪小說」的範疇。因為這類作品初興的年代正是漢魏六朝，筆記小說漸漸風行的時期，這些記載神仙譜系的作品通常被視為筆記小說之流。這些作品的基本寫作方法與傳統歷史人物小傳頗為相像，敘述其人姓字、居處、生平等。不過敘述生平的時候會著重在其修煉的過程與展現的「神蹟」，其人生卒年也未若一般人物傳記一樣清楚詳細，因此蒙上道教特有的神秘色彩。[3]

此類以傳為名的道教傳記作品多記述教內人物的生平，如《列仙傳》記載七十多位神仙生平，此外還有《搜神記》、《神仙傳》等，「這些題名『仙傳』、『仙史』的話本章回小說，明顯可知作者意圖以書史的方式闡述一個人／仙（或一群人／仙）修仙或在人界歷劫的故事，在取信讀者之餘，事實上作者更希望達成各種不同的目的，比如：宗教上的傳教目的，世俗的道德教訓，或者以此喻彼的影射現狀等。」[4]

至於基督教傳統中，中世紀時期聖傳（hagiography）層出不窮，對其研究亦頗豐。[5]如《百聖傳畧》收集了 100 多為基督教聖徒傳記，書寫這些傳主成

2 參閱李豐楙、廖兆亨編：《聖傳與詩禪：中國文學與宗教論集》（臺北：中央研究院中國文哲研究所，2007 年）。

3 溫睿瀅：〈全真七子傳記及其小說化研究〉（臺北：國立政治大學，碩士論文，2003 年），頁 30。

4 溫睿瀅：〈全真七子傳記及其小說化研究〉，頁 31。

5 吉爾（Patrick J. Geary）將目前的聖傳研究分為四個趨勢：從對聖徒的關注，逐漸轉向對他們所成聖（sanctified）的歷史時代的關注；從對聖徒個人經歷的關注，轉向至與其他相關聖傳的對比；逐漸關注歷史史料、記錄的整理；逐漸意識到這些聖傳文本，是了解聖徒所生活時代、聖徒精神世界的途徑。參閱 Sandro Sticca, ed., *Saint: Studies in Hagiography* (Binghamton, N. Y.: Medieval & Renaissance Text & Studies, 1996), p. 142.另可參閱，André Vauchez, *Sainthood in the Later Middle Age*, trans., by Jean Birrel (New York: Cambridge University Press, 1997). Hippolyte Delehaye, *The Legends of the Saints*, trans. by Donald Attwater (Dublin, Ireland: Four Court Press, 1998). Aviad M. Kleingerg, *Flesh Made Word: Saints' Stories and the Western Imagination* (Cambridge, Mass.: Belknap Press of Harvard University Press,

聖過程。通過上述對宗教傳記傳統的梳理不難發現，宗教傳記的核心在於凸顯傳主聖之品行。誕生於中西聖傳文學傳統中的聖經人物漢語傳記，對聖之議題同樣格外關注。傳教士通過對傳主聖的書寫，為讀者樹立理想的基督徒典範，以達到道德訓誡、呼籲歸主的目的。傳教士借用天主教對「聖人」一詞的使用，以聖人稱呼傳主，並將其運用至對約瑟等人的形象塑造中。本章主要分析傳教士如何借用天主教聖徒和儒家聖人的書寫範式，在聖經人物漢語傳記中創作出獨具基督教色彩的聖人基督徒。

本章將首先概述聖之議題在宗教傳記中的重要性，及兩個需要說明的問題；其後，第一節主要梳理「聖人」一詞，自利瑪竇（Matteo Ricci，1552～1610）開始在耶穌會傳統中的翻譯、運用歷史；第二節主要目標在於釐清傳教士如何借鑒晚明天主教對「聖人」一詞的運用，同時將儒家聖人概念嫁接至對聖經人物漢語傳記中、傳主品質的書寫上；第三節分析聖經人物漢語傳記中，傳教士如何書寫傳主所具有的基督教聖人特質，進而使天主教、儒家、基督教聖人傳統相融合，令傳主具有聖人之品行，開創出新教的聖人書寫模式，塑造符合中國語境的基督徒形象，由此向中國讀者生動展示聖人基督徒形象。

傳主形象是整部傳記書寫的核心，以其真實性與生動性，承載起作品的道德訓誡和經驗傳承功能。聖經人物漢語傳記的書寫，最主要目的在於塑造傳主的基督徒形象，「呈現一位聖者的理想模型」，[6]呼籲讀者效倣其言行。傳教士以傳記的形式樹立眾多模範人物（role models），生動地傳遞出上帝的恩典與榮耀，亦可對信徒起到訓誡作用。同時「通過揭開這些籠罩在人物類型（之上）的敘述面紗」，[7]教外人士對聖經與基督徒也可以有更生動的理解。由於傳主們皆出自聖經，這種楷模形象的樹立較之小說中虛構的主人公而言，更加具有典範性和說服力。

「在本土的關懷下，兼顧比較的視野，就能發現凡是被凸顯為『聖』的人格特質，正是宗教人物傳、記之類著作的核心所在。」[8]是故，聖之議題對聖經人物漢語傳記而言尤為重要，通過對傳主聖之書寫可以窺視作者的人物形象塑造策略。在這些作品中，作者多以聖人稱呼傳主，如約瑟為聖人，汪涵大

2008). Anthony E. Clark, *China's Saint: Catholic Martyrdom during the Qing (1644~1911)* (Bethlehem: Lehigh University Press, 2011).

6 李豐楙、廖肇亨編：《聖傳與詩禪：中國文學與宗教論集》，導言，頁6。

7 李豐楙、廖肇亨編：《聖傳與詩禪：中國文學與宗教論集》，導言，頁7。

8 李豐楙、廖肇亨編：《聖傳與詩禪：中國文學與宗教論集》，導言，頁3。

度、寬恕兄長；[9]摩西為聖人，有仁義禮智信的美好品行，[10]但傳教士對「聖人」一詞的運用有其獨特內涵，這將是本章討論重點。

在開始本章討論之前，有兩個問題需要說明：首先，晚清聖經人物漢語傳記在某種程度上可被視為聖傳，但並非現行廣泛使用意義上的聖傳。如《簡明牛津字典》（*The Shorter Oxford English Dictionary on Historical Principles*）中定義聖傳為：「對聖徒生平的書寫。」[11]《韋氏大辭典》（*The Merriam-Webster Dictionary*）中，進一步定義為「理想化、偶像化的傳記」（idealizing or idolizing biography）。[12]按照上述定義，傳教士所做的傳記可被視為聖傳。

聖經人物漢語傳記與目前學界所研究的聖傳，區別在於：1. 聖傳的書寫注重聖徒兩方面內容：道德卓越的真實人物以及超越的神聖性。前者主要側重於對人物品德的塑造；後者則著重於神蹟。聖經人物漢語傳記主要注重前者，對後者進行了一定程度處理；2. 聖傳在創作過程中，尤其是關於殉道者生平的書寫，除去以聖經為依據，同時會吸收民間傳說等文學要素，聖經人物漢語傳記主要以聖經為依據；3. 聖傳注重對聖徒成聖過程的書寫，而聖經人物漢語傳記的傳主在文本伊始已一定程度上以聖人的形象出現。

有鑒於此，聖經人物漢語傳記只是在一定程度上可以被歸類為聖傳。但即便如此，並不意味著聖經人物漢語傳記與聖傳毫無關聯；恰恰相反，傳教士筆下的傳主具有聖徒的種種特質，如堅實的信仰等。因此本書依舊會將天主教聖傳納入考察範圍，以求釐清聖經人物漢語傳記對其的借鑒。

其次，在聖經人物漢語傳記中，傳教士不僅使用「聖人」一詞，亦採用賢人、聖賢等，作者對這些詞語的使用多取自其所依據的聖經翻譯版本，且指稱傳主之外的其他人物。如但以理較「國內博士賢人，尤為明哲」，[13]作者使用「賢人」一詞，乃取自其所依據的《委辦譯本》。《路加福音》中，耶穌復活後，向兩門徒顯現，看到他們為了一個問題爭執，遂說：「無知之輩乎，心迷不通，聖賢之言。」[14]此處聖賢的用法，來自該文所依據的《新遺詔書》。耶穌降世時

9 理雅各：《約瑟紀略》，頁 14。
10 郭實獵：《摩西言行全傳》（新嘉坡〔新加坡〕：堅夏書院，1836 年），頁 40。
11 William Little, ed., *The Shorter Oxford English Dictionary on Historical Principles* (Oxford: Clarendon Press, 1973), p. 913.
12 Merriam Webster, *The Merriam-Webster Dictionary* (New York: Pocket Books, 1974), p. 320.
13 韋廉臣夫人：《但以理聖蹟圖說》（上海：益智書會，1882 年），頁 5。
14 郭實獵：《耶穌復生傳》（福德堂，1843 年），頁 8。

「有異象現於東方，外國有數賢人，知此星為非常之兆」，[15]該處「賢人」一詞出自《救世主言行撮畧》所依據的《新遺詔書》。

在儒家思想體系中賢人居於聖人之下，所謂超賢入聖，《論語》中曾記載「子貢賢於仲尼」的故事，後世認為「子貢晚年進德修業之功，幾乎超賢入聖」。[16]而且多用於形容人之才能，如《說文解字》中認為「賢，多才也」，《史記》中寫道「相如既歸，趙王以為賢大夫。」在孟子的賢人思想中，賢人用以輔助平庸君王以實現堯舜時期的聖王政治，「賢者之為人臣也」。[17]後來隨著聖人思想逐漸退守智識與德行的內聖領域，賢人的指稱含義慢慢與聖人相同。

《二程遺書》中將聖賢並稱：「凡看文字非只是要理會語言，要識得聖賢氣象。如孔子曰：盍各言爾志。而由曰：願車馬，輕衣裘，與朋友共，弊之而無憾。顏子曰：願無伐善，無施勞。孔子曰：老者安之，朋友信之，少者懷之。觀此數句，便見聖賢氣象大段不同。若讀此不得見聖賢氣象，他處也難見。學者須要理會得聖賢氣象。」[18]二程倡導需要從聖賢書中識得聖賢氣象，並引用孔子、顏回等人教訓，認為不同的先人對聖賢的論斷不同。但總體而言，無論是孔子的「老者安之，朋友信之，少者懷之」，還是顏回的「願無伐善，無施勞」，都傾向於將聖賢與聖王的政治理想相提並論。

朱熹發揚了二程的聖賢論，他意識到二程對聖賢的論說以堯舜氣象為主，希望實現政治上的清明，因此與聖人之志同。但朱熹「專注於內聖之學的建立，[19]對實際政治似乎抱有可有可無態度」，[20]他將聖賢論述進一步發揚至品行和學識。

通過上述梳理不難發現，孔孟時期賢人居於聖人之下，其作為臣子是實現聖人理想的助力，強調品行和智識。隨著聖王政治的破滅，退守內聖領域的聖

15 憐為仁：《救世主言行撮畧》，頁 4。

16 〔魏〕何晏注，〔宋〕邢昺疏，《十三經注疏》整理委員會整理：《論語注疏》（北京：北京大學出版社，2000 年），頁 298。

17 〔漢〕趙岐注，〔宋〕孫奭疏，《十三經注疏》整理委員會整理：《孟子注疏》，頁 433。

18 〔宋〕程顥、〔宋〕程頤：《二程遺書》（上海：上海古籍出版社，1992 年），頁 122。

19 學界普遍認為，外王的無法實現，導致南宋理學家多轉而專注內聖，是故投身於學術和教育工作。參閱 Ying-shih YU, "Some Preliminary Observations on the Rise of Ch'ing Confucian Intellectualism", *Tsing Hua Journal of Chinese Studies*, Dec., 1975, no. 1 & 2: 122~123.

20 余英時：《朱熹的歷史世界：宋代士大夫政治文化的研究》（北京：生活・讀書・新知三聯書店，2011 年），頁 398。

人逐漸與賢人擁有類似的內涵。二程初時從政治視角將聖賢並稱;朱熹發揚了二程的聖賢論並強調學識與修養。傳教士對賢人、聖賢的使用,多擷取自翻譯後的聖經版本,他們意識到聖人與賢人、聖賢之間在源初意義上的差異,並使用的頗為謹慎。

具體至本章具體研究的傳主形象,筆者主要從聖人角度加以分析,原因在於:首先,與所依據的聖經版本相比,在聖經人物漢語傳記中傳教士會添加添加評論或相關細節評論人物何以為聖;其次,作者們多明確稱呼傳主為聖人,如古聖亞伯拉罕,聖人亞伯拉罕。因此,本章主要分析在這些評論或細節中所凸顯的傳主的聖之品行。

第一節 從晚明到晚清:「聖人」的使用及流變

以傳記形式塑造基督教人物並非新教傳教士首創。天主教傳教士在晚明時期已譯述[21]了諸多聖傳,如龍華民「積極展開……重要聖傳和其他重要文件的翻譯工作」,[22]高一志「聖傳的中譯上,終晚明八、九十年的歲月……無人能出其右。」[23]儘管晚清聖經人物漢語傳記並非現行廣泛使用意義上的聖傳,但若要討論「聖人」一詞之使用,必定需追本溯源,回溯至其在晚明聖傳書寫中的運用策略,方可討論該術語在晚清時期的借鑒、運用及演變。

耶穌會入華後,在翻譯或撰寫漢語作品中如何表述「聖人」(*sanctus*)等詞語成為一個難題。「西方『聖人』或『聖徒』的中譯問題,天主教剛才入華已經孳生,利瑪竇和羅明堅最早碰到。兩人在十六世紀 80 年代合編《葡漢辭典》,[24]解釋葡萄牙文『聖托』(*santo*)一音時幾乎無從下筆,最後所得居然是中文『仙』字。」[25]《天主實義》(1595)中,首次出現一個名為嶴梧斯悌諾的聖人:

昔者又有西土聖人,名謂嶴梧斯悌諾,欲一概通天主之說,而書之

---

21 如何定義晚清天主教聖傳的創作方式,創作,翻譯,或其他,有關此討論,參閱李奭學:《譯述:明末耶穌會翻譯文學論》(香港:香港中文大學中國文化研究所翻譯研究中心,2012 年),導論,頁 1～33。本書延續李奭學的研究結論,使用「譯述」一詞。

22 李奭學、林熙強編:〈聖若撒法始末.小引〉,《晚明天主教翻譯文學箋注》(臺北:中央研究院,中國文哲研究所,2014 年),頁 83。

23 李奭學:《譯述:明末耶穌會翻譯文學論》,頁 12。

24 關於《葡漢辭典》的作者論證,參閱張西平:〈《葡華辭典》中的散頁文獻研究〉,《北京行政學院學報》,2016 年第 1 期,頁 119～123。

25 李奭學:《譯述:明末耶穌會翻譯文學論》,頁 210。

> 於冊。一日，浪游海濱，心正尋思，忽見一童子掘地作小窩，手執蠔殼汲海水灌之。聖人曰：「子將何為？」童子曰：「吾欲以此殼盡汲海水傾入窩中也。」聖人笑曰：「若何甚愚？欲以小器竭大海入小窩。」童子曰：「爾既知大海之水，小器不可汲，小窩不盡容，又何為勞心焦思，欲以人力竟天主之大義，而人微冊耶？」語畢不見。聖人亦驚悟，知為天主命神以警戒也。[26]

此處嶴梧斯悌諾即聖奧古斯丁，利瑪竇稱其為聖人並述說其有關三位一體沉思的故事，以作證道之用。[27]該故事的書寫頗似《列子・湯問》中，兩小兒辯日的典故。[28]該典故講述孔子路遇兩小兒關於「太陽遠近」的爭論，卻回答不出二人的提問，是故「孰為汝多知乎？」在奧古斯丁的沉思典故中同樣有一兒童，與其對話、引其思考、令其驚悟。利瑪竇以孔子生平典故暗射奧古斯丁經歷，並明確以「聖人」一詞形容奧古斯丁，將其與孔子暗中相提並論。但此時利氏對「聖人」一詞的運用實乃借用儒家術語，表述天主教教義之奧妙無窮，並非儒家所言之聖人。

及至《交友論》(1595)中，利瑪竇使用智、賢等字眼描述西人：「吾偶遇賢友」、[29]「西士之一先王，曾交一士，而腆養之於都中，以其為智賢者。日曠弗見陳諫，即辭之曰：『朕乃人也，不能無過，汝莫見之，則非智士也；見而非諫，則非賢友也。』」[30]該文中利瑪竇使用智賢者一詞描繪西士的智慧，及面對君王的諫言之風。[31]就君臣關係而言，「君之視臣如手足，則臣視君如腹心。君之視臣如犬馬，則臣視君如國人。君之視臣如土芥，則臣視君如寇

26 利瑪竇：《天主實義》，收入鄭安德編：《明末清初耶穌會思想文獻彙編》(北京：北京大學宗教研究所，2000年)，頁27。

27 李奭學：《中國晚明與歐洲漢學：明末耶穌會古典型證道故事考詮》(臺北：中央研究院，聯經出版公司，2005年)，頁81～82。

28 孔子東游，見兩小兒辯斗，問其故。一兒曰：「我以日始出時去人近，而日中時遠也。」一二以日初出遠，而日中時近也。一兒曰：「日初出大如車蓋，及日中則如盤盂，此不為遠者小爾近者大乎？」一兒曰：「日初出滄滄涼涼，及其日中如探湯，此不為近者熱而遠者涼乎？」孔子不能決也。兩小兒笑曰：「孰為汝多知乎？」(《列子・湯問》)

29 利瑪竇：《交友論》，收入李奭學、林熙強主編：《晚明天主教翻譯文學箋注》(臺北：中央研究院，中國文哲研究所，2014年)，頁32。

30 利瑪竇：《交友論》，頁43。

31 關於《交友論》的相關研究，參閱李奭學：《中國晚明與歐洲漢學：明末耶穌會古典型證道故事考詮》，頁274。

讎。」[32]「諫行言聽，膏澤於下民」，[33]意即君臣之間關係猶如朋友，臣子需對君主有所諫言，使其行德政。[34]對儒家聖賢而言，具有諫言之風方為名士風範。利瑪竇《交友論》中，延續儒家對君臣關係的論述，使西士具有儒家聖賢色彩，其對「聖人」一詞的運用較之《天主實義》而言，已更加明顯地借用儒家概念。

《二十五言》[35]（1604）[36]中，利瑪竇再次將「聖人」一詞用於描述西人：

32 〔漢〕趙岐注，〔宋〕孫奭疏，《十三經注疏》整理委員會整理：《孟子注疏》，頁255。

33 〔漢〕趙岐注，〔宋〕孫奭疏，《十三經注疏》整理委員會整理：《孟子注疏》，頁255。

34 關於君臣之間的朋友關係，參閱王淑琴、曾振宇：〈「友，君臣之道」：郭店楚簡與孟子友朋觀互證〉，《陝西師範大學學報》，2015年11月，第44卷第6期，頁46～53。

35 《二十五言》，依據愛比克泰德（Epictetus，55～135）的《手冊》（*Encheiridion*）所譯。按照徐光啟為該書所寫的跋文，指「（利瑪竇）從國中攜來諸經書盈篋，未及譯，未可讀也。自來京師，論著復少。此《二十五言》，成於留都。」徐氏將該書定義為「譯」，利瑪竇亦稱其為「翻譯經譯」。但就內容而言，《手冊》共五十三節，《二十五言》僅摘選其中二十五節，且並非逐字逐句的翻譯，並按照利瑪竇之意重新排列順序。各種原因，「按照史景遷（Jonathan D. Spence，1936～）在《利瑪竇的記憶之宮》中的推測，乃利氏來華時，可能未曾攜帶愛比克泰德的《手冊》源本，而是憑藉記憶寫成。」在清代四庫全書對《二十五言》的編纂前沿中，評價該書為「西洋人之入中國，自利瑪竇始。西洋教法傳中國，亦自二十五條始。」目前學界關注較少，可參閱鄭海娟〈跨文化交流與翻譯文本的建構——論利瑪竇譯《二十五言》〉（《編譯論叢》，第五卷第一期，2012年3月，頁205～224）一文。在該文中，作者認為，「《二十五言》雖然篇幅不長，但卻堪稱異質思想的交匯地，其中既夾帶著古希臘羅馬的斯多葛主義，又染上了譯入語的中國傳統文化色彩。不僅如此，利瑪竇還竭力向內灌輸天主教教義，試圖以之前面兩種『異教』思想，為其傳教事業服務。」

36 徐光啟為《二十五言》所撰跋言稱，「此《二十五言》，成於留都。今年夏，楚憲馮先生請以付梨印，傳之其人。」「今年夏」指「萬曆甲辰」，即1604年。但史帕拉丁（Christopher Spalatin）在其文章 "Matteo Ricci's Use of Epictetus's Encheiridion" 一文中，認為該文「寫於1599～1600年間」，1602年出版部分章節，1605年出版全部。（Christopher Spalatin "Matteo Ricci's Use of Epictetus's Encheiridion", *Gregorianum*, Vol. 56, No. 3 (1975): 551.）鄭海娟在〈跨文化交流與翻譯文本的建構——論利瑪竇譯《二十五言》〉一文中稱，「按徐光啟（1562～1633）為《二十五言》撰寫的跋文，《二十五言》應譯於1599年，1604年再由馮應京（1555～1606）出資刊印。」參閱鄭海娟：〈跨文化交流與翻譯文本的建構——論利瑪竇譯《二十五言》〉，《編譯論叢》，第五卷第一期，2012年3月，頁208。但筆者未在跋文中，發現其他相關的明顯證據，故以跋文中「萬曆甲辰」為出版時間。另可參閱李奭學、林熙強編：〈二十五言．小引〉，《晚明天主教翻譯文學箋注》，頁129。

> 有傳於爾曰：「某訾爾，指爾某過失。」爾曰：「我猶有大罪惡，某人所未及知；使知之，何訾我止此歟！」芳齊，西邦聖人也，居恒謂己曰：「吾世人之至惡者。」門人或疑而問之，曰：「夫子嘗言，偽語縱微小，而君子俱弗為之。豈惟以謙己可偽乎！夫世有殺人者，有偷盜者，有姦淫者，夫子固所未為，胡乃稱己如此耶？」曰：「吾無謙也，乃實也。彼害殺、偷盜、姦淫諸輩，苟得天主誘引之如我，苟得人誨助之如我，其德必盛於我，則我惡豈非甚於彼哉！」聖人自居於是，余敢自誇無過失，而辨訾乎？（第五節）[37]

芳齊即聖方濟（St. Francis of Assisi，1182～1226），此聖人教育世人如何面對別人對自己的攻擊，「我猶有大罪惡，某人所未及知；使知之，何訾我止此歟！」可謂謙虛之至。芳齊認為自身為「惡者」，門徒問其何出此言，因為他並沒有殺人、偷盜、姦淫等惡行，但芳齊認為殺人、偷盜、姦淫之人，在天主引導下尚可悔罪，但自己之惡「甚於彼哉！」芳齊所言之惡，即「原罪」之意。

按照史帕拉丁（Christopher A. Spalatin）的研究，該節改寫自《手冊》（*Encheiridion*）第33節，其主要從斯多葛學派的教義出發，教導眾人過禁慾的生活，少言、少飲，不著奢侈衣衫，不參加陌生人邀約的宴請，做潔淨（pure）之人。但利瑪竇並非逐字逐句翻譯《手冊》，而是「重新排列了《手冊》中的諸多因素，以契合自己傳教的需求。他翻譯了某些章節……同時，修改了部分章節，以使其符合儒家和天主教思想」，[38]《手冊》33節中只有一段符合利瑪竇之論述：「如果有人曾告訴你，有其他人說你壞話。請不要對這些言語做任何辯護，而需回應說：他必是不知道我其他的缺點，因為他未曾提及。」[39]

對比《手冊》原文不難發現，利瑪竇在塑造聖方濟形象時，一方面描述其其作為聖徒的思想，他意識到我猶有大罪惡，並詳細向門徒闡釋何謂大罪惡；

37 利瑪竇：《二十五言》，收入李奭學、林熙強編：《晚明天主教翻譯文學箋注》（臺北：中央研究院，中國文哲研究所，2014年），頁152。

38 Christopher Spalatin "Matteo Ricci's Use of Epictetus's Encheiridion", *Gregorianum*, Vol. 56, No. 3 (1975): 552.

39 原文是："If a man has reported to you, that a certain person speaks ill of you, do not make any defence (answer) to what has been told you; but reply, The man did not know the rest of my fault, for he would not have mentioned these only." from Epictetus, *Encheiridion*, trans. by W. A. Oldfather (Cambridge, Massachusetts, London, England: Harvard University Press, 1998), Vol. 1, p. 153.

另一方面倣傚《論語》等典籍中孔子與門人對話的體例，嘗試用儒家術語表述基督教文化和傳統。[40]如「偽語縱微小，而君子俱弗為之」，意即言語矯飾過偽，非君子所為。對君子而言需言行合一，「所謂君子者，言必忠信，而心不怨」。是故與《天主實義》中稱呼奧古斯丁為聖人相比，在《二十五言》中，利瑪竇進一步嘗試稱呼聖徒為聖人，使其具有儒家風範。

在《二十五言》中，除去稱呼聖方濟為聖人，利瑪竇對基督徒形象的描述在進一步嘗試使其具備儒家風範，其擁有聰明智慧與高潔言行，講求仁義禮智信，如「君子毋自伐。自伐者也，無實矣。爾（注：指基督徒）在學士之間，少譚學術，只以身踐之可也。若同在筵，不須評論賢者在筵何如，惟飲食如賢者而已。」[41]就此而言，利瑪竇書寫的信徒不自滿、知不足、傚法聖賢。在此之外，對信徒而言最重要是昭事上帝，「仁之大端，在於恭愛上帝。上帝者，生物原始，宰物本主也」。[42]利瑪竇將不自伐、仁等概念，嫁接於信仰上帝之上，重新闡釋何謂仁。是故，《二十五言》中的信徒形象，一方面具備儒家特質，不自滿，傚法聖賢，有仁之本性；另一方面，利瑪竇對仁的闡釋已突破儒家的原有內涵，將天主教信仰注入其中。

仁是儒家思想體系中的重要概念，其定義在《論語·顏淵》中被明確提及：

> 顏淵問仁。子曰：「克己復禮，為仁。一日克己復禮，天下歸仁焉。為仁由己，而由仁乎哉」？
>
> 仲弓問仁。子曰：「出門如見大賓；使民如承大祭；己所不欲，勿施於人；在邦無怨，在家問怨。」
>
> 司馬牛問仁。子曰：「仁者，其言也訒。」曰：「斯言也訒，其謂之仁矣乎？」子曰：「為之難，言之得無訒乎？」
>
> 樊遲問仁。子曰：「愛人。」[43]

《論語·陽貨》中亦提及：「子張問仁於孔子。子曰：『能行五者，為仁矣。……恭、寬、信、敏、惠：恭則不侮，寬則得眾，信則人任焉，敏則有功，

40 Christopher Spalatin "Matteo Ricci's Use of Epictetus's Encheiridion", *Gregorianum*, Vol. 56, No. 3 (1975), p. 554.

41 利瑪竇：《二十五言》，收入李奭學、林熙強編：《晚明天主教翻譯文學箋注》，頁155。

42 利瑪竇：《二十五言》，收入李奭學、林熙強編：《晚明天主教翻譯文學箋注》，頁155。

43 〔魏〕何晏注，〔宋〕邢昺疏，《十三經注疏》整理委員會整理：《論語注疏》，頁177～180。

惠則足以使人。』」[44]孔子對於仁的定義，包括守禮、謹言、愛人等，利瑪竇卻稱，仁之大端在於恭愛上帝，其利用儒家概念闡釋基督教信仰。此種書寫方法應是利瑪竇在其意識到《天主實義》所引起的爭論後，[45]開始「嘗試在希臘羅馬思想、儒家學說和天主教教義之間尋求共通與互補之處，將儒家五常重新詮解為以上帝為依歸的天主教信仰。在儒家觀念、中國傳統典故及傳統文體特徵等一系列『同』的掩護下，『異』於中國傳統文化的天主教精神確已破繭而出。」[46]這種方法影響是深遠的，它提供了一種具體的案例，顯示利瑪竇是如何將西方斯多葛學派的哲學理念置於中國儒家傳統中，從而為宣教開闢道路。[47]

綜上所述，利瑪竇對「聖人」一詞的使用，從《天主實義》，到《交友論》，再至《二十五言》，經歷了運用策略的變遷，由影射至嫁接、由隱晦至直接、由西士至聖徒，逐漸嘗試使用轉換過後的儒家概念表述天主教教義。然而，聖方濟雖為聖徒，《二十五言》卻並非聖傳，利瑪竇亦並非在聖傳中使用「聖人」一詞。及至晚明聖傳領域，傳教士對該詞的用法則是另一番光景。

晚明時期耶穌會士譯述了大量聖傳，龍華民（Nicolas Longobardi，1565～1654）的《聖若撒法始末》（1602），[48]「就聖若撒法（St. Joasaph）的傳記本身而言，是最早譯入東方天主教的聖傳……比起其他聖傳如《聖母行實》……約早了數年。」[49]鑒於該書以佛教為主要辯論目標，是故並未出現有關聖人的明顯敘述。其後，湯若望（Johan Adam Schall von Bell，1591～1666）的《崇一堂日記隨筆》（1629），記錄了多位聖人的言行，如聖人巴孥、聖人安當、聖人

44 〔魏〕何晏注，〔宋〕邢昺疏，《十三經注疏》整理委員會整理：《論語注疏》，頁 267。

45 《天主實義》由於直接宣揚天主教教義，貶斥佛教，曾引起不少士大夫的攻擊。其後，《交友論》以友道為論述核心，並引用部分儒家用語，獲得儒家士子的部分讚同。因此，「《二十五言》和此後的《畸人十篇》（1606），都可視為《交友論》路線的延續」（鄭海娟：〈跨文化交流與翻譯文本的建構——論利瑪竇譯《二十五言》〉，《編譯論叢》，第五卷第一期，2012 年 3 月，頁 216），以儒家術語詮釋天主教教義，同時避開直接教義討論，而偏重內心修養和道德領域。

46 鄭海娟：〈跨文化交流與翻譯文本的建構——論利瑪竇譯《二十五言》〉，《編譯論叢》，第五卷第一期，2012 年 3 月，頁 216。

47 Christopher Spalatin "Matteo Ricci's Use of Epictetus's Encheiridion", *Gregorianum*, Vol. 56, No. 3 (1975): 556.

48 《聖若撒法始末》初譯大約始於 1602 年，但原版已難覓蹤跡，如今最常見的是 1645 年刻本。參閱李奭學、林熙強編：〈聖若撒法始末．小引〉，《晚明天主教翻譯文學箋注》，頁 83。

49 龍華民：《聖若撒法始末》，收入李奭學、林熙強編：《晚明天主教翻譯文學箋注》，頁 99。

保祿、聖人本篤等。他們只所以被作者稱為聖人，乃是因為苦修、佈道、驅魔等生平事跡，是故實則為聖徒。

> 「聖徒」(saint) 這個字眼源出拉丁文的 *sanctus*，意謂「神聖」而意指「聖者」(holy man)。最早在《舊約聖經》用來指「上帝的選民」(chosen people)，換言之，即是任何以色列的子民。但在《新約聖經》中，則擴大為教會中的成員，譬如保羅在致各地教會人士的書信中，屢以「聖徒」稱呼對方。惟福音傳佈初期，教徒屢遭迫害。「聖徒」則漸變為稱譽因堅信耶穌 (Jesus) 而奉獻生命者 (martyrs)。[50]

由上述定義可見，聖徒一詞的含義經歷由上帝的選民，到教會人士，再到殉道者的轉變過程。杜雅克 (Jacques Douillet) 在《什麼是聖徒》(*What is a Saint?*) 一書中，羅列了聖徒應具有的 9 種品行，如堅定的信仰、神跡等。[51] 呂奇芬認為：

> 聖徒，顧名思義是被認為與神聖真實——可能是形象化的神，也可能是抽象的精神力量與神秘領域——存在特殊關係的人；他們廣泛地存在於世界各主流與神秘宗教中，許多類型的宗教人物都可能被認定為聖徒，認定依據在於他們與所謂神聖真實之間存在的各種特殊關係，例如擁有靈視能力，能夠直接獲得神啟與預言未來，又或者是道德崇高、貢獻重大的神職人員，清心寡慾的隱居士或苦行僧，也可能是衛道喪生的殉教徒。[52]

綜上所述，聖徒具有雙重身份：既是一群道德卓越的真實人物，同時具有超越的神聖性。他們的角色功能一方面在於通過自身的「道德模範」作用，「保證這個世界在倫理層面的功能 (ethically functional)」，[53]同時是「生動的傳遞者 (transmitters)」，[54]傳遞上帝的恩典、榮耀等。因此，聖傳在對傳主進行描

---

50 黃進興：〈聖賢與聖徒：儒教從祀制與基督教封聖制的比較〉，收入氏著《聖賢與聖徒》(臺北：允晨文化實業股份有限公司，2001 年)，頁 95。

51 See Jacques Douillet, *What is a Saint?* trans. by Donald Attwater (London: Burns & Oates, 1958), pp. 53~68.

52 呂奇芬：〈斯泰因對聖徒傳書寫傳統的現代主義式回應〉，《中外文學》，第 33 卷第 10 期，2005 年 3 月，頁 74。

53 Aviad M. Kleinberg, *Flesh made Word: Saints' Stories and the Western Imagination*, trans. by Jane Marie Todd, p. xi.

54 Aviad M. Kleinberg, *Flesh made Word: Saints' Stories and the Western Imagination*, trans. by Jane Marie Todd, p. xi.

述時，一方面展現他們的真實性與歷史性存在，體現其道德上的卓越性，另一方面也「揭示他們在心靈意志上的神聖化過程」，[55]為讀者提供「宗教靈思和精神意義」。[56]

湯若望筆下的聖人，或是苦修者（ascetics），或是宣信者（confessors），他們效法耶穌，藉著精神與肉體的磨練來淬勵自己的信仰；[57]以艱苦卓絕的修行來踐履信仰。[58]他們不僅是福音的傳播者，而且是聯繫外在世界的重要橋樑。[59]如「聖人巴孥，在日多國山中修道多年，默思苦修」，[60]「聖人安當，棄家入會，苦修多年」，[61]「保祿聖人絕利、絕名、絕色……常常欽崇一天主」。[62]第五節記載聖人安當和老實保祿驅魔的故事，第七節講述聖人本多行神蹟的故事，如是種種。通過對這些聖人的生平描述，他們向外界呈現出信徒所應有的品質，如堅實的信仰、苦修、禁慾等。王徵似乎也意識到湯若望所言之聖人並非儒家所言之聖人，是故，在為《崇一堂日記隨筆》所作的序言中稱這些傳主為西賢：「先生（注：指湯若望）每夕坐間，為余譯述西賢苦修會奇蹟一二段，以為日課。」[63]

「聖人」一詞在高一志《天主聖教聖人行實》（1629）中被大規模使用，其使用方法與湯若望似如出一轍。該書主要用以「引介教中高士」，[64]記錄天主教聖人的生平功績，如苦修、禁慾、殉道等，目的在於「其一則丕揚天主之全能神智，其一則闡明聖人之隱德奇功，其一則證驗當遵之正道矩範」。[65]是

55 Sandro Sticca, ed., *Saints: Studies in Hagiography*, p. 142.

56 魏明德：〈聖方濟各．沙勿略傳：從傳教歷史到詮釋策略〉，余淑慧譯，收入李豐楙、廖肇亨主編：《聖傳與詩禪：中國文學與宗教論集》，頁 139。

57 H. Thurston, "Saints and Martyrs", in James Hastings, ed., *Encyclopedia of Religion and Ethics* (New York: Charles Scribner's Sons, 1925), Vol. xl, pp. 51~59.

58 黃進興：〈聖賢與聖徒：儒教從祀制與基督教封聖制的比較〉，收入氏著《聖賢與聖徒》，頁 107。

59 Peter Brown, "The Rise and Function of the Holy Man in Late Antiquity", in his *Society and the Holy in Late Antiquity* (Berkeley: University of California Press, 1982), pp. 103~152.

60 湯若望：《崇一堂日記隨筆》，李奭學、林熙強主編：《晚明天主教翻譯文學箋注》（臺北：中央研究院，中國文哲研究所，2014 年），頁 245。

61 湯若望：《崇一堂日記隨筆》，頁 248。

62 湯若望：《崇一堂日記隨筆》，頁 252。

63 湯若望：《崇一堂日記隨筆》，頁 241。

64 李奭學：《譯述：明末耶穌會翻譯文學論》，頁 206。

65 高一志：《天主聖教聖人行實》，收入李奭學、林熙強主編：《晚明天主教翻譯文學箋注》（臺北：中央研究院，中國文哲研究所，2014 年），頁 11。

故，正如李奭學所言，書中所指的聖人「當然不是中國古人筆下同一名詞的對等語。」[66]湯若望、高一志等人所譯述的聖傳中的聖人並非儒家學說中所稱之聖人，實乃聖徒，或亦可似王徵般稱之為西賢。

晚明時期，《天主聖教聖人行實》等聖傳作品雖大規模使用「聖人」一詞，但其含義實則指聖徒。及至《古新聖經》，反而在《聖徒瑪竇萬日畧》中明確使用聖徒一詞。李奭學認為，「按天主教的傳統，拉丁文的『聖克多』（*sancto*）多譯為『聖人』，早有定論，迄今猶沿用中。若以高一志的《天主聖教聖人行實》（1629）衡之，『聖人』還可以指保祿這類『宗徒』（apostolus）。明末以來的天主教傳統裏，『聖徒』一詞僅偶爾一用，而且大多以耶穌為『聖』而指其『信徒』而言。」[67]李氏意識到「聖人」一詞在明末以來天主教的使用傳統，指稱宗徒；而聖徒則指耶穌的門徒。[68]

按照原文中的觀點，李奭學得出結論：《古新聖經‧聖徒瑪竇萬日畧》中，使用聖徒一詞，較之晚明天主教傳統而言，「是一個相當特殊的用法」，[69]乃是「明確把『聖徒』也等同於『聖克多』或『宗徒』了」[70]。是故，《聖徒瑪竇萬日畧》「可謂首開以此詞指『聖人』的基督宗教風氣。天主教如今棄置不用，新教倒是撿過來用，而且因新教在十九世紀盛行，一般人的觀念中，此詞儼然變成英文『聖特』（saint）的標準中譯。」[71]作者這一結論強調了《古新聖經》對《天主聖教聖人行實》等晚明聖傳的傳承和創新，在處理“saint”一詞譯法上的貢獻，以及對新教的影響。

66 高一志：《天主聖教聖人行實》，頁 11。關於《天主聖教聖人行實》中，聖的含義，參閱該書，頁 210～220。

67 李奭學：〈近代白話文‧宗教啟蒙‧耶穌會傳統——試窺賀清泰及其所譯《古新聖經》的語言問題〉，《中國文哲研究集刊》，第 42 期，2013 年 3 月，頁 72。

68 但在該段注釋部分，作者卻寫道：「聖徒一詞的使用，是以耶穌為聖，再轉為形容詞，以尊稱耶穌當時的門徒（disciples）或《宗徒大事錄》、《天主聖教聖人行實》中所謂的宗徒（apostles）。」（該文注釋 61）意即，聖徒可同時指代門徒和宗徒。這種對於聖人和聖徒、宗徒和門徒概念的明確劃分，導致原文和腳註概念的相悖。可參閱李奭學：〈近代白話文‧宗教啟蒙‧耶穌會傳統——試窺賀清泰及其所譯《古新聖經》的語言問題〉，《中國文哲研究集刊》，第 42 期，2013 年 3 月，頁 72。

69 李奭學：〈近代白話文‧宗教啟蒙‧耶穌會傳統——試窺賀清泰及其所譯《古新聖經》的語言問題〉，《中國文哲研究集刊》，第 42 期，2013 年 3 月，頁 72。

70 李奭學：〈近代白話文‧宗教啟蒙‧耶穌會傳統——試窺賀清泰及其所譯《古新聖經》的語言問題〉，《中國文哲研究集刊》，第 42 期，2013 年 3 月，頁 72。

71 李奭學：〈近代白話文‧宗教啟蒙‧耶穌會傳統——試窺賀清泰及其所譯《古新聖經》的語言問題〉，《中國文哲研究集刊》，第 42 期，2013 年 3 月，頁 72。

依據李氏觀點，「聖徒」一詞被新教廣泛採用。以《哥林多前書》一章 2 節為例，最早的《神天聖書》翻譯該段經文為：「在可林多諸蒙耶穌基督所聖，又召為聖輩」。[72]馬禮遜將“saint”（英王欽定本）譯為「聖輩」，其後的《新遺詔書》則延續賀清泰（Louis Antoine de Poirot，1735～1813）的用法，譯為「蒙召為聖徒」。[73]及至《委辦譯本》、《北京官話本》、《和合本》等版本，皆譯為聖徒。[74]但在聖經人物漢語傳記中多傾向於使用聖人，如「皇上帝降誥於是人，古聖人紀錄其命。……紀錄耶穌之行論且傳之聖人為四位，曰馬竇，曰馬耳可，曰路加，曰若翰。」[75]由此產生的討論議題是，傳教士對「聖人」一詞的使用，與利瑪竇、高一志等人相比有何差異？他們如何解決「聖人」一詞強烈的儒家色彩所可能帶給讀者的誤導，換言之，如何區分儒家聖人與聖經人物漢語傳記中聖人的區別，樹立基督教聖人形象？這是下面兩節討論的重點。

綜上所言，從利瑪竇，至高一志、賀清泰，在對教中先賢的描繪用詞中出現由聖人到聖徒的轉變。《天主實義》、《交友論》和《二十五言》中，利瑪竇稱奧古斯丁、聖芳濟等人為聖人，並或明或暗援引儒家經典，以使其具有西士和教徒的雙重風範。高一志等人的聖傳，雖使用「聖人」一詞，但實則僅是借用該詞，與利瑪竇的用法截然不同，偏重筆下人物的苦修、懺悔、禁慾、神蹟等宗教色彩。無怪乎王徵在為《崇一堂日記隨筆》所作的序言中，稱這些傳主為西賢而非聖人，因其實是不同。及至賀清泰的《古新聖經》則使用「聖徒」一詞，是以耶穌為聖而指稱其門徒，聖徒後來成為“saint”一詞的標準中譯。但這種使用方法及轉變，在新教傳教士所作的聖經人物漢語傳記中被重新扭轉，他們多採用聖人，並由此產生了上述需要解決的問題。

第二節　從聖徒到聖人：傳主的儒家聖人面孔

在聖經人物漢語傳記中傳教士對於「聖人」一詞尤其偏愛，不僅用於形

72 馬禮遜譯：《神天聖書》http://bible.fhl.net/new/ob.php?book=179&chineses=46&chap=1&sec=。

73 郭實獵譯：《新遺詔書》http://bible.fhl.net/new/ob.php?book=19&chineses=46&chap=1&sec=。

74 參閱 http://bible.fhl.net/new/ob.php?book=all&chineses=46&chap=1&sec=&submit1=查詢。

75 郭實獵：《救世主耶穌基督行論之要畧傳》，頁 7。

容筆下的基督徒，亦將聖經中的博士、術士等相關稱呼，改寫為聖人。前者如《救世者言行真史紀》中，講述施洗約翰為耶穌開闢道路時多次強調其為聖人：「耶穌有一前驅者，即是一聖人，在其之前去，告訴世人知道耶穌降世來了」，[76]「有個聖人，名叫約翰，其乃耶穌之前驅者也」，[77]「前驅者（注：指約翰）即是一聖人，在其之前去，告訴世人知道耶穌降世來了。我今且先講及此聖人一些兒，致汝易得明白這事情矣。」[78]《彼得羅言行全傳》中，「時約翰奉上帝之命，在野傳道……彼得羅一看約翰乃聖人，拜門下共駐奉教。」[79]後者如耶穌降世時，諸博士前往朝拜。《救世主耶穌基督行論之要畧傳》稱：「是際異星現東方，聖人自觀之，已知星非常……國人為人甚酷虐，即謀殺就是耶穌……私令聖人三位前往朝見。」[80]在該文所依據的《神天聖書》中，並非譯為聖人，而是「既集諸祭者首與民之書士輩」。郭實獵將原文中「諸祭者首與民之書士輩」改寫為聖人，用以拉近與中國讀者之間的距離。他追溯聖人一詞的原初意義，並運用至自己的作品中。

「在中國上古文化中，『聖』之最初意義是指某種溝通神靈的能力，具體來說，就是聽聞神靈聲音或命令的能力。『聖』人，就其原初身份而言，即通神之人。」[81]《說文解字》解釋「聖」為「聖，通也，從耳，呈聲」。意即「聖」之職能，在於聆聽來自神靈的聲音。《國語》有記載：「民之精爽不攜貳者，而又能齊肅衷正，其智能上下比義，其聖能光遠宣朗，其明能光照之，其聰能聽徹之。」[82]被稱為「聖」之人，需精神純淨、聰慧過人、言行剛正，方能聽到來自神靈的聲音。具有此種職能的人亦可稱為「巫覡」：「在男曰覡，在女曰巫。」[83]

因此郭氏稱術士等為聖人，乃是回歸該詞原初含義。此種改寫究其原因，應是為了避免當時關於「邪術」等的攻擊。《聖諭廣訓》曾有言，「陰竊其名，以壞其術，大率假災祥禍福之事，以售其誕幻無稽之談，始則誘取貲財以圖肥己……又如西洋教宗天主，亦屬不經」，指責天主教以幻術迷惑人心。

76 米憐：《救世者言行真史紀》，頁 11。
77 米憐：《救世者言行真史紀》，頁 12。
78 米憐：《救世者言行真史紀》，頁 11。
79 郭實獵：《彼得羅言行全傳》，頁 1。
80 郭實獵：《救世主耶穌基督行論之要畧傳》，頁 11。
81 白欲曉：〈聖、聖王、聖人——儒家崇聖信仰的淵源與流變〉，《安徽大學學報（哲學社會科學版）》，2012 年第 5 期，頁 17。
82 〔約春秋〕左丘明：《國語》（北京：中華書局，2013 年），頁 621。
83 〔約春秋〕左丘明：《國語》，頁 621。

通過上述文本討論不難發現，在聖經人物漢語傳記中，傳教士傾向於以「聖人」稱呼其筆下的人物。其使用範式主要包括兩類：1. 直接評價亞伯拉罕、約瑟、施洗約翰等聖經重要人物為聖人。此種意義上的使用，正如郭實獵的概括：「以色耳以勒民之多歸主，即是民之皇上帝，其子者（皆稱）古時之聖人。」[84]2. 改寫聖經中的術士等稱呼，稱其為聖人。一言以蔽之，在天主教開闢聖人與聖徒二詞的使用道路後，於聖經人物漢語傳記書寫而言，傳教士選擇了「聖人」一詞而非聖徒，此種現象或應歸咎於聖人與聖徒二者在儒家整個思想體系中的不同地位。

《論語．季氏》有言：「君子有三畏，畏天命，謂大人，畏聖人。」[85]孔子的聖人觀，在於一種能治理天下的政治理想人格，[86]即使是對於自己他也只能感歎，「若聖與仁，則吾豈敢？」[87]「聖人，吾不得而見之矣。」[88]《漢書．古今人表》將古人分為上中下三級，每一級又細分為上中下三等，其中上上為聖人。在這個列表中，「太昊帝宓羲氏」，最後一位是「仲尼」，也就是孔子。[89]而所謂聖徒，即孔子之門徒，是以孔子為聖而指其信徒而言。

聖徒在儒家思想體系中主要指稱儒家的成德者，與「釋教的『菩薩』、道教的『神仙』卻均為信仰的典範（exemplars）。這些聖者咸得從祀立教者，其中尤以儒教的孔廟法度最為森嚴，其位階素為中華帝國所一體奉行。」[90]

儒家所言聖徒有兩個重要標準，[91]首先，需躬身道統，在學識上有卓越成

---

84 郭實獵：《救世主耶穌基督行論之要畧傳》，頁 48。

85 〔魏〕何晏注，〔宋〕邢昺疏，《十三經注疏》整理委員會整理：《論語注疏》，頁 259。

86 關於孔子的聖人觀及其流變，參閱顧頡剛：〈「聖」「賢」概念和字義的演變〉，《中國哲學》，第 1 輯（北京：三聯書店，1979 年），頁 80～81。

87 〔魏〕何晏注，〔宋〕邢昺疏，《十三經注疏》整理委員會整理：《論語注疏》，頁 108。

88 〔魏〕何晏注，〔宋〕邢昺疏，《十三經注疏》整理委員會整理：《論語注疏》，頁 103。

89 按照班固在《漢書．古今人表》中的列舉，聖人包括：太昊帝宓羲氏、炎帝神農氏、黃帝軒轅氏、少昊帝金天氏、顓頊帝高陽氏、帝嚳高辛氏、帝堯陶唐氏、帝舜有虞氏、帝虞夏后氏、帝湯殷商氏、文王周氏、武王、周公、仲尼。

90 黃進興：〈聖賢與聖徒：儒教從祀制與基督教封聖制的比較〉，收入氏著《聖賢與聖徒》，頁 93。

91 提及儒家所言「聖徒」，有一重要論調，即視「儒家」為「儒教」。關於儒家的宗教性問題，本書不做涉及，僅著力其封聖與聖徒的討論。關於儒家宗教性的問題，可參閱牟鐘鑒：《中國宗教與文化》（臺北：唐山出版社，1995 年）；宮川尚志：〈儒教的宗教性格〉，《宗教研究》，1965 年 1 月，第 38 卷第 1 期，頁 1～24；黃進興：〈作為宗教的儒教：一個比較宗教的初步探討〉，收入氏著《聖賢與聖徒》，頁 49～87。

就，《史記・孔子世家》中有言：「孔子布衣傳十餘世，學者宗之。自天子王侯，中國言六藝折中於夫子，可謂至聖矣」，[92]「孔子以詩書禮樂教，弟子蓋三千焉，身通六藝者七十有二人」。[93]孔子精通六藝可謂「至聖」，其三千弟子，有七十二人「身通六藝」，故可被後人提及。這種觀點強調封聖者的學識成就以及對孔子思想的傳承，貞觀二十一年（647）「孔廟奉詔舉行首次規模閎大的從祀活動」，敕封與當時官學密切的 22 位大儒為「聖徒」，[94]因其「代用其書，垂於國胄，自今有事於太學，並令其配享尼父廟堂。」[95]其次聖徒需有德性。瞿九思在《孔廟禮樂考》中稱，「凡諸儒之學，所以學為聖賢，必其學已得正傳，可以受承道德，方可列於孔廟，以為聖人之徒」，[96]他在該書中列舉了儒生封聖的首要條件為德行。

依此觀之，傳教士棄聖徒而用聖人，乃希望將其筆下人物與孔子相提並論，為基督徒形象的塑造尋求儒家意義上的崇高地位。他們延續使用了「聖人」一詞，用以評價筆下的信徒。但該種延續將面臨的問題是：1. 利瑪竇所開創的使用範式，新教傳教士究竟可以應用至何種程度，究竟可以走多遠？2. 如何處理該種範式所帶來的隱患，如何平衡儒士風範與基督徒宗教色彩之間的張力？這將是下文所要重點討論的議題。

傳教士在聖經人物漢語傳記中，效仿利瑪竇所開創的對「聖人」一詞的使用範式，使用儒家術語表述筆下的基督徒。然而這種術語嫁接式的寫作策略，新教傳教士使用的更為靈活，在這條路上走的更遠、更深入。首先表現為他們不僅使用「聖人」一詞，同時對其形象的描繪具有更加明顯的儒家色彩。以約瑟為例，在有關約瑟的傳記中，傳教士多次稱其為聖人。《約色弗言行錄》中，稱「約瑟為聖人」；[97]《約瑟紀畧》中，理雅各稱約瑟為聖人；《約瑟言行全傳》中，克陞存亦評價其為聖人。在這些作者的筆下，多次描寫約瑟的聖人之行。

---

92 〔漢〕司馬遷：《史記》（北京：中華書局，2016 年），頁 174。

93 〔漢〕司馬遷：《史記》，頁 166。

94 此二十二人為：左丘明、卜子夏、公羊高、穀梁赤、伏勝、高堂生、戴聖、毛萇、孔安國、劉向、鄭眾、杜子春、馬融、盧植、鄭玄、服虔、何休、王肅、王弼、杜元凱、范甯、賈逵。

95 〔宋〕王溥：《唐會要》（上海：上海古籍出版社，1987 年），頁 336。

96 〔明〕瞿九思：《孔廟禮樂考》（明萬歷年間），卷五，頁 33。援引自黃進興：《作為宗教的儒教：一個比較宗者的初步探討》，收入氏著《聖賢與聖徒》，頁 106。

97 郭實獵：《約色弗言行錄》，頁 22。

在家庭倫理層面，約瑟將父母接至埃及奉養，[98]是故「約瑟孝順父母」。[99]他尊敬兄長，前往曠野尋找兄長時，見面即「向兄施禮」。[100]禮之一事，與仁一起「為孔子之教的兩橛」。[101]「克己復禮，為仁。一日克己復禮，天下歸仁焉。」[102]約瑟向兄施禮，一方面顯示其守禮，另一方面彰顯其遵守長幼有序的儒家觀念。

約瑟亦心存寬仁之心，溫良待兄輩，寬恕他們所犯的過錯。[103]「諸兄妒害約瑟，不仁已極。而約瑟殊無懷恨復仇之意……觀其返金於囊，兼贈路費一節，其心之寬仁可見矣」；[104]他在父親死後，寬待兄弟，「汪涵大度，不懷私忿而然也……約瑟所為，深得聖書之首矣」，[105]故稱「約瑟勿報仇」。[106]

就男女關係而言，約瑟不為女主人美色所誘，故「約瑟勿姦淫」、[107]「自古則有男先乎女，罕見女先乎男。女既求之，而男拒之者，非得性情之正、道學之深，其孰能之？此約瑟所以為聖人也」。[108]且這一言行足以證明「約瑟忠侍主人」。[109]概而言之，傳教士在有關約瑟的傳記中稱其為聖人，著力於描寫守男女之大防、守禮敬兄長、寬恕及孝順父母的品行。但約瑟此處所具有的聖人言行，並非聖人觀念產生之初的原始內涵。

如上節所述，聖之一詞原初含義在於通天地之言，與祭祀有關，隨著儒家學說的興起，聖王逐漸成為被寄託了仁政、德教理念的理想君主：「聖王不作，諸侯放姿，處士橫議，楊朱、墨翟之言盈天下。」[110]當聖王缺席國家治理時，天下將失序，各種學說橫行。在《漢書・古今人表》所列出的聖人中，除卻孔

98　郭實獵：《約色弗言行錄》，頁 20。
99　克陛存：《約瑟言行全傳》（上海：美華書館，1861 年），頁 26。
100 理雅各：《約瑟紀畧》，頁 2。
101 黃進興：〈作為宗教的儒教：一個比較宗教的初步探討〉，收入氏著作《聖賢與聖徒》，頁 86。
102〔魏〕何晏注，〔宋〕邢昺疏，《十三經注疏》整理委員會整理：《論語注疏》（北京：北京大學出版社，2000 年），頁 177。
103 理雅各：《約瑟紀畧》，頁 14。
104 理雅各：《約瑟紀畧》，頁 15。
105 理雅各：《約瑟紀畧》，頁 17。
106 克陛存：《約瑟言行全傳》，頁 26。
107 克陛存：《約瑟言行全傳》，頁 25。
108 理雅各：《約瑟紀畧》，頁 6。
109 克陛存：《約瑟言行全傳》，頁 25～26。
110〔漢〕趙岐注，〔宋〕孫奭疏，《十三經注疏》整理委員會整理：《孟子注疏》，頁 210。

子皆為治世之明君，堯舜禹湯文王周公的聖王群像，成為儒家實現自己政治理想的依託。

但是王權政治的不斷強化，使得最初「聖王先民而後致力於神」的聖王政治理想逐漸破滅，「逼迫著儒家，不斷退守於『道也』、『德也』的內聖領域。而儒家最終將崇聖信仰落實於『聖人』身上」，[111]此聖人需具備智識、德行。於前者而言，「於事無不通謂之聖」。[112]道德修養全備、言行一致之人，可被稱為聖人。[113]約瑟具備種種美德，如孝敬父母、長幼有序、寬以待人、不為美色所誘，實是聖人之典範。就「聖人」一詞在此意義上的使用而言，傳教士並非汲取其原始內涵，而是擷取春秋以降的孔子聖人形象，以其為模範，在學識和品行層面賦予傳主種種符合儒家內涵的聖人特質。

如果說約瑟是德行的聖人代表，那麼但以理則可稱是智識的聖人典範。郭實獵稱其此聖者「風姿綽約」，[114]「聰明睿智，鐘靈毓秀」，[115]「其（有）聰明智慧、才能卓異，超越於群賢士巫師矣……亦如隱逸之士，株守一隅」。[116]郭實獵擴充了聖經經文中對但以理智慧和丰采的描述，且頗有隱士之風。韋廉臣夫人在《但以理聖蹟圖說》（1882）中，亦稱但以理「名揚各處，本國之人皆尊重之，亦有觀其為聖者」，[117]「無瑕疵，丰采甚都，智識兼備」。[118]

自古聖賢，皆具有異於常人的聰明，在中國古典傳記的書寫中尤其強調對傳主風姿和異於常人的聰明才智的描述，如「（黃帝）其仁如天，其知如神」。[119]在但以理的傳記中，郭實獵和韋廉臣夫人通過對傳主風姿和德行的描寫以凸顯其聖人特質。傳教士對傳主聖人形象的塑造，摒棄了堯舜禹文王周公的聖人治世理想，主要以孔子的聖人形象為楷模，強調約瑟、但以理等人的智慧、德行，成為符合儒家聖人形象的理想基督徒。且這種描寫手法較之耶穌會

111 白欲曉：〈聖、聖王、聖人——儒家崇聖信仰的淵源與流變〉，《安徽大學學報（哲學社會科學版）》，2012 年第 5 期，頁 24。

112〔漢〕孔安國傳，〔唐〕孔穎達疏，《十三經注疏》整理委員會整理：《尚書正義》（北京：北京大學出版社，2000 年），頁 359。

113 關於「聖人」一詞內涵的演變，更為詳細的論述，參閱王文亮：《中國聖人論》（北京：中國社會科學出版社，1993 年）。

114 郭實獵：《但耶利言行全傳》，頁 2。

115 郭實獵：《但耶利言行全傳》，頁 3。

116 郭實獵：《但耶利言行全傳》，頁 3。

117 韋廉臣夫人：《但以理聖蹟圖說．但以理聖蹟小傳》，頁 4。

118 韋廉臣夫人：《但以理聖蹟圖說．但以理聖蹟小傳》，頁 6。

119〔漢〕司馬遷：《史記》，頁 2。

士而言，更加直接、明顯。

其次，傳教士對聖人、君子等術語的使用，呈現出更加明顯的分層（hierarchy）意識。在聖經人物漢語傳記中作者們使用「聖人」一詞稱呼傳主，而對其他人物則稱君子等。如《亞伯拉罕紀畧》中，理雅各稱亞伯拉罕為聖人，讚羅得為君子：「寓居所多馬……然其不為惡俗所染，如蓮萼之超出泥中，尚亦不失為君子。」[120]「如蓮萼之超出泥中」出自「出淤泥而不染，濯清漣而不妖」(《愛蓮說》)，用以形容君子不與世俗同流合污之高潔品行。《落爐不燒》中，沙得臘、米煞、亞百泥坷，「佢地斷斷不肯去拜邪神，獨拜上帝啫，可見佢地嘅品行，實是富貴不能移，威武不能屈的，當真可敬可愛」。[121]理雅各引用「富貴不能淫，貧賤不能移，威武不能屈，此之謂大丈夫」的典故，正面樹立不肯拜邪神的基督徒形象，同時強調它的意義，即「係教我後世嘅人……總要堅持雅操方能做個昭昭嘅君子……咁個意思」。[122]是故，此處，沙得臘等三人亦為君子，堅持操守、威武不屈。是故，君子是聖人之下，講求忠信、仁義之人。孔子曾感歎：「聖人，吾不得見矣，得見君子者，斯可矣。」[123]

傳教士對聖人、君子的處理方式解決了一個主要問題：聖經人物漢語傳記中，處於不同地位的聖經人物，如何體現出彼此在文本中的地位區別。天主教使用聖徒一詞，用以區分耶穌和門徒的不同地位，但新教傳教士採用「聖人」一詞用以形容先祖、先知、耶穌等，隨之而來的問題是，如何區分羅得與亞伯拉罕的地位差異？借用聖人和君子的劃分，可以在一定程度上解決這一問題。

是故，以聖人表述聖經人物漢語傳記中的基督徒形象這一方法，新教傳教士運用的更為直接、明顯，但他們亦同樣意識到該範式的局限性。聖人雖有大智慧，然「代贖之道，赦罪之理。古之聖者，皆不明知。」[124]意即以「聖人」一詞描繪基督徒的美好品行，雖可拉近與中國讀者的關係，但若要宣揚救贖之道，號召讀者歸主，該詞明顯具有局限性。傳教士使用聖人一詞帶來的問題在

120 理雅各：《亞伯拉罕紀畧》，收入米憐等著，黎子鵬編注：《晚清基督教敘事文學選粹》，頁 70。

121 理雅各，《落爐不燒》，頁 4。

122 理雅各，《落爐不燒》，頁 3。

123 〔魏〕何晏注，〔宋〕邢昺疏，《十三經注疏》整理委員會整理：《論語注疏》，頁 103。

124 柯大衛：《耶穌言行總論》（新嘉坡〔新加坡〕：堅夏書院，1838 年），頁 4。

於，具有儒家聖人風範的聖經人物，如何凸顯其作為基督徒的色彩？傳教士筆下的傳主，雖有儒士色彩，但更為重要的是他們需為基督教聖人而非儒家聖人。就此而言，作者如何使傳主成為基督教聖人，成為一項重要議題。

第三節　從亞伯拉罕到耶穌：傳主的基督教聖人形象

聖經人物漢語傳記中，傳主形象的塑造目的在於為信徒樹立行為典範，傳遞上帝恩典。傳教士亦希望通過對聖經人物生平故事的講述，對信徒起到訓誡和引導效用。正如郭實獵在《聖書列祖全傳》（1838）序言中所說：「夫聖錄（注：即指該傳記），一乃上帝默示，有用以教訓、譴謫、責善、傳義，致上帝之僕，成人全備於萬善矣。……看官思之，勿喪良心、乃須忍耐，則凜遵上帝之命，可得所許之福矣。」[125]換言之，郭氏創作此書的目的在於通過對亞伯拉罕等「上帝的僕人」的生平描述，對信徒起到警示的作用。俾士在《以利亞紀畧》開篇亦寫道：「今編是書，乃本泰西猶太國之聖經……卷中或史、或詩、或律、或訓，所言天道人道，奧義無窮……（望讀者）讀之而知善之當為，惡之當去。」[126]《摩西言行全傳》聲明：「摩西為聖人……乃萬世之師……各呈其才，各表其德」，[127]望讀者看之思之，倣仿其言行，歸信上帝。《約瑟言行全傳》亦稱：「讀約瑟傳者，須知……真神乃以約瑟之事，示為天下後世法耳。善惡有報，惟神使主。觀約瑟始末，而知凡人之窮通因果，皆神所為，人亦可以醒悟矣。」[128]

但以教外人士視角觀之，「在基督宗教傳入的歷史上，一般都集中在從明、清以迄至今，這些聖者既是華人眼中的外來教化者，亦或被敵視為奇技淫巧之徒、傳統禮教的破壞者。」[129]常有反教人士對這些教內聖人進行攻擊，稱其言「荒誕不經，惑世誣民」，[130]實是「妖妄怪誕」。[131]是故「教內的傳記……重在紀錄其如何傳教、修行成聖的過程。」[132]

125 郭實獵：《聖書列祖全傳》，頁 1。該書主要講述亞伯拉罕、以撒的故事。
126 俾士：《以利亞紀畧》，序。
127 郭實獵：《摩西言行全傳》，序。
128 克陛存：《約瑟言行全傳》，序。
129 李豐楙、廖肇亨編：《聖傳與詩禪：中國文學與宗教論集》，導論（一），頁 3。
130〔明〕沈㴶：〈南宮署牘〉，收入金程宇編：《聖朝破邪集》（南京：鳳凰出版社，2012 年），頁 43。
131〔明〕沈㴶：〈南宮署牘〉，收入金程宇編：《聖朝破邪集》，頁 42。
132 李豐楙、廖肇亨編：《聖傳與詩禪：中國文學與宗教論集》，導論（一），頁 3。

若以上節視角觀之，傳教士賦予傳主儒家聖人特質有智慧和美行，但這並不意味著他們完全以儒家標準塑造傳主。以《約瑟言行全傳》為例，約瑟因為不肯順從主母被誣下獄，克陛存讚其忠義，忠於其主人，「可謂忠之盡也，勤勞做事、拒絕引誘，由是可知約瑟之忠，不第於波提乏、於獄吏、於法老，無處不盡其忠。」[133]盡忠的約瑟，在中國讀者看來無疑符合儒家文化中忠孝節義的觀念，但作者在約瑟這種忠心的形象之後補充道：「究之約瑟之忠於主，凡事真神者，當效之焉。」[134]克氏強調，約瑟的忠不僅是忠於主人更是忠於上主，並且克陛存引用《以弗所書》、《彼得前書》、《歌羅西書》進行論證，以強調忠於主人這一理念的聖經來源：

> 使徒保羅曰，僕歟，宜畏懼戰慄以誠心，聽從爾肉身之主，如於基督。……無論奴僕或自主，皆必循之得報於主。使徒彼得曰，僕歟，爾宜以畏懼服爾主，不惟於善良，即於苛刻者。……若爾行善受苦而忍，此則為神所嘉。使徒保羅曰，譜歟，爾宜凡事聽從爾屬肉身之主，勿弟在目前只服役，如取悅於人者。……既知由主必得嗣業之賞，蓋爾所事者主基督也。

克陛存強調約瑟的美行同儒家無關，乃是出自基督教和聖經傳統。他竭力避免概念使用上可能對中國讀者造成的含混之處，以經文為本詮釋傳主品行所依據的基督教傳統。約瑟被冤下獄，作者認為是「天將降大任於約瑟」[135]，因此經受苦楚。但克陛存對這種苦難的詮釋，並非儒家所言苦其心志、餓其體膚的磨難，而是將其與耶穌受難的神學解釋、基督教苦難觀聯繫起來：

> 天將降大任於約瑟也，先以抑之，後則揚之。……猶耶穌由十字架受苦而死，死後復活升天，而至坐於神之右，此亦神欲使天下萬萬生靈藉之以得救耳。約瑟實為耶穌張本。蓋約瑟自卑而高舉，救多人之生命。耶穌亦由卑下而高舉，救多人之靈魂。凡信耶穌者，雖受苦於世上，必反緣之而獲益。[136]

克陛存對約瑟所受之苦的神學解釋，並沒有從儒家傳統中尋求解釋或相似之處，恰恰相反，他將這一概念賦以基督教含義。

另如保羅，晚清時期關於保羅的傳記頗多，目前已知最早者應當是郭實獵

---

133 克陛存：《約瑟言行全傳》，頁 5。
134 克陛存：《約瑟言行全傳》，頁 5。
135 克陛存：《約瑟言行全傳》，頁 11。
136 克陛存：《約瑟言行全傳》，頁 11。

於 1837 年著述的《保羅言行錄》，其後出現眾多有關保羅的傳記。季理斐（Donald MacGillivray，1862～1931）在其所譯《保羅悟道傳》（1903）一書的序言中寫道：

> 今將論保羅之各書錄於下，以便樂道者購取。
>
> 《保羅書信各批注》（美華書館）
>
> 《保羅言行傳》（青州府浸禮會藏版）
>
> 《天國振興記》（美華書館）
>
> 《使徒故事》（美華書館）
>
> 《保羅垂詢》（美華書館）[137]

根據季氏所錄，當時已有一定數量的書寫保羅的作品，此外還包括藏於浸會圖書館的《使徒保羅事跡》（1907）、藏於哈佛燕京圖書館的《保羅言行》（1910）等，《中華基督教文獻索引》專門開闢「使徒與保羅」系列，收錄了《使徒保羅事跡》、《保羅傳之研究》、《保羅一生指掌》等作品。

這些數量頗豐的保羅傳記，在描寫傳主時多賦予其儒家聖人的種種美行。如郭實獵筆下的保羅，「才能非常，學問圓悟，廣博覽經典，雖然性情聰慧，件件過人，卻讀書焚膏繼晷矣」，[138]《保羅史記》（1900）中，稱其「肄業之大書院，尊崇性理之學，兼講各國書籍」，[139]故保羅「自有學問」，[140]此種對於保羅學問的強調自是符合儒家聖人標準。

保羅不止有大學問，且「為國盡忠」。[141]保羅的諸多神學理念多集中於《羅馬書》等書信中，而郭氏編著《保羅言行錄》時主要依據了《使徒行傳》，對保羅書信則較少提及，僅見於「保羅教訓寄書」一章。在該章中，他詳細論述了保羅「順服掌權者」的神學理念，寫道：「當是之際，皇帝甚勒索百姓，屠戮無辜者，亦捕害聖會矣。然保羅苦勸各人該服國政。」[142]郭實獵強調順服掌權者，一方面是由於基督教在晚清時期所面臨的種種批判，[143]另一方面亦符合

137 季理斐：《保羅悟道傳》（上海：廣學會，1903 年），序。

138 郭實獵：《保羅言行錄》，頁 1。

139 作者不詳：《保羅史記》（出版地不詳，1900 年），頁 1。

140 作者不詳：《保羅史記》，頁 1。

141 作者不詳：《保羅史記》，頁 1。

142 郭實獵：《保羅言行錄》，頁 29。

143 當時清廷和士大夫階層，皆控訴基督教妄圖顛覆政權。早在明神宗年間的南京教案發生時，沈榷控告傳教士三宗罪，首要一宗，即是送禮物給國民，收買人心，以求在適當時機圖謀顛覆政權。這種顛覆政權的言論，從明末延續至晚清，數百年間從

郭氏對保羅聖人形象的書寫。所謂「臣事君以忠」，忠君、順服掌權者，是聖人的品行要求。是故郭實獵筆下的保羅有大學問，為國盡忠，似符合儒家聖人品行。但更為重要的是，郭氏稱保羅為聖人，並非僅僅因為上述兩原因，而是堅心傳教，實乃宣教之聖人。《保羅言行錄》描述保羅傳道的過程，保羅雖「遭萬難焉，已受苦楚不勝」，[144]但「堅心訴耶穌之道，進教熱心，服事吾主耶穌也」。[145]郭氏的目標在於彰顯保羅「勞苦艱心，忍耐博愛，重越其同伴，巡遍地宣耶穌之教」[146]的偉大行為，同時希望「看官效其表儀傚勞，愛我救世主，行德施仁」。[147]

保羅宣教之行，在諸多神學家筆下，都有詳細描繪。[148]保羅以其傳教生涯，向讀者描述了福音如何勢不可擋地取得勝利，以及它如何透過神的能力得以廣傳普世。《保羅史記》亦著力描繪保羅傳道事跡，他盡心「傳揚妙道」，[149]即使受到迫害，「仍多講真道，啟人知識」，[150]「栽培信主之道心門徒，」[151]其後更向遠方宣傳天道。[152]其「倍加熱心忍耐，宣揚主道」，[153]「無論行至何處，先傳猶太人」，[154]且「蒙上帝指示，於外邦人傳道，令其靜聽，決不廢於半途」。[155]保羅傳道之心，「絕無推諉，險阻艱難，備嘗之矣。」[156]《保羅言

未中斷，《不得已》、《鬼叫該死》、《辟邪紀實》、《湖南合省公檄》等反教小冊子的流行，更是促進了此類看法的盛行。針對此種言論，郭實獵在《是非畧論》中寫道：以耶穌贖罪真道，勸教官憲人民，使各聆聽真道。壓滅邪惡之心，不敢放肆言行。」「且神天聖書亦命人伏上權曰：『個人宜伏上權，蓋權無非由神天而來。且各官員皆是神天命之，是以抗權者，抗神天職例。凡抗之者，自取罪罰焉。』」參閱郭實獵著，黎子鵬編注：《贖罪之道傳：郭實獵基督教小說集》，頁 320～330。

144 郭實獵：《保羅言行錄》，頁 19。

145 郭實獵：《保羅言行錄》，頁 49。

146 郭實獵：《保羅言行錄》，序言。

147 郭實獵：《保羅言行錄》，序言。

148 See Arland J. Hultgren, *Paul's Gospel and Mission: The Outlook from His Letter to the Roman* (Minneapolis: Augsburg Fortress Publishing, 1985). George Ogg, *The Chapters of the Life of Paul* (London: Epworth, 1968). Lars Kierspel, *Charts on the Life, Letters, and Theology of Paul* (Grand Rapids, MI: Kregel Publications, 2012).

149 作者不詳：《保羅史記》，頁 3。

150 作者不詳：《保羅史記》，頁 3。

151 作者不詳：《保羅史記》，頁 3～4。

152 作者不詳：《保羅史記》，頁 4。

153 作者不詳：《保羅史記》，頁 5。

154 作者不詳：《保羅史記》，頁 5。

155 作者不詳：《保羅史記》，頁 7。

156 作者不詳：《保羅史記》，頁 6。

行》讚傳主「往各國傳道……身心有力，不怕危險，不顧己身，不圖安逸，不論光景如何，總是堅固不移」，[157]且用全書近三分之二的篇幅詳細描繪了保羅的三次傳道生涯，增加了諸多聖經中未曾提到的細節，用以突出其傳道生涯之艱辛及熱心傳道的形象。保羅在耶路撒冷見到眾門徒時，初初不被接受，此時的他是孤單的；[158]多次入獄卻「未曾懼怕」，[159]只因知「自己是要為主做工，必得護佑。」[160]

保羅的此種言行，與《天主教聖人行實》中所描述的眾聖徒實是相同。是故，保羅之所以被郭實獵、安美瑞等人稱為聖人，乃由於其熱心傳教，九死不悔。作者們通過對其傳教生涯的細緻描繪，為讀者樹立一個堅韌的基督徒形象，號召讀者以其為楷模。正如郭實獵評的評價：「修行立志，多講善言焉。一舉一動，總期歸善，以成親德。」[161]

因此，傳教士對傳主基督徒形象的塑造，並非表面上看來使其具有聖賢特質這樣簡單，相反，他們更加注重其作為基督徒的聖之特性。他們雖然使自己筆下的傳主，具有仁義等儒家聖人特質，但更重要的是這些傳主堅信上帝、百折不回，實乃聖徒。下面主要以亞伯拉罕和耶穌為例，分析他們聖人面孔下實際所具有的基督教聖之特質。

（一）亞伯拉罕：信實之聖

《聖書列祖全傳》中郭實獵稱「亞伯拉罕為聖人」，[162]其與諸王征戰後，將戰利品分給麥基洗德，郭實獵評價其「公正無私，廉靜寡慾，甘心交回被擄輩兼諸物矣。」[163]但在該情節之後，郭實獵附加評論：

> 若論此撒冷王麥基洗德……即至上帝之祭司。麥基洗德譯名本乃義王，又撒冷之王，即乃平王。其無父無母，亦無族譜，無始日，無終生，成如上帝之子，永為祭司也。請如思想，若先祖亞伯拉罕抽所擄之物，十分之一送與此人，則思何等尊乎。……依麥基洗德之班，他祭司興起者，乃尤明矣。且此祭司置立，非依世誠之例，乃

157 安美瑞：《保羅言行》，頁 17。
158 安美瑞：《保羅言行》，頁 31。
159 安美瑞：《保羅言行》，頁 78。
160 安美瑞：《保羅言行》，頁 108。
161 郭實獵：《保羅言行錄》，頁 50。
162 郭實獵：《聖書列祖全傳》，頁 18。
163 郭實獵：《聖書列祖全傳》，頁 6。

依永生之德也。蓋其言曰：汝永立為祭司，依麥基洗德之班矣。[164]

郭氏引用《希伯來書》7章1～10節經文，用以評價麥基洗德的尊貴地位，以此凸顯亞伯拉罕對上帝之忠誠。是故，前文所述之亞伯拉罕公正無私廉靜寡慾皆出自對上帝的信仰，實乃信士之祖。在《聖書列祖全傳》卷二末，郭實獵亦評論道：「亞伯拉罕為聖人，謹凜遵上帝之諭，循行拔萃矣。其信德恒篤，其言行正經。」亞伯拉罕之所以為聖人，一方面因為其循行拔萃、言行正經；另一方面更重要的原因在於他遵上帝之諭、信德恒篤。在郭氏看來，亞伯拉罕為信實之聖人。

《約瑟言行全傳》中描寫約瑟來歷時，先介紹亞伯拉罕：「當中華有夏帝杼年間，西方迦南地，有聖人，名亞伯拉罕。時世人皆拜偶像，而亞伯拉罕專事造天地萬物獨一位之真神。」[165]克陛存評價亞伯拉罕之所以為聖人，原因同樣在於其敬拜獨一之真神。

《亞伯拉罕紀畧》中，亞伯拉罕亦以聖人形象出現，他懇請上帝勿滅所多馬等二城，「非徒以有姪在彼，亦憫二邑之生民耳。……（其）仁民愛物之心，於此可見矣」。[166]仁民愛物出自《孟子・盡心上》：「親親而仁民，仁民而愛物。」[167]理雅各以此詞形容亞伯拉罕對所多馬二城，以及對羅得的仁愛之心。但亞伯拉罕之所以被稱為聖人，不僅因為其高潔言行，更因其堅定的信仰。他曾犯過錯：「雖稱盛德之士，然亦不免有軟弱之情、習染之蔽。觀其前之指妻為妹，今之納婢求兒，則知其概矣。」[168]完善的道德人格是聖人觀念的核心，「聖人，人倫之至也。」[169]以儒家聖人標準觀之，亞伯拉罕指妻為妹實稱不上盛德之士。但理雅各認為，亞伯拉罕所犯過錯可得原諒，因其信靠上帝。

（亞伯拉罕）雖稱盛德之士，然亦不免有軟弱之情、習染之蔽。觀

164 郭實獵：《聖書列祖全傳》，頁7。

165 克陛存：《約瑟言行全傳》，序。

166 理雅各：《亞伯拉罕紀畧》，收入米憐等著，黎子鵬編注：《晚清基督教敘事文學選粹》，頁64。

167〔漢〕趙岐注，〔宋〕孫奭疏，《十三經注疏》整理委員會整理：《孟子注疏》，頁444。

168 理雅各：《亞伯拉罕紀畧》，收入米憐等著，黎子鵬編注：《晚清基督教敘事文學選粹》，頁64。

169〔漢〕趙岐注，〔宋〕孫奭疏，《十三經注疏》整理委員會整理：《孟子注疏》，頁427。

其前之指妻為妹，今之納婢求兒，則知其概矣；但以篤信主言，得稱為義。可見普地萬世之人，皆屬有罪，雖聖賢亦有過、不及之差，苟非篤信上帝救世之道，不能稱義而獲天堂之福也。[170]

理雅各認為亞伯拉罕雖然是盛德之士，但亦會有軟弱之情、習染之蔽。克服這種弱點的方法是篤信主言，最終可得救上天堂。理氏以因信稱義之理念，不僅為前述的亞伯拉罕娶妹為妻行為進行解釋，亦為其納婢求兒辯護。

因信稱義強調聖人必有信實，在理雅各作品中出現絕非僅此一次。《落爐不燒》中，沙得臘、米煞、亞百泥坷，「佢地斷斷不肯去拜邪神，獨拜上帝啫，可見佢地嘅品行，實是富貴不能移，威武不能屈的，當真可敬可愛」。[171]理雅各引用「富貴不能淫，貧賤不能移，威武不能屈，此之謂大丈夫」的典故，正面樹立不肯拜邪神的基督徒形象，同時強調它的意義即「係教我後世嘅人，學效沙得臘等嘅樣子，丹心敬事上帝，遵守天理，莫貪富貴而忘正直之道，莫怕艱難而失行善之心，總要堅持雅操方能做個昭昭嘅君子。死後靈魂得救，可享天堂嘅美福，咁個意思」。[172]因此，作為君子形象被塑造的沙得臘、米煞、亞百泥坷，美德在於丹心敬事上帝，此處仍舊是強調稱義的信心。

關於何謂「義人」，理雅各在《落爐不燒》中有明確論述：

義字點解呢？義者，事之宜也，即係合理該做嘅事，就叫做義咯。今丹心敬事上帝，即係至合宜嘅事。世人理該做嘅事，所以個人都該緊記奉行，雖則刀斧加身，都唔好背上帝而拜邪神，以取不義之罪。孟夫子都有話呀，魚係我所愛嘅，熊掌亦係我所愛嘅，兩樣都唔得全，我就唔愛魚而愛熊掌罷咯。生係我所愛嘅，義亦係我所愛嘅，兩樣都唔得全，我就唔愛生而愛義罷咯。為乜事呢？就係義字貴過生命，好似熊掌貴過魚咁咯。可見那個義字，係至大要緊嘅，請列位看書嘅人，都學沙得臘等三人咁樣子，守義以得上帝嘅恩寵，豈不好麼？[173]

理雅各以魚與熊掌的典故說明丹心敬服上帝即為「義」，且此義重逾生命。義人之所以被稱為義，因其信心而非行為，信心是一個人能夠被稱為義人

170 理雅各：《亞伯拉罕紀畧》，收入米憐等著，黎子鵬編注：《晚清基督教敘事文學選粹》，頁 70。

171 理雅各：《落爐不燒》，頁 4。

172 理雅各：《落爐不燒》，頁 3。

173 理雅各：《落爐不燒》，頁 6。

的重要標誌。理雅各寫道：「信者，心信耶穌之道，而躬行之也」，[174]「篤信主言，得稱為義」，「苟非篤信上帝救世之道，不能稱義而獲天堂之福也」。[175]故亞伯拉罕之所以被稱為聖人，重要原因在於「罕聞帝召，雖未知往何地，遂遵命而出……其乃篤信無疑，此見其信德之大也」。[176]郭實獵、克陛存、理雅各等人，將信德、稱義疊加於聖人的概念之上，使得亞伯拉罕成為基督教化的聖人。在傳教士筆下亞伯拉罕可被稱為聖人，不僅因為其言行美德，更因其篤信主言，故為信實之聖人。

（二）耶穌：神性之聖

晚清出現的眾多聖經人物漢語傳記中，耶穌傳記數量頗多。《1867 年以前來華基督教傳教士列傳及其著作目錄》、《基督聖教出版各書書目彙纂》、《中華基督教文字索引》等記錄了多部耶穌傳記。在《中華基督教文字索引》等資料中，甚至開闢專門門類「耶穌」，用以收錄有關耶穌的作品，記錄其「隱藏、顯著、受死之事」[177]。目前已發現的，最早關於耶穌的傳記，是米憐《新教在華傳教前十年回顧》（*A Retrospect of the First Ten Years of the Protestant Mission in China*, 1820）中提到自己所著《救世者言行真史紀》（1814），其後，郭實獵、憐為仁、慕維廉、何天爵（Chester Holcombe，1844～1912）、吳思明等傳教士，都著有耶穌傳記。

傳教士在書寫耶穌傳記時，既有論述耶穌完整生平的作品，如《救世主耶穌行傳之要畧傳》（1834）、《救世主言行撮畧》（1842）、耶穌言行錄（1870s）等，也有側重於耶穌生平某一歷史時刻的著述，如《耶穌神蹟之傳》（1836）、《救世耶穌受死全傳》（1843）、《耶穌降世傳》（1861）等。前者不僅有關耶穌全部歷史的敘事，也包括他的降世、行神蹟、比喻和教訓、受難與復活等，後者則只專門論及某一時期。通過這些著述，傳教士們試圖證明耶穌的真實性，以「上帝愛人」、「耶穌降世為人、代人贖罪」為基本神學理念，號召信徒以其為模範，效法基督堅定信德，期待天國降臨。[178]為實現此寫作目的，在有關耶

174 理雅各：《聖書要說析義》，頁 1。

175 理雅各：《亞伯拉罕紀畧》，收入米憐等著，黎子鵬編注：《晚清基督教敘事文學選粹》，頁 64。

176 理雅各：《亞伯拉罕紀畧》，收入米憐等著，黎子鵬編注：《晚清基督教敘事文學選粹》，頁 57～58。

177 慕維廉：《耶穌列傳》，頁 1。

178 關於耶穌傳記的書寫目的，慕維廉在《耶穌感人》中，有明確論述，大致可歸為

穌的傳記中，傳教士描繪其品行為信徒樹立楷模：

> 考耶穌品行，生民來未有若此，博覽中外諸書，論人畢生事業，求其盛德全備者，不又戞戞乎難之哉？……夫人生於卑微之地，既貧且賤，又顯患難之中，彼所作之事，仍一點無疵，故非淡然置之，而殷然向之矣。雖遭對敵，而勤慎奉行，事事平正，誰能指摘交加耶。惟以仁愛之心，牽引我心，而使奇其智慧，庶幾明白曉暢矣。[179]

慕維廉對耶穌的評價著重其品行，主要強調三個方面：博覽群書，生於卑微之地，及有仁愛之心。首先作者稱耶穌之品行生民來未有若此，其博覽群書、聖德全備，意即救世主在智慧和品行兩方面，堪稱聖人之典範。其次耶穌生於卑微之地、又顯患難之中，頗似《出師表》中諸葛亮的自白：「臣本布衣，躬耕於南陽……後值傾覆，受任於敗軍之際，奉命於危難之間」；最後作者讚耶穌有仁愛之心。慕維廉從智識、救民、仁愛三方面塑造耶穌的聖人形象，而此種形象的樹立隨之而來的問題在於：儒家強調聖人之「人性」，而作為救世主的耶穌，若被書寫為此種聖人，其神性由何處體現？

有鑒於此，慕氏在書寫完耶穌的聖人品行後，特別強調讀者若要效仿其品行，必定需讀福音書：

> 虔敬之人日記（注：指四福音書），畢生行事多顯示耶穌品性。我即不獨愛其人，亦愛其克肖之主，因其品性，顯於其奴僕之心身也。若我考耶穌一生，不照於奴僕之行為，而顯於己之面容，滿有恩寵真理，其感觸何如也。豈不當敬其聖名，而譽其品行也哉；豈不當尊其作工，而謝其代贖也哉。[180]

耶穌為世人贖罪，其行事品行在四福音書中都有記載，讀者若欲效仿救世主，必定需讀四福音書，敬其名、譽其行。耶穌的聖人品行並非來自四書五經等儒家經典的教導，而是源自四福音書；其聖雖在於品行，然這種品行來自上帝，因他是上帝之子，克肖其主，上帝的品行投射於耶穌之身。慕維廉的該種詮釋反映出耶穌稱聖的原因：神性品行之聖，而非世俗品行之聖；聖子之聖，而非儒家聖人之聖。

六類：「當以耶穌列傳、專心玩索也」、「當誠實篤信上帝之子」、「當全心獻奉救主」、「當伏基督為爾全權之君」、「當則傚耶穌，已顯為爾可讚之模範」、「我當定心即恆久與主同住」。參閱慕維廉：《耶穌感人》，收入氏著：《耶穌合稿》。

179 慕維廉：《耶穌感人》，收入氏著：《耶穌合稿》，頁 9。

180 慕維廉：《耶穌感人》，收入氏著：《耶穌合稿》，頁 13。

慕氏的這種書寫策略，實則反應出學界長久以來討論的議題：耶穌的雙重身份——作為拿撒勒人的耶穌和作為救世主的耶穌。馬利克（Roman Malek）所編的五卷本《耶穌基督的中國面孔》（*The Chinese Face of Jesus Christ*），收集了中國唐至元、明清及近代，有關耶穌的代表性作品，也包括相關論文、參考文獻、圖像等，在該書導論部分，馬利克認為我們需要關注的，是「作為歷史人物的拿撒勒人耶穌，和基督宗教拯救者的耶穌，在中國的行為、命運、效果和影響。」[181]馬氏的言論中他明確注意到耶穌的人性和神性在中國處境中的張力。按照該書前三卷所收錄的關於耶穌的作品不難發現，唐、元時期的耶穌面孔，反應了基督教與佛教之間的論爭；明清之際的耶穌，是基督教與儒家之間張力的折射；民國時期的耶穌，則是國家救亡圖存議題下的書寫。晚清聖經人物漢語傳記中的耶穌面孔，亦處處充滿基督教與儒家論爭的痕跡，傳教士強調作為歷史耶穌的品行問題，並為這種德性尋求儒家聖人意義上的合法性。但這種書寫最大的問題在於如何處理耶穌的雙重身份：作為歷史耶穌的人性，與作為上帝之子和救世主的神性。

「聖人」一詞雖初有天人溝通的神性之聖，但隨著儒家學說逐漸退守內聖領域，該詞著力於強調智慧與德性。孔子開闢了仁智謂聖的學說，目的在於以踐仁實現德行。[182]而若過於強調耶穌品行，無疑會使讀者將其與儒家聖人混淆，忽略其神性。因此慕維廉在書寫其品行之時不忘強調其神性：「不知孔子乃人中之聖，以修身為說，祗恐負罪於一身。而耶穌乃真神之子，以救靈立教，直能贖罪於萬世。則耶穌之教，實足以補孔子之缺。」[183]慕氏強調孔子為人中之聖，並不足以指稱耶穌身為上帝之子的神性，就此意義而言「耶穌之教，實足以補孔子之缺。」[184]

不止慕維廉，在其他有關於耶穌的傳記中，傳教士都面臨著使用「聖人」一詞的困境。馬利克所編的《耶穌基督的中國面孔》系列中收錄的明清時期的耶穌作品多為神學教義作品，因此主要是有關基督論的詮釋，較少對作為歷史的耶穌的引用或討論。但在聖經人物漢語傳記中，傳教士需要解決使用「聖

181 Roman Malek, ed., *The Chinese Face of Jesus Christ* (Sankt Augustin, Germany: Institut Monumenta Serica and China-Zentrum, 2002), Vol. 1, introduction, p. 24.

182 蔡仁厚：《孔子的生命境界：儒學的反思與展開》（臺北：臺灣學生書局，1998 年），頁 43。

183 慕維廉：《救主耶穌》，收入氏著：《耶穌合稿》，頁 1。

184 慕維廉：《救主耶穌》，收入氏著：《耶穌合稿》，頁 1。

人」一詞所帶來的隱患。

縱觀耶穌傳記，傳教士都在試圖構建作為歷史的耶穌的一生。《耶穌言行錄》全書共三十章，首章為「耶穌開路之約翰生」，其後論述救世主耶穌降生、耶穌幼時所遇之事，然後講述耶穌行神蹟等各事件，最後依次敘述耶穌在十字架上受死被約瑟埋葬之事蹟、耶穌復活向馬利亞顯現命其轉達眾徒、耶穌向門徒顯現命其往萬國去傳福音、耶穌四十日間屢向門徒顯現後離世升天。該書構建耶穌完整的一生，並且首章開篇即引用《路加福音》之言：「提阿非羅大人，有許多人作書記載我們所深信的事，就是傳道的人起初親眼所看見、又傳給我們的，這些我既從頭詳細考究，也想按著次序記載，達與你知，使你曉得向來所學的道，都是確實的」，[185]用以強調該書的真實性。在該書結尾作者強調：「耶穌所做的事，還有許多，若件件都記在書上，我想世上就裝不下那些書了。只記這些事，要叫你們信耶穌是基督，是天主的兒子，你們因為信他，靠他的名得生命。」[186]該結尾前半句引用《約翰福音》二十一章 25 節的經文，證明耶穌所行之事的確實性，與本書開篇所言相呼應。但何天爵不忘聲明耶穌作為上帝之子的神聖性，呼籲讀者歸信基督以求新生。

《救世主言行之要撮畧》同樣講述作為歷史的耶穌的完整一生，在論及耶穌降世時，作者以夾批方式詮釋耶穌的出生：「時在西漢成帝元年，冬至後第四日，噫，吾主為上帝聖子而出世，幾無容身之地，僅寄之獸槽而已，似有過於褻瀆。不知耶穌降世，原欲以受苦救人，破世情之貪耳。不然，何難擇於帝王之室，華美之地，與恒煖之時耶，觀此，亦可知世福之不足重輕也。」[187]憐為仁將耶穌的出生置於西漢年間，以力證作為歷史耶穌的真實性；其後論述作為上帝之子、代世人贖罪的耶穌的神性。

是故，耶穌傳記中耶穌的神人二性密不可分，傳教士以歷史耶穌的真實性，論證他作為上帝之子的神性。這也就意味著，作為聖人的耶穌在被書寫時，強調品行的目的在於論證他的神性。在這種張力中，耶穌身為上帝之子的神性便凸顯出來，一則是為了以達到勸勉讀者歸信的目的，所謂「看書者爾……能使瞎者得見，聾者得聞，聲啞者得講，死者得復生，一位者耶穌是也。」[188]二

185 何天爵：《耶穌言行錄》（北京：美華書館，1872 年），頁 1。
186 何天爵：《耶穌言行錄》，頁 30。
187 憐為仁：《救世主言行之要撮畧》，頁 3。
188 米憐：《救世者言行真史紀》，頁 5。

則更是在暗中指出儒家學說的不足，證明基督教優於儒家之處。在當時的反教言論有明確反對耶穌稱聖的言論：「孔子不自聖也，獨此邪徒，不但稱聖，而直稱天」，[189]其「竊於聖而又反毀乎聖，噴此腥唾，如口含糞櫪，自臭一時。比我聖賢終古嘗到，豈可同年而語乎。」[190]對耶穌神性的書寫也在回應儒家對耶穌之所以為聖的攻擊。一明一暗兩個動機，決定了耶穌傳記中對聖人耶穌的書寫，以凸顯其神性為主，耶穌之所以為聖不僅在於其品行，更在於其是上帝之子、是救世主。

郭實獵在《救世主耶穌基督行論之要畧傳》中，直接指出儒耶兩教在聖人學說上的不同，提醒讀者萬不可以儒家聖人學說衡量耶穌作為聖人的品行：

> 耶穌基督……聖人西洋之救者，是皇上帝之子，萬物之主宰。若窮山候至陽氣生百物，草樹密繚亂，紅紫開繁，英花深葉，眾鳥皆嚶鳴，黄鸝顏色已可愛，白水滿戴勝，穀穀催春耕。此一年好的光景，應三思四想是耶穌所令四時之行。沾潤田地，厚澤萬民，蓋本為神，天皇上帝。[191]

郭氏開篇強調耶穌作為聖人是西洋之救者，更重要的是其是皇上帝之子，萬物之主宰，掌控四時變化。郭實獵化用《啼鳥》中的相關詩文[192]形容春季的美好光景，而此種變化來自耶穌。作者擔心讀者誤將耶穌視為儒家之聖人，故而特意再此強調：「蓋人之聰明不足以度其大義……漢人若讀此論，切不可藐視我救主……此真可謂不勝之錯，危險之差。如以皇上帝之子任意為聖焉，莫非褻瀆至尊位乎。」[193]

是故，在耶穌傳記中傳教士稱耶穌為聖人，需要面對耶穌神人二性的張力。他們賦予耶穌種種美好的品行，這種品行看似有儒家色彩，可稱儒家聖人；但在此面孔下，作者著力書寫之處在於以歷史耶穌的真實性，力證作為上帝之子的耶穌的神聖性。耶穌的美好品行並非來自四書五經的教導，而是來自上帝品行的投射。此種書寫，一則是以救世主神性呼籲讀者歸信；二則是回應反教

189〔明〕許大受：〈聖朝佐闢〉，收入金程宇編：《聖朝破邪集》，頁 258～259。
190〔明〕許大受：〈聖朝佐闢〉，收入金程宇編：《聖朝破邪集》，頁 258～259。
191 郭實獵：《救世主耶穌基督行論之要畧傳》，頁 3。
192〔宋〕歐陽修，《啼鳥》：「窮山候至陽氣生，百物如與時節爭。官居荒涼草樹密，撩亂紅紫開繁英。花深葉暗耀朝日，日暖眾鳥皆嚶鳴叫……黄鸝顏色已可愛，舌端啞咤如嬌嬰……陂田遶郭白水滿，戴勝穀穀催春耕。」
193 郭實獵：《救世主耶穌基督行論之要畧傳》，頁 3～4。

人士對耶穌稱聖的攻擊，以基督教學說補充儒家學說的不足，即謂「代贖之道，赦罪之理。古之聖者，皆不明知」，[194]惟有耶穌之道可明此真理。一明一暗兩個動機，決定了耶穌的神性之聖。

小 結

本章主要分析從聖經接受史的視角，分析聖經人物漢語傳記中「聖人」一詞從晚明到晚清的流變過程，其如何影響傳主形象的塑造，以及不同人物所具有的不同形象。利瑪竇以聖人形容奧古斯丁、聖方濟等人，他們具有種種儒美好的品行；在高一志等人的聖傳中，聖人則用以指代苦修、禁慾的天主教聖徒，雖使用「聖人」一詞，實則與儒家聖人毫無關係；及至《古新聖經》則直接使用聖徒一詞，開創了“saint”的標準翻譯先河。

鑒於聖人與聖徒兩詞在儒家思想體系中的不同地位，新教傳教士在聖經人物漢語傳記中選擇使用前者，且汲取利瑪竇對該詞的使用方法，將儒家聖人概念嫁接於對傳主的品行描述之上。他們借鑒儒家聖人的書寫模式，著重強調約瑟等人的智識、美德，但是這種方法較之利氏而言更加靈活、直接，且具有更加明顯的分層意識。

此種基督徒的使用方法隨之而來的問題是，如何區分傳記中的聖人與儒家聖人之間的區別。傳教士在使用儒家聖人模式之餘，著力強調傳主的基督徒形象，保羅因堅心佈道而為聖人，亞伯拉罕因信實而為聖人，耶穌因神性而為聖人，由此與儒家聖人模式完全區別開來，形成具有新教特色的聖人書寫範式，為讀者樹立理想的基督徒模範，呼籲廣大讀者效仿其言行，歸信基督以求真理。

194 柯大衛：《耶穌言行總論》，頁 4。

第四章　建構婦人：傳記中的女性信仰者形象

概　論

聖經人物漢語傳記中，女性形象是傳主形象之外傳教士另一著力書寫之處。此種創作策略與基督教晚清時期的婦女事工密不可分，他們注意到女性在宣教事業中的獨特之處，並著力培養聖經女人（bible women）以幫助基督教的傳播。[1]在此背景下，聖經人物漢語傳記中的女性被作者著力凸顯為堅實的信仰者、熱心的傳道者。本章承接上章之研究方法，繼續從聖經在華接受史的視角分析主母馬利亞、抹大拉的馬利亞等女性形象，在聖經人物漢語傳記中的書寫和呈現方式。

晚清聖經人物漢語傳記中，對女性的書寫著重強調女性的品行，尤其是貞潔一事。《聖書列祖全傳》凸顯撒拉作為妻子應有的德行：「此撒喇氏中外仰德，故聖人讚之曰：『婦當順其夫』。或有不順道者，可看婦貞節，畏懼之貌，必然服道。但婦修身，不可飾外體，如編髮、掛金穿衣。惟顧內心無可壞者，

1　關於傳教士在華的女性事工，過往學界討論頗多，在此不一一贅述。可參閱 Jane Hunter, *The Gospel of Gentility, American Women Missionary in Turn of the Century China* (New Haven, London: Yale University Press, 1984).陶飛亞：《性別與歷史：近代中國婦人與基督教》（上海：上海人民出版社，2006 年）。Jessie Gregory Lutz, ed., *Pioneer Chinese Christian Women Gender, Christianity, and Social Mobility* (Bethlehem: Lehigh University, 2010).

即溫良之氣。」[2]聖經中，常教導妻子順從丈夫，（弗 5：22，33、西 3：18、多 2：4、提前 2：9～12、彼前 3：1～6），此處郭實獵所引用經文，出自《彼得前書》三章 1～6 節：「婦當服本夫亦然。或有不順道者，緣婦品行無可言，可引之順服也。又觀其婦敬畏貞潔之行藏焉。但婦脩身不可飾外體，如編髮、掛金穿衣之美。然藏心無可壞之人性，即溫良平和之氣。」（《新遺詔書》）郭氏以此經文詮釋撒拉中外仰德的原因，在《女誡》等女性讀物中亦有婦容、婦德的類似教導。[3]

至於以色列王亞哈的王后耶洗別，傳教士著力批判其各種罪惡言行。她拜偶像，「耶洗別所稱王后者，又服侍菩薩巴勒，為之設祭築壇，另有捕敬神之人……實可謂不敬神之甚」，[4]其殺害亞伯後，作者在此處插入對其結局的介紹：「至於耶洗別，神主亦言云：『犬將食其於耶斯烈墻下。』耶洗別逢迎蠱惑其夫，並從事各菩薩，而行甚惡之事……後來在耶斯烈樓上，被太監從窗中投下，死在墻邊，為犬所食，俱應驗神主之言也。」[5]關於耶洗別的結局，以利亞曾預言其會被野狗所食（王上 21：23），其後果應驗（王下 9：30～37）。憐芬妮不僅引用前者經文，更將後者經文增補於此以突顯耶洗別的罪惡及其所應得的結局。

及至耶穌傳記，傳教士在創作時以四福音書為藍本書寫耶穌生平，[6]無可避免需要觸及女性議題。作者一方面講述耶穌生平力證耶穌的真實性，以上帝愛人、耶穌降世為人、代人贖罪為基本神學理念，號召信徒以其為模範，效法基督，堅定信德，期待天國降臨；[7]另一方面，亦以四福音書為藍本重寫婦女形象。本章主要討論在這些耶穌傳記中，作者如何處理婦女議題。

---

2 郭實獵：《聖書列祖全傳》，頁 6。

3 《女誡》：「婦容，不必顏色美麗也」。「清閒貞靜，守節整齊，行己有恥，動靜有法，是謂婦德。」

4 憐芬妮：《以來者言行紀畧》，頁 1。

5 憐芬妮：《以來者言行紀畧》，頁 4～5。

6 撰寫耶穌生平時，傳教士對聖經的運用，傾向於融合、整理、運用四福音書，而非以某一單一福音書為主。如耶穌的降生，按照「救世主之母馬利亞」——「耶穌生」——「馬利亞抱嬰孩赴京都」——「賢人遠來拜救世主」——「耶穌避危」——「希羅得王戮嬰孩」——「耶穌回本國」的次序，重構耶穌降世的情節。

7 關於耶穌傳記的書寫目的，慕維廉在《耶穌感人》中，有明確論述，大致可歸為六類：「當以耶穌列傳、專心玩索也」、「當誠實篤信上帝之子」、「當全心獻奉救主」、「當伏基督為爾全權之君」、「當則傚耶穌，已顯為爾可讚之模範」、「我當定心即恆久與主同住」。參閱慕維廉：《耶穌感人》。

四福音中有諸多與婦女相關的經文，如與耶穌論道的撒瑪利亞婦人（約4：1～42）、馬大與馬利亞（路38：42）、患血漏的婦人（太18：22、可5：25～34、路8：40～48）等，她們或為女兒、妻子、母親，或為寡婦、無名婦人，甚或為妓女，[8]她們既是耶穌忠實的門徒，亦是救世主受難、復活的見證者。[9]她們被傳教士給予較高評價，如耶穌受難時「有仁婦泣哀」，[10]「且聖母與他聖女難禁哀痛」，[11]「馬利亞並諸聖女立於十字架下」，[12]耶穌被葬後，「諸聖婦女……買香油往墓」；[13]亞拿為「賢婦」，[14]晝夜侍奉上帝。郭實獵借鑒《列女傳》[15]、《女誡》[16]等古代女性讀物，使用「仁」、「聖」、「賢」等詞，以描繪馬利亞等諸婦女。

本章將首先概論聖經人物漢語傳記中，傳教士對撒拉、耶洗別等女性的書寫側重點，其後以耶穌傳記中的女性形象為討論焦點。第一節分析馬利亞的童貞女形象，剖析傳教士如何解決其童女生子的世俗守貞的問題，以及身為耶穌之母的神聖性身份；第二節研究在撒瑪利亞婦人的故事中，傳教士如何處理兩個主要焦點：該婦人的五個丈夫，以及她與耶穌的男女獨處問題；第三節探討耶穌復活的神蹟中，抹大拉的馬利亞與諸婦人的堅實信仰者形象。

第一節　童女生子：主母馬利亞

主母馬利亞作為聖經中重要的女性形象，童女生子是聖經中最神聖的故事（most holy story）。[17]就神學意義而言，她是耶穌基督的母親，是上帝救世

---

8 Edith Deen, *All of the Women of the Bible* (Harper: New York, 1955), p. 305.

9 Richard Bauckham, *Gospel Women: Studies of the Named Women in the Gospels* (Edinburgh: T & T Clark, 2002), p. 257.

10 郭實獵：《救世主耶穌基督行論之要畧傳》，頁70。

11 郭實獵：《救世主耶穌基督行論之要畧傳》，頁70。

12 郭實獵：《救世主耶穌基督行論之要畧傳》，頁71。

13 郭實獵：《救世主耶穌基督行論之要畧傳》，頁72。

14 郭實獵：《耶穌降世傳》（新嘉坡〔新加坡〕：堅夏書院，1836年），頁14。

15 《列女傳》有「賢明傳」、「仁智傳」、「貞順傳」等卷，著重強調女子品行，如周宣姜後「賢而有德」。參閱〔漢〕劉向：《列女傳》（南京：江蘇古籍出版社，2003年）。

16 《女誡》強調女子之「仁」、「賢」，所謂「仁婦」，主要強調「婦行」，即「婦德」、「婦言」、「婦容」、「婦功」。「此四者，女人之大德，而不可乏之者也。」若此四者兼備，「而仁斯至矣。」參閱〔漢〕班昭著，四川大學古籍整理研究所，中華諸子寶藏編纂委員會編：《女誡》（成都：四川人民出版社，1997年）。

17 Edith Deen, *All of the Women of the Bible*, p. 159.

的代言人。[18]福音書為該女提供了多重面向的描述，[19]如聽到天使報信時疑惑的馬利亞；與伊利莎伯同唱頌歌時喜悅的馬利亞；目睹耶穌受難時悲傷的馬利亞。[20]就「童女生子」情節而言，這是一個神蹟，馬利亞童女的身份與這個故事中的其他神學含義，共同構成了聖經中這一最神聖的故事。

《馬太福音》中關於耶穌降生的經文，儘管處理與童女生子有關的故事，[21]而非與性、性別、童女有關的信息，但其著力點在於著重於描述這一神蹟，[22]強調馬利亞由聖靈感孕以凸顯上帝的救贖。《馬太福音》中童女生子的意義在於顯示出上帝從開始就特別介入耶穌的生命，也重申上帝有重塑生命的能力。[23]

《路加福音》多次強調馬利亞是蒙大恩的女子，靠著這種恩寵她的孩子也必在獨一無二的情況下誕生，將是「至高者的兒子」（路 1：32）、「上帝的兒子」（路 1：35）。這個蒙恩的女子童女生子，但上帝的救贖並非依靠其童女之身，因為上帝本是創世者、造物主，這一情節的意義在於顯示上帝所行的神蹟，及預告彌賽亞的誕生。[24]是故，無論是《馬太福音》還是《路加福音》，童女生子的神聖敘事重點都在於上帝行神蹟以救贖世人，以及耶穌基督的神性。

> 耶穌出生的故事清楚表明，上帝要為我們所作的一切。馬利亞已經與約瑟訂婚，她「從聖靈」懷了孕。這並不是普通的受孕，而是上帝為我們而有的行動，就是上帝要完全成為我們的一分子……童女生子其實不是什麼出人意表的事情，因為這事關乎那位不願意拋棄我們的上帝——他甚至願意成為我們的一員，好叫我們得救贖……應該使我們吃驚、使我們被嚇到的，其實不是馬利亞的童女身份，而是因為上帝竟然不願放棄我們。正如巴特所言，在馬利亞童女生子的時間中，正正體現了上帝的人性。[25]

---

18 Richard Bauckham, *Gospel Women: Studies of the Named Women in the Gospels*, pp. 55~68.

19 Barbara J. Essex, *Women in the Bible* (Cleveland: Pilgrim Press, 2001), p. 21.

20 Phineas Camp Headley, *Historical and Descriptive Sketches of the Women of the Bible: from Eve of the Old to the Mary of the New Testament* (Aubum, N. Y.: Miller & Mulligan, 1854), pp. 133~134.

21 Ulrich Luz, *Matthew 1~7*, trans. by James E. Crouch (Minneapolis: Fortress Press, 2007), p. 90.

22 William Loader, *The New Testament on Sexuality* (Grand Rapid, Mich.: W. B. Eerdmans Pub., 2012), p. 477.

23 See J. Gresham Machen, *The Virgin Birth* (Grand Rapids: Baker, 1965), p. 16.

24 E. Earle Ellis, ed., *The Gospel of Luke* (Nelson: London, 1966), p. 69.

25 Stanley Hauerwas, *Matthew* (Grand Rapids, Michigan: Brazos Press, 2006), pp. 16~18.

但耶穌傳記中關於童女生子這一神聖事件，傳教士需要處理的不僅是馬利亞作為耶穌生母被聖靈感孕的神聖性，還有其身為童女的貞潔問題。如上所述，在《馬太福音》、《路加福音》中，聖靈感孕這一情節對於凸顯馬利亞的神聖而言尤為重要，它彰顯上帝的大能和對馬利亞生命的重塑。但在聖經人物漢語傳記中，傳教士卻盡量弱化聖靈感孕這一神蹟，而著重強調其童女身份以突顯其貞潔，目的在於以避免對其貞操的指責。《耶穌言行錄》中，作者刪除了部分情節以淡化上帝在場的痕跡：

> 天使說：你將要生子，可起名叫耶穌，他將為大，稱為至上天主的兒子。況且你的親戚以利沙伯年紀老邁，也懷了男胎，素常人所稱為不生養的，現在有孕六個月了。[26]

該段刪除了馬利亞與天使之間的一段對話。「馬利亞對天使說：『我未曾出嫁，怎能有這事呢。』天使回答說：『聖神將要降臨在你身上，至上的上帝，將要用大能蔭庇你，所以你所生的聖者，必要稱為上帝的兒子。』」（《北京官話本》，路 1：34～35）此段經文在童女生子這一敘事中具有重要地位，是上帝人性、耶穌神性的證明，是上帝大能、萬物主宰、可行神蹟的證明，但作者卻予以刪除。

在中國歷史中不乏與馬利亞聖靈感孕生子頗為相似的故事，以孔子為例，關於其身世眾說紛紜，其中影響頗為深遠的是《史記．孔子世家》：「紇與顏氏女野合爾生孔子，禱於尼丘得孔子。魯襄公二是二年而孔子生。生而首上圩頂，故因名曰丘雲。字仲尼，姓孔氏。」[27]司馬遷明確定義孔子的母親與人野合，其後祈禱方得孔子。這種書寫雖帶有《春秋緯．演孔圖》中「神靈感應」的痕跡，但為這種感應賦予自然生育的色彩：「與人野合」。司馬遷的這一記錄為後世力證孔子清白的可能性劃上了終止符。自此以後，孔子的出身蒙上身家不清、其母不貞的陰影。《史記》中對孔子身世記載的語焉不詳，為後世解說孔子身世提供無限可能，但不論如何演變，其母不貞已成事實。

在傳記書寫中，為了顯示傳主的與眾不同，傳記家在記錄其身世時亦會格外強調其不凡的出生情境，如《史記．高祖本紀》中言及劉邦出生時，載有：「高祖，沛豐邑中陽里人，姓劉氏，字季。父曰太公，母曰劉媼。其先劉媼嘗息大澤之陂，夢與神遇。是時雷電晦冥，太公往視，則見蛟龍於其上。已而有

26 何天爵：《耶穌言行錄》，頁 2。
27 〔漢〕司馬遷：《史記》，頁 139。

身，遂產高祖。」[28]但這種記載如孔子身世般易落人口實，有學者曾質疑其是在掩蓋劉母與人野合的事實，為劉邦的身世賦予天子、龍子的合法性。[29]明清時期亦有反教人士，就童女生子、聖靈感孕一說作出批判，直接攻擊馬利亞未婚生子的言論，質疑該故事的真實性和馬利亞的貞操問題：

> 有夫婦始有父子。上帝降生不用此法，以夫婦之道從慾而生。故耶穌降生，乃上帝大顯其妙化之功，感童女馬利亞又娠而生焉。試問上帝既如此大廢周旋，何必另自降生，而不現身說法，使大家共聞猶為便捷耶。既夫婦之道從慾而生，何從彼教者，亦復娶婦，且姦淫事不一而足，而守節不嫁之貞姑，必伴教師宿，非從慾耶。[30]

作者否認上帝聖靈感孕的可能性，強調既然基督教認為上帝有如此大能、為何不現身說法，卻要如此大費周章，由此推論必定是馬利亞不貞潔；且基督教中「姦淫事不一而足」，有此等事應也不奇怪。並且耶穌出生方式可謂無父無母：「耶穌不由父生，是無夫婦……人無君臣父子夫婦，非禽獸何也。」[31]傳教士意識到上述批判，米憐曾借約瑟之口有所間接描述：約瑟得知馬利亞懷孕之時，「不知那事哪裡有之，或是此女不正」，[32]委婉描述出當時社會對馬利亞的貞潔問題的指責。《耶穌事蹟攷》（1897）中對此的解釋更為直接：

> 聖神感童女懷孕，是顯上帝全能……是顯上帝全智，應驗諸先知之言，其詳且盡，是顯上帝全信，以卑賤之外事，掩救主之榮光，不為惡世所目睹，是顯上帝全聖。世之不深究聖經者，每於貞女生耶穌一事，未能無疑，意以為馬利亞未從約瑟先，已不貞，而故設為天使顯現之詞，以掩己羞慚，眩人之耳目，然而無可疑也。[33]

作者正面駁斥馬利亞為不貞之女的批評，並舉出六個聖經證據力證馬利亞非不貞之婦。[34]以此觀之，童女生子、聖靈感孕，在當時的中國社會傳統中有面臨種種指責的危險，何天爵刪除這段具有重要神學意義的經文並非毫無緣由。

---

28 〔漢〕司馬遷：《史記》，頁 96。

29 參閱張文德：〈劉邦身世考辨——兼與王云度先生商榷〉，《徐州師範大學學報》，2003 年第 1 期，頁 92～97。

30 〔清〕天下第一傷心人：《辟邪紀實》（出版地不詳，1871 年），卷中，頁 16。

31 〔清〕天下第一傷心人：《辟邪紀實》，卷下，頁 4。

32 米憐：《救世者言行真史紀》，頁 2。

33 作者不詳：《耶穌事跡攷》（羊城：惠師禮會，1887 年），頁 16。

34 參閱司多馬：《耶穌事跡攷》，頁 16～17。

另有其他傳教士直接稱馬利亞為貞女、童貞女。如慕維廉的《耶穌列傳》稱馬利亞為「童貞女」，在描述耶穌降世時，「有天使奉上帝命，往加利利、拿撒勒邑，傳報童貞女馬利亞。」[35]馬利亞雖為童女，卻是童貞女，區區一「貞」字的增加顯示出作者對於耶穌之母貞潔問題的格外強調。

“virgin”一詞在希伯來語、希臘語和拉丁語中含義稍有差別，整體而言多指稱一年輕女性（young woman），而同其是否結婚、是否有性經歷，並無太大關聯。英文版本對 virgin 的使用來自拉丁語（*virgo*），意指一個年紀成熟、足以結婚的女性。在基督教傳統中為該詞增加了「沒有性經歷」（non-sexual）的含義。[36]晚清各聖經翻譯版本中多稱馬利亞為「童女」、「處女」、「閨女」，總體而言，《神天聖書》、《新遺詔書》和《北京官話本》傾向於選用「童女」，而《委辦譯本》與《和合本》多使用「處女」。如《馬太福音》一章 23 節天使宣告耶穌的降生，《神天聖書》譯為「童身者將受孕生子」，《新遺詔書》、《北京官話本》稱「童女將懷孕生子」；《委辦譯本》則使用處女一詞，稱「將有處女懷孕生子」，《和合本》與《委辦譯本》的譯法基本類似，「將有處女孕而生子」。[37]

《路加福音》一章 26～27 節，天使奉上帝差遣往見馬利亞，《神天聖書》譯為「使者厄比耳以勒自神被遣至屬厄亞利利一邑，名拿撒勒，與童女許約……其童女，名馬利亞。」《新遺詔書》和《北京官話本》譯為「天使加伯利奉上帝的差遣……去見一個童女，就是……馬利亞」，《新遺詔書》則稱馬利亞為「閨女」：「天使伽伯烈奉上帝之差，往……見一閨女，名馬利亞。」《委辦譯本》譯為「天使加伯列奉上帝命，往加利利拿撒勒邑，臨處女馬利亞。」《和合本》與其相似，「天使加伯列奉上帝遣，往加利利之一邑，命拿撒勒，臨一處女馬利亞。」

在此背景下，在耶穌傳記中傳教士未遵循晚清聖經翻譯傳統，反而將童女、處女改為童貞女、貞女，如孔子身世考一般自有其考慮。不僅慕維廉稱馬利亞為童貞女，其他耶穌傳記亦採用類似稱呼。作為聖經人物漢語傳記開山之作的《救世者言行真史紀》，對於馬利亞童女生子如此描述：

35 慕維廉：《耶穌列傳》，頁 1。

36 關於 virgin 在不同語言中的含義考察，參閱 Robert J. Miller, *Born Divine: The Birth of Jesus & Other Sons of God* (Santa Rosa, California: Polebridge Press, 2003), pp. 189~193.

37 關於上述不同翻譯方式，可參閱 http://bible.fhl.net/new/ob.php?book=all&chineses=40&chap=1&sec=&submit1=查詢。

> 加利利之拿撒勒有一貞女名呌馬利亞，聘與若色弗同一省之人。伊等未相合之先，遇馬利亞以聖神風之能而受孕也。此事真依著天上一使臣者，預先現與馬利亞得見，而所示他知之話，云：夫爾將孕胎及生子，稱其名耶穌。馬利亞謂天使臣曰：既然我未相合人，這事如何而得成。天使臣答之曰：聖神風將臨上並至上神之能將遮爾，是以得生之聖者，將稱神之子矣。[38]

與原經文相比這段話的改變之處在於，強調馬利亞的貞潔問題：稱其為貞女，增加未相合之先之細節；且將經文「吾未認夫」修改為「我未與人相合」，以突顯其為童貞女的潔淨。[39]所謂「使物各得其正而為貞」，[40]米憐在此強調馬利亞之無瑕並稱其為貞女用以凸顯馬利亞身家清白一事。

憐為仁《救世主言行撮畧》對於馬利亞的童女生子寫道：「猶太國，加利利省拿撒勒邑，在希律為王時，有一女為大辟後裔，名馬利亞，貞正持躬。」[41]憐氏評價馬利亞「貞正持躬」，「貞正」一詞多用以形容女性堅貞端方。《耶穌降世之傳》（1836）亦稱馬利亞「為貞節童女，本乃大辟王之室，國衰家貧，貞女專務修身，德行十全」。[42]以上耶穌傳記在敘述馬利亞童女生子時，強調其不僅為童女且為貞女，其婚前守貞言行無差，並且尤為強調馬利亞的修身與德行問題。該種著墨符合《列女傳》、《女誡》等女性讀物中對女子的要求。就該事件而言，對這一細節的格外強調並非事出無因。

在中國古代社會，貞潔之事於女子而言極為重要，女子在成婚之前，不得與其他男子有親密接觸，婚後禁止與其他男子有染，尤其於婚前守貞一事極為嚴苛。女子成婚之前需嚴守童貞，不得接觸父兄之外的其他成年男性，以保證身心清白。在當時流通的反教文獻中對女性基督徒貞操問題的攻擊屢見不鮮，婚前童女被獻於牧師，婚後的女子「（從教者），新婦至，必先與牧師宿……有婦逐夫而再贅」，[43]「爭淫不釋」，[44]「婦多通夫再贅新」，[45]「淫婦夜

38 米憐：《救世者言行真史紀》（出版地不詳，1819 年），頁 1。
39 經文為：吾未認夫，則此事如何？（《神天聖書》，路 1：34）
40 〔魏〕王弼，〔晉〕韓伯康注，〔唐〕孔穎達疏，《十三經注疏》整理委員會整理：《周易正義》（北京：北京大學出版社，2000 年），頁 2。
41 憐為仁：《救世主言行撮畧》，頁 1～2。
42 郭實獵：《耶穌降世之傳》（堅夏書院，1836 年），頁 8。
43 〔清〕天下第一傷心人：《辟邪紀實》，卷上，頁 2。
44 〔清〕天下第一傷心人：《辟邪紀實》，卷下，頁 15。
45 〔清〕天下第一傷心人：《辟邪紀實》，附卷．辟邪歌，頁 2。

集，淫穢諸事，皆有心世道人所恥聞而痛惡者也。」[46]是故，傳教士著力強調馬利亞為童貞女實有其現實考慮。但弱化「聖靈感孕」這一情節以凸顯馬利亞作為世俗女性的貞潔，隨之產生的悖論在於，如何凸顯馬利亞作為耶穌之母的神聖。如果我們考察傳教士使用「貞女」、「童貞女」等詞的淵源，或可尋得答案。

「貞女」一詞在《列女傳》等作品中多用以形容女性守貞，但亦具有另一重含義，《說文解字》中釋「貞」為「貞，卜問也」，可見該詞本身已具有神性含義的一面。比如媽祖故事中該詞具有兩重含義，在關於媽祖的文獻中稱其一生未婚、獨身守貞。她「幼時有異能、通悟秘法，預談休咎無不奇中」，[47]曾數次夢見自己拯救在海中的兄弟，及至晚年當地人都認為她擁有超自然的能力，「世傳通天女神也……能預知人禍福」。[48]其後經過神話的演變和朝廷的敕封，媽祖逐漸成為神祇，[49]「對於水上人來說，天后代表支配海洋的力量，並且保護漁民受風暴之災。」[50]賴玄海在〈湄洲天上聖母慈濟真經〉中稱其「貞女可嘉，後必歸神。義士守志，脫凡成真。」[51]此處所使用貞女一詞已不僅具有《列女傳》等女性讀物中的使用含義，且明顯具有「卜問」的神性含義，可溝通神靈脫凡成真。媽祖後被順治帝封為「天上聖母」，[52]該稱號後被天主教傳教士借鑒用以稱呼聖母瑪利亞。[53]

---

46 〔清〕天下第一傷心人：《辟邪紀實》，卷中，頁 10。

47 〔明〕張燮：《東西洋考》（上海：上海古籍出版社，1987 年），卷九，頁 88。

48 〔宋〕廖鵬飛：〈聖墩祖廟重建順濟廟記〉，http://herzung.blogspot.hk/2009/11/blog-post_13.html。

49 關於這一流變過程，參閱陳國強編：《媽祖信仰與祖廟》（福建：福建教育出版社，1990 年）。

50 華琛：〈神祇標準化：華南沿岸天后地位的提昇（960～1960）〉，收入陳慎慶編：《諸神嘉年華：香港宗教研究》（香港：牛津大學出版社，2002 年），頁 166。

51 〔清〕賴玄海：〈湄洲天上聖母慈濟真經〉，收入王見川、林萬傳編：《明清民間宗教經卷文獻》（臺北：新文豐出版股份有限公司，2006 年），卷 7，頁 124。

52 媽祖被歷居朝廷，賜予眾多封號，如「慧靈夫人」、「慧靈妃」、「天妃」、「天后」等。關於此過程，參閱蕭一平：〈媽祖的歷代褒封〉，收入蕭一平編：《媽祖研究資料匯編》（福建：福建人民出版社，1987 年），頁 71～91。

53 「聖母」一詞，在官方和民間具有不同的含義。「在中文官方文獻中具有嚴格的使用規範。明清宮廷中，『聖母』一般指稱是帝王之嫡母（先皇的皇后）或者是庶出而御極帝王的生母『聖母』名號正是其無以復加之崇位的表徵……而在民間，大凡在一方素有聲望的女神往往被民眾推崇為『聖母』。」這些女性神靈需經過政府的官方認可，而在明清時期，能夠得此殊榮的女神並不多，媽祖是其中重要一位。「以致當耶穌會士初入中國後，也不免入鄉隨俗，給他們所敬崇的瑪利亞冠以『聖

天后故事中貞女、聖母的使用具有兩重含義：世俗意義上的守貞，以及成為神祇後、溝通天地、佑護萬民的神力。《天主實義》中利瑪竇稱耶穌「擇貞女為母」，[54]其後在天主教有關聖母的傳記中，傳教士多稱瑪利亞為貞女。[55]如《聖母要理簡要》開篇即言：「童貞聖母瑪利亞是救世主耶穌、天主第二位生子降生的母親。」[56]明末清初有眾多關於瑪利亞的聖傳，「觀聖母之傳尚矣，考西文實錄，不下百部。」[57]高一志的《聖母行實》作為「論聖母行實的最好之一中文書，文字明白曉暢，又有故事，令人喜悅」，[58]「開宗明義講『聖母之所自生』及『其自幼年至老歷年之行狀』，次借古聖古賢之言『以著聖母之大懷抱』」，[59]該書高一志詳細記載瑪利亞生平。按照高氏論述，瑪利亞幼年「儀容端飭……靜習女德」，[60]持守童貞，約瑟迎娶瑪利亞後，二人「居止祖室，並矢各守童貞。」[61]約瑟此行為「志在護其童貞」，[62]就此意義而言，無論婚前還是婚後皆守童貞的瑪利亞，成為「永遠的童貞女」（ever virgin）。

但瑪利亞的童貞不僅僅是世俗意義上的處女之意，更具有深遠的神學意義。瑪利亞婚前「猛立高志，絕諸嬉笑之態，維密登聖殿，朝拜天主靡渝；或入私室，潛自捫心，嚴查其念其言，並其動靜合宜與否……（其）矢志精潔，絕卻財色名三慾，誓不稍染……凡聖教中誓永修貞潔不渝者，必以瑪利亞為正鴻鵠焉。」[63]聖母專一修行、反思己過、苦修禁慾，成為教中貞潔不

母』的名號。」參閱代國慶：《聖母瑪利亞在中國》（新北：臺灣基督教文藝出版社，2014 年），頁 42～43。

54 利瑪竇：《天主實義》，收入鄭安德編：《明末清初耶穌會思想文獻彙編》，頁 126。

55 關於馬利亞在明清時期的形象問題，可參閱 Jeremy Clarke, *The Virgin Mary and Catholic Identities in Chinese History* (Hong Kong: Hong Kong University Press, 2013).

56 〔清〕姚淮：《聖母要理簡要》，收入中國宗教歷史文獻集成編纂委員會編纂：《東傳福音》（合肥：黃山書社，2005 年），卷 3，頁 442。

57 〔清〕李杕：《聖母傳》，收入中國宗教歷史文獻集成編纂委員會編纂：《東傳福音》（合肥：黃山書社，2005 年），頁 1。

58 徐宗澤：《明清間耶穌會士譯著提要》（臺北：中華書局，1958 年），頁 31。

59 李奭學：〈三面瑪利亞——論高一志《聖母行實》裏的聖母奇蹟故事的跨國流變及其意義〉，《中國文哲研究集刊》，第 34 期，2009 年 3 月，頁 66。

60 高一志：《聖母行實》，收入李奭學、林熙強主編：《晚明天主教翻譯文學箋注》（臺北：中央研究院，中國文哲研究所，2014 年），頁 331。

61 高一志：《聖母行實》，頁 332。

62 李奭學：〈三面瑪利亞——論高一志《聖母行實》裏的聖母奇蹟故事的跨國流變及其意義〉，《中國文哲研究集刊》，第 34 期，2009 年 3 月，頁 62。

63 高一志：《聖母行實》，收入李奭學、林熙強主編：《晚明天主教翻譯文學箋注》，頁 347。

渝者的典範，其亦可稱貞潔。此處「貞潔」一詞暗喻瑪利亞與天主之間獨一的關係，作為基督的新娘保持信仰的純潔和童貞，其已突破《列女傳》等作品中要求女子堅守身體貞潔的世俗意義，而具有瑪利亞與天主之間達成契約、獨拜天主的獨一關係。如果說媽祖是天地神靈的貞女，那麼聖母瑪利亞便是天主的貞女。正如耶穌會神父維納爾（P. Theodor Werner S. J.）在 1850 年的一封信中所言：「守貞夫娘在這個世界上只認可一位『新郎』，那就是主耶穌基督。」[64]

在《聖母行實》中，高一志以童貞女形容瑪利亞，此詞在此擁有兩種含義，首先，瑪利亞守貞，操行無差；其次，她作為基督的新娘，敬拜獨一天主，信仰守貞。就此兩種意義而言，童貞女一詞並非僅僅強調瑪利亞世俗意義上的節操，更加具有神學意義上的信仰典範之意。此貞不僅是她「無涉性事的形容，也是她……的聖德。」[65]其後在《天主降生言行紀略》（1642）中，艾儒略（Giulio Aleni，1582～1649）亦稱「聖母既守童貞」。[66]《古新聖經》中「一貞女懷孕生子」，[67]該經文的注釋部分，賀清泰解釋何謂童貞：「瑪利亞在產耶穌前、產時、產後，是卒世童貞。因天主聖神用他的淨血，在他腹內化成耶穌的肉身，立刻賦他奇妙靈魂。」[68]賀氏的評論雖在解釋耶穌道成肉身，但亦暗示童貞女瑪利亞與天主達成契約，成為天主的童貞女。《聖母傳》（1833）中瑪利亞「作女紅以供天祀，矢願守貞，終身不字，立古以來未有之真修，作萬世童貞之首。」[69]李杕認為瑪利亞為萬世童貞之首，作女紅以供天祀，此種言行，仍有獨一契約的守貞意義。[70]

64　援引自康志傑：《基督的新娘——中國天主教貞女研究》（北京：中國社會科學出版社，2013 年），引言，頁 3。

65　李奭學：〈三面瑪利亞——論高一志《聖母行實》裏的聖母奇蹟故事的跨國流變及其意義〉，《中國文哲研究集刊》，第 34 期，2009 年 3 月，頁 74。

66　艾儒略：《天主降生言行紀略》，收入李奭學、林熙強主編：《晚明天主教翻譯文學箋注》（臺北：中央研究院，中國文哲研究所，2014 年），頁 203。

67　賀清泰譯，李奭學編：《聖徒瑪竇紀的萬日畧》，《古新聖經殘稿》（北京：中華書局，2014 年），頁 2640。

68　賀清泰譯，李奭學編：《聖徒瑪竇紀的萬日畧》，頁 2642。

69　〔清〕李杕：《聖母傳》，收入中國宗教歷史文獻集成編纂委員會編纂：《東傳福音》，頁 254。

70　在高一志、李杕等人開創了「貞女」一詞的使用之後，該詞逐漸成為天主教對守貞女性的通用稱謂，多用以形容在家（或組成團體）過守貞生活、完全獻身於教會事業的獨身女性。這群女性具有三個特點：為信仰而獨身；與天主締結「契約」，

通過上述梳理不難發現，新教傳教士在耶穌傳記中，一反聖經翻譯中的童女、處女、閨女使用傳統，以貞女、童貞女形容馬利亞，一方面弱化聖靈感孕的痕跡以避免對耶穌身世的指責；但由之而來的悖論在於如何凸顯馬利亞的神聖。另一方面考察貞女的使用淵源，可發現新教延續天主教的使用方法，以貞女凸顯其信仰的守貞，並未削弱耶穌之母的神學含義。

《耶穌列傳》中童貞女馬利亞「被至上者之力，將應預言久許為基督之母也」。[71]《救世主言行撮畧》中馬利亞「貞正持躬，虔心以崇上帝，當為閨女之時，上帝欲生耶穌救世，擇之為母，爰命天使，進見之曰：『慶賀寵女，上帝佑爾，萬女之中，爾獨有福。』」[72]慕維廉、憐為仁等人稱馬利亞為貞女，且強調其虔心以崇上帝。

綜上所述，耶穌傳記中的馬利亞被格外強調其貞潔一事，其雖為童女，然聖靈感孕一事會使其面臨其行不貞的指責。鑒於婚前守貞對中國古代婦女而言的重要性，傳教士一方面弱化這一事件的神蹟色彩而凸顯其世俗意義上的守貞，另一方面需凸顯馬利亞的神聖。在《聖母行實》、《聖母傳》等聖母傳記中天主教傳教士稱瑪利亞為貞女，此貞不僅在於世俗意義上的處女，更在於其信仰守貞，達成與天主的獨一契約。傳教士借鑒天主教的處理方法，使用童貞女、貞女，而非聖經版本中的童女一詞以凸顯馬利亞的神聖，其神聖源自信仰守貞，敬拜獨一上帝，以此解決弱化聖靈感孕情節所帶來的關於馬利亞神聖問題的悖論，由此為讀者樹立一個身心皆守貞的女性基督徒形象。

第二節　井邊論道：撒瑪利亞婦人

耶穌與撒瑪利亞婦人論道這一故事是四福音書中關於耶穌與女性議題的重要經文，它顯示了在猶太傳統中耶穌如何與地位低下的、外邦的女性相處並拯救她們，展示了女性的信仰皈依歷程。[73]撒瑪利亞婦人的形象既不同於主母馬利亞——耶穌的生母；亦不同於患血漏的婦女——這位婦女本就滿懷信心；更不同於馬大與馬利亞——這對姐妹在福音書中初時即是耶穌的朋友、

表示已經與天主建立一種特殊關係；全身心為教會工作，且沒有任何薪酬。參閱康志傑：《基督的新娘——中國天主教貞女研究》，頁6～10。

71 慕維廉：《耶穌列傳》，頁1。

72 憐為仁：《救世主言行撮畧》，頁1～2。

73 Botha J. Eugene, *Jesus and the Samaritan Woman: A Speech Act Reading of John 4: 1~42* (Leiden, E. J. Brill: Netherlands, 1991), preface, p. xi.

門徒。撒瑪利亞婦人是一個外邦婦女，她由最初的不接待耶穌，到之後的與其論道，及至最終回城傳福音，描繪了一幅女性的信仰歷程畫面。這種身份和經歷對於晚清傳教士而言是宣教的極好素材，撒瑪利亞婦人也成為除主母馬利亞之外耶穌傳記中需要處理的另一女性形象。

《救世者言行真史紀》詳細敘述耶穌生平，在其他情節整體講述時與聖經並無太大區別，但及至該故事時米憐則一筆帶過：「其（注：指耶穌）經過撒瑪利亞邑時，因以路上見倦，則坐著於一泉之上。就有一婦人自邑來汲水，耶穌好久教她明白贖世之道理。」。[74]該段改寫刪除了諸多關鍵情節：婦人有五個丈夫（約 4：16～18）、門徒看到耶穌與該婦交談，心下奇怪（約 4：27）。與米憐有相似處理方式的是慕維廉《耶穌列傳》：「耶穌復王加利利，道必由撒瑪利亞，遇婦汲水，耶穌乞水，婦初不肯，耶穌與論永生之水，及指其婦隱專與崇拜上帝之道。婦遂入城告眾，信者甚夥。」[75]慕氏同樣略寫該段經文，刪除上述兩段經文而著力強調耶穌與婦人之見的論道場景及「婦遂入城告眾，信者甚夥」。此時的撒瑪利亞婦人是信仰皈依的典範，是皈依後熱心傳道的基督徒。米憐與慕維廉的經文處理方式，對該段經文而言，涉及兩處重要議題：1. 撒瑪利亞婦人的貞節問題；2. 耶穌與婦人的相處與交談。

該段經文中的撒瑪利亞婦人具有多重身份（identity），她是外邦的婦人、失婚的婦人、陌生的婦人、無名的婦人，[76]但對於不熟悉聖經的中國讀者而言並無法明確區分之間的差別，傳教士需著重書寫的是其作為失婚婦人的貞節問題。如上節所言，貞節一事於中國古代婦女而言極為重要。她們不僅需要在婚前守貞，婚後亦需從一而終方為貞婦。對婦人而言，出嫁後必當安心侍奉丈夫從一而終，「婦人貞吉，從一而忠也」。[77]守寡婦女不可再嫁承擔著濃厚的道德意涵，「夫只合一娶，婦只合一嫁，今婦人夫死不可再嫁，如天地之大義然」；[78]「女子守身如捧玉卮，如捧盈水……女子名節在身，稍有微瑕，萬善不能相掩。」[79]及至丈夫去世後亦不應改嫁，需守貞以求自己身後可得貞潔牌坊。

74 米憐：《救世者言行真史紀》，頁 16。

75 慕維廉：《耶穌列傳》，頁 3。

76 See Amy-Jill Levine, ed., *A Feminist Companion to John* (London, New York: Sheffield Academic Press, 2003), Vol. 1, pp. 126~142.

77 〔魏〕王弼，〔晉〕韓伯康注，〔唐〕孔穎達疏，《十三經注疏》整理委員會整理：《周易正義》，頁 170。

78 〔宋〕張載：《張載集》（北京：中華書局，1978 年），頁 298。

79 〔明〕呂坤：《閨範》（上海：上海古籍出版社，1994 年），頁 188。

不僅男女婚姻關係中強調女方需從一而終，政府亦鼓勵女子守貞。僅明清時期就有諸多婦女因守貞而被嘉獎的案例，《清實錄》記載乾隆、嘉慶、道光等朝，多例節婦貞女被朝廷表彰的案例。[80]是故，如撒瑪利亞婦人般有五個丈夫的女子著實為當時所難容。

為何撒瑪利亞婦人有五個丈夫，釋經家們推測不一，主要分為以下幾種觀點：1. 這婦人的五個丈夫已經去世；2. 這婦人已離婚多次；3. 這婦人被休棄，及有前任丈夫去世。[81]無論何種原由，該婦人已被貼上「淫」的標籤，遑論其後耶穌更有言：「你現在有的，並不是你的丈夫。」（約 4：18）如上節所述，晚清基督教反教文獻中對女性基督徒淫的指責屢見不鮮，這使得米憐、慕維廉淡化對撒瑪利亞婦人有五個丈夫的書寫實是事出有因。

事實上，不僅是在撒瑪利亞婦人的故事中傳教士極其注意處理該婦的貞節問題，在其他與婦女有關的經文中他們同樣有所加工。如在《救世者言行真史紀》、《耶穌列傳》、《耶穌言行錄》等作品中，作者們皆未提及耶穌赦免行淫時被捉的婦女（約 8：3～11）這一情節。《救世主耶穌基督行論之要畧傳》未曾迴避該情節，但有明顯改寫，郭實獵寫道：

> 帶婦犯淫者至殿中，曰：「此婦按摩西之例，當若擲之死，請爾判之。」答曰：「爾輩中自負無罪可以石擊之。」且各人自覺本罪，不敢妄擬。自老以下默然皆散。耶穌獨自與婦在問道，無人未定爾罪乎。應曰：「吾主未有。」耶穌曰：「我也不定爾罪，爾去，自今以後勿再犯。」[82]

與經文相比，郭實獵刪除其中一句話：「此婦正行姦時被捉。」（《神天聖書》，8：4）行姦時被捉是確定該婦女為淫婦的首要先決條件，[83]但郭氏卻刪除

80 參閱段振華：〈《清實錄》列女旌表概觀〉（武漢：湖北省社會科學院，碩士論文，2016 年）。

81 See Joel C. Elowsky, ed., *Ancient Christian Commentary on Scripture: New Testament IV a, John 1~10* (Downers Grover, Illinois: Inter Varsity Press, 2006), pp. 156~157. J. Ramsey Michaels, *The Gospel of John* (Grand Rapids, Michigan: Wm. B. Eerdmans Publishing Co., 2010), pp. 246~248. 亦有釋經家認為，「五個丈夫」象征了撒瑪利亞的五個城邦，參閱 Amy-Jill Levine, ed., *A Feminist Companion to John*, Vol. 1, p. 135.

82 郭實獵：《救世主耶穌基督行論之要畧傳》，頁 42～43。

83 按照《利未記》20：10（「姦夫淫婦必被處死」）、《申命記》22：22（「若發現有人與有婦之夫同寢，就要將姦夫淫婦一起處死」）的訓誡，在此段經文中，姦夫的缺席，暗示了這則事件是文士和法利賽人陷害耶穌的手段。本書此處僅討論此婦的「淫婦」身份。

了這段經文，含糊以犯淫者替代之，自是弱化了經文的行姦時被捉所涉及的女性貞潔議題，應是考慮到關於女性基督徒貞操問題的攻擊。其次，郭將經文中「耶穌獨在並婦侍中。耶穌既起，見無人，獨婦在其」（《神天聖書》，約 8：9）的場景中修改為「耶穌獨自與婦在問道」，以「問道」二字凸顯耶穌與婦人的相處的求道場景，由此弱化二人之間的男女獨處色彩。

耶穌與撒瑪利亞婦人的單獨相處同樣涉及異性之間的共處議題，二人的這種行為實是「不符合當時的猶太傳統」，[84]而門徒心中的驚奇「凸顯了耶穌與撒瑪利亞婦女之間的性別差異。」[85]根據耶穌時代的猶太人傳統，沒有任何拉比會與女性單獨相處、交談：「男人不能在一個地方里與女人單獨相處，即使是他自己的姐妹或女兒也不可以，免得別人猜疑。一個男人不能在街上與女人交談，就算是自己的妻子也不可以，特別是其他女人更不能，免得別人猜疑。」[86]耶路撒冷的拉比約哈蘭（Yose b. Yohanan，約主前 150 B. C.）曾警告信徒：「不要與自己的妻子交談太多，與別人的妻子就更不用說了。先哲有言：『任何與女人多交談的男人，都會為自己帶來禍患，並且也會忽略法律的研讀，最終將會承受地獄的痛苦。』」[87]耶穌與撒瑪利亞的交談，就當時猶太傳統而言，實是不相符合，以致門徒見此情形不由稀奇。

不僅如此，男女大防對於中國古代男女關係而言極為重要，《孟子．離婁上》有載：「男女授受不親，禮也。」[88]「男女不雜坐，不同施枷，不同巾櫛，不親授。嫂叔不通向……外言不入於捆，內言不出於捆……姑、姊、妹、女子子，已嫁而反（返），兄弟弗與同席而坐，弗與同器而食。」[89]若男女混雜，實為破壞禮數淫亂不堪，以致在當時反教文獻中，對此議題的批判屢見於書：

> 大易家人一卦，極重閑家。恒之六五曰恒其德貞，婦人吉，夫子兇……婦當從夫……禮曰，男女不同巾櫛，椸枷不通名聘問，則彼男

84 Botha J. Eugene, *Jesus and the Samaritan Woman: A Speech Act Reading of John 4: 1~42*, preface, p. 160.

85 Amy-Jill Levine, ed., *A Feminist Companion to John*, Vol. 1, p. 133.

86 John Ashton, *Understanding the Fourth Gospel* (Oxford: Oxford University Press, 1993), p. 242.

87 John Ashton, *Understanding the Fourth Gospel*, p. 247.

88 〔漢〕趙岐注，〔宋〕孫奭疏，《十三經注疏》整理委員會整理：《孟子注疏》，頁 241。

89 〔漢〕鄭玄注，〔唐〕孔穎達疏，《十三經注疏》整理委員會整理：《禮記正義》，頁 58～59。

與此婦不容混雜……從教者（無男女之防）……則舜文先為不齒之人。[90]

作者引用《周易》、《禮記》等經典，直斥信教者破壞男女之大防，極盡男女淫亂之事，實為聖賢所不齒。更為重要的是，反教文獻不僅攻擊男女大防問題，更直接批判耶穌與婦女的關係。「（婦女）不論已嫁未嫁，擇其有姿色者，或罰在院內灑掃挑水，或罰在院內奉侍寮（注：指耶穌）氏，則任巴禮淫之矣」，[91]甚或稱「耶穌通人妻」。[92]此種言論雖為臆測並非事實，但就此段經文而言，耶穌與撒瑪利亞婦人單獨相處而門徒感到「驚奇」，無疑有為該種言論提供證據的風險。

更為重要的是，耶穌與撒瑪利亞婦人交談的地點在「井邊」，中國自古就有「男女不共井」的古訓。《禮記・內則》有言：「外內不共井，不共湢浴，不通寢席，不通乞假，男女不通衣裳，內言不出，外言不入」，[93]司馬光的《涑水家儀》亦有「深宮固門內外不共井」的訓誡。以致馬禮遜在翻譯聖經時，將"well"（英王欽定本）譯為「泉」而非「井」，米憐《救世者言行真史紀》延續此用法。是故，米憐及慕維廉簡化對這一情節的敘述，刪除撒瑪利亞婦人有五個丈夫的事實，並不提門徒心中的疑問與驚奇，實則為盡量淡化耶穌與該婦人單獨相處的痕跡，以求盡量減少引起讀者反感的可能性。

然自馬氏之後，在"well"的翻譯問題上，《新遺詔書》、《委辦譯本》、《北京官話本》、《和合本》，皆將其譯為「井」，聖經人物漢語傳記中亦使用該詞。由此而來的悖論在於，如何處理由男女不共井帶來的反教言論。以《救世主耶穌基督行論之要畧傳》為例，該文對撒瑪利亞婦人、五個丈夫、耶穌之間的關係處理更為小心：

（耶穌）往加利利省，到邑名曰西加，身已倦坐下於井旁。待弟子入城買糧，當是之時，某婦來汲水，耶穌乞水飲……婦不解其言（注：耶穌關於泉水的言論），耶穌解曰……（婦女）令其城人俱出來聽之者敬信之為基督其救世者，亦自覺皇上帝之為神，願拜之者

90 〔明〕許大受：〈聖朝佐闢〉，收入金程宇編：《聖朝破邪集》，頁284。

91 〔明〕黃廷師：〈驅夷直言〉，收入金程宇編：《聖朝破邪集》，頁233。

92 〔清〕天下第一傷心人：《辟邪紀實》，卷中，頁4。

93 〔漢〕鄭玄注，〔唐〕孔穎達疏，《十三經注疏》整理委員會整理：《禮記正義》，頁975。

必實在以神樣欽拜之。[94]

郭氏的這段改寫，在保留該段經文基本情節的前提下，做出兩處改動：1. 刪除撒瑪利亞婦人有五個丈夫的經文；2. 將筆墨較多著力於耶穌與撒瑪利亞婦人論道的場景，增加「婦不解其言」的細節，且在該細節處對經文有所改動：《神天聖書》中經文為「婦乃放下厥罐，往城裡報眾人曰：『爾來見一人以我向凡行者細備告我，斯豈非彌賽亞乎？』伊等即出城就耶穌」（約 4：28～30），郭氏將撒瑪利亞婦人的言辭修改為「令其城人俱出來聽之者敬信」，與前文「不解其言」連為一體，著重描繪耶穌與撒瑪利亞婦人論道的場景，及該婦人由疑惑到歸信、傳道的信仰歷程。

該兩處改動，第一處已如上文所述，乃為防止引起「女性信教者不貞」的攻擊。至於第二處改動，郭氏將撒瑪利亞婦人塑造為皈依典範。《救世主言行撮畧》中亦將該婦女塑造為歸信的榜樣：「此婦原為罪惡之人，得吾主與之乞水，即時上帝之恩及他，今之人亦然……列官看此書者，細思之，豈知上帝恩賜，而肯悔改以邀請真福乎？」[95]按照聖經經文，婦人聽罷耶穌講道乃「放下厥罐往城裡去報眾人曰：『爾來見一人，以我向凡行者細備告我，斯豈非彌賽亞乎？』伊等即出城而就耶穌。」（《神天聖書》，約 4：28～29）這段經文顯示了作為一個救世主，耶穌不僅拯救有信仰的男性，同樣未曾拒絕幫助有需要的女性。[96]被拯救後的該婦女行勝於言，儘管上帝並未賦予她宣教的使命，她卻自發回程將福音的消息傳遞給與猶太人素無往來的撒瑪利亞人。[97]正如俄列根（Origenes Adamantius，185～254）所言，此撒瑪利亞婦人前後的轉變顯示了耶穌言語的力量，也顯示了救世主並未拒絕女性成為成為她的門徒去廣傳福音。[98]郭實獵將經文中撒瑪利亞的言論刪除，直接賦予其直接、迅速的行動，並所增加了對其宣教所取得的效果的描述，「其城人俱出來聽之者敬信之為基督其救世者，亦自覺皇上帝之為神，願拜之者必實在以神樣欽拜之」。他這種改寫正如憐為仁所詮釋的那樣，將其塑造為女性基督徒的皈依、宣道典

94 郭實獵：《救世主耶穌基督行論之要畧傳》，頁 22～23。

95 憐為仁：《救世主言行撮畧》，頁 14。

96 Joel C. Elowsky, ed., *Ancient Christian Commentary on Scripture: New Testament IV a, John 1~10*, p.165.

97 J. Ramsey Michaels, *The Gospel of John*, pp. 248~249.

98 Origenes Adamantius, *Commentary on the Gospel According to John, Books 1~10*, trans. by Roland E. Heine (Washington D. C.: Catholic University of America Press, 1989), pp. 173~174.

範，所增加的細節更加印證了當時傳教士對女性事工的重視。

晚清傳教士在華開辦女子學校，從教育、醫療等各方面培養女性基督徒，努力使其成為傳教事業的一分子和有力幫手。傳教士通過開辦女子教會學校等方式給予她們專門的聖經訓練使其成為聖經女人，之後成為來華女傳教士佈道的有力助手。在「男女大防」要求極為嚴苛的晚清，這些聖經女人可以去到渴慕聖經真理的女性的深閨；可以以柔和的方式向男性佈道，而不會引起明顯的抵觸心理；可以彌補男性傳教士在身份、性別等方面的不便，以致後來這些聖經女人「日就月將，成就斐然。」[99]

同時郭氏將耶穌與該婦女的相處場景，由「男女相處」轉移為「井邊論道」，弱化耶穌與婦女單獨相處的情節，轉而將筆墨調整至二者論道之行。「井」於論道一事而言，有特殊含義。《周易．井卦》有言，「木上有水，井」，[100]「木上有水，上水之象，故名為『井』……上水以養，取而不窮者也。」[101]意即，井源源不斷滋養萬民，恰與經文中的「活水」（living water，英王欽定本）遙相呼應，皆為「養民不窮之事」[102]，只是後者更側重於真理與道義的渴慕。[103]鄭玄就此註為：「汲水而出，井之象也。井以汲人，水無空竭。」[104]井不僅是活水滋養萬民，且與德行直接相關。《周易．井卦》稱，「改邑不改井」，[105]原因在於「水，殷德也……夫井，德之地也，所以養民性命而清潔之主也」，[106]與養民、德行息息相關的井，成為耶穌與婦女論道的場所並無不妥。因此，郭實獵運用弱化耶穌與婦女的單獨相處色彩，轉而強調二人的井邊論道，實為巧妙之舉。所謂「水，殷德也」，此種水邊論道場景在中國典籍中

99 吳立樂：《浸信會在華佈道百年史略》（香港：浸信會出版部，1970 年），頁 44。

100 〔魏〕王弼，〔晉〕韓伯康注，〔唐〕孔穎達疏，《十三經注疏》整理委員會整理：《周易正義》，頁 232。

101 〔魏〕王弼，〔晉〕韓伯康注，〔唐〕孔穎達疏，《十三經注疏》整理委員會整理：《周易正義》，頁 232。

102 〔魏〕王弼，〔晉〕韓伯康注，〔唐〕孔穎達疏，《十三經注疏》整理委員會整理：《周易正義》，頁 232～233。

103 關於「活水」的神學意義，參閱 William Barclay, *The Gospel of John* (Philadelphia, Westminster Press, 1956), pp. 130~134.

104 〔魏〕王弼，〔晉〕韓伯康注，〔唐〕孔穎達疏，《十三經注疏》整理委員會整理：《周易正義》，頁 234。

105 〔魏〕王弼，〔晉〕韓伯康注，〔唐〕孔穎達疏，《十三經注疏》整理委員會整理：《周易正義》，頁 234。

106 〔魏〕王弼，〔晉〕韓伯康注，〔唐〕孔穎達疏，《十三經注疏》整理委員會整理：《周易正義》，頁 235。

不乏記錄。《莊子・知北游》有載：

> 知北遊於玄水之上，登隱弅之丘，而適遭無為謂焉。知謂無為謂曰：「予欲有問乎若：何思何慮則知道？何處何服則安道？何從何道則得道？」三問而無為謂不答也。非不答，不知答也……知不得問，反（返）於帝宮，見黃帝而問焉。黃帝曰：「無思無慮始知道，無處無服始安道，無從無到始得道。」……夫知者不言，言者不知，聖人行不言之教……知謂黃帝曰：「吾問無為謂，無為謂不應我。非不應我，不知應我也；吾問狂屈，狂屈中欲告我而不我告，非不我告，中欲告而忘之也；今予問乎若，若知之，奚故不近？」黃帝曰：「彼其真是也，以其不知也；此其似之也，以其忘之也；予與若終不近也，以其知之也。」[107]

此則寓言故事，記錄了一名為「知」的人，於玄水邊遇到另一名為「無為謂」的人，向其問道，討論「道」的問題，奈何並未得到答案，於是返回王宮復問黃帝。黃帝解答了他的疑惑，知復問，既然如此，為何無為謂不回答自己的問題。黃帝則曰，「知者不言，言者不知，聖人行不言之教」。正是因為知無謂什麼也不回答，什麼也不知道，才是真正得大道之人；你我終不能接近大道，因為我們看起來似乎什麼都知道，但其實一無所知。這一水邊論道典故成為了此後類似文學的濫觴，如《醉翁亭記》中於「流觴曲水」邊論道；《前赤壁賦》中，蘇子與客泛舟於赤壁之下論「哀吾生之須臾，羨長江之無窮」之道。耶穌與撒瑪利亞婦人的井邊相處，「論道」顯然更易為讀者接受。

耶穌傳記對撒瑪利亞的塑造一方面忠實聖經經文，描述其與耶穌論道、信仰的歷程；另一方面刪除該婦女有五個丈夫的經文，避免晚清反教人士對其貞潔的指責；弱化該女子與耶穌單獨相處的情境，削弱關於門徒見到耶穌與女性交談時的心理描寫，以適應「男女之大防」、「內外不同井」的古訓。同時，《周易》中「井」亦與養民、德行密切相關，在其後對於井卦的闡述中，井逐漸成為德性修養、安身立命的重要象征意象之一。郭實獵汲取該意義，著力強調耶穌與撒瑪利亞婦人「井邊論道」的言行；同時強化撒瑪利亞婦人在歸信後的宣教行為及所取得的效果，通過上述書寫將該婦人塑造為一個符合晚清社會情境的女性基督徒歸信典範。

107〔戰〕莊子：《莊子》（北京：中華書局，2015 年），頁 358～359。

第三節　賢婦見證：抹大拉的馬利亞與諸婦人

從耶穌的出生到耶穌的復活，在他生命的每個重要時刻婦女往往都會出現，[108]是耶穌的女性門徒在耶穌被釘十字架時與其一起，也是她們第一個見證了墓是空的和耶穌的復活。[109]正如《天路歷程》所言：「是婦女在十字架下膏抹耶穌；是婦女在耶穌被釘時不離不棄地跟隨；是婦女在安息日過後買了香料，要去膏耶穌的屍體；是婦女最先見證了耶穌的復活；亦是婦女將耶穌從死裏復活的福音告知眾門徒。」[110]

但在猶太傳統中婦女的見證通常是不可信的，尤其巴勒斯坦地區普遍認為女性的見證不可靠、不值得相信。[111]而「究竟誰見證了耶穌的復活」是一個頗為重要而敏感的議題，「福音書的形成是在初代信仰團體匯總，見證耶穌復活的使徒成為有權柄的信仰團體領袖，這使得究竟誰首先見證了耶穌基督的復活成為一個敏感的話題。」[112]保羅在《哥林多前書》十五章3～8節中說：

> 我當日所領受的又傳給你們的，最重要的就是：照聖經所說，基督為我們的罪死了，而且埋葬了；又找聖經所說，第三天復活了，還顯現給磯法看，又顯給十二使徒看，後來一次顯給五百多弟兄看，其中一大半到現在還在，卻也有已經睡了的。以後他先給雅各看，再顯給眾使徒看，最後也顯給我看；我如同未到產期而生的人一般。

在這段經文中，保羅重複了福音的內容以及耶穌復活的經過，但是卻聲明所有見證者全部都是男性：第一位是彼得，其次是十二使徒、五百多弟兄、雅各、眾使徒，最後是保羅自己，在此名單上看不到任何女性的身影。[113]

---

108 Kathy Coffey, *Hidden Women of the Gospels* (Maryknoll, New York: Orbis Books, 2003), introduction, p. 14.

109 Richard Bauckham, *Gospel Women: Studies of the Named Women in the Gospels* (London, New York: T & T Clark, 2002), p. 257.

110 John Bunyan, *The Pilgrim's Progress* (Harmondsworth: Penguin, 1965), p. 316.

111 Richard Bauckham, *Gospel Women: Studies of the Named Women in the Gospels*, p. 257. Also see G. O'Collins, *The Resurrection of Jesus Christ* (Valley Forge, Ps.: Judson, 1973), pp. 42~43. P. Perkins, *Resurrection: New Testament Witness and Contemporary Reflection* (Garden City, New York: Doubleday; London: Chapman, 1984), p. 84. Thorwald Lorenzen, *Resurrection and Discipleship: Interpretative Models, Biblical Reflections, Theological Consequences* (Maryknoll, New York: Orbis, 1995), p. 171.

112 林鴻信：〈第一位使徒：抹大拉的馬利亞〉，《聖經文學研究》第二輯，2008 年第 1 期，頁 221。

113 關於保羅書信中的女性角色，與四福音書中女性角色，在耶穌復活事件中的角色異同，可參閱 Richard Bauckham, *Gospel Women: Studies of the Named Women in the Gospels*, pp. 257~310.

然而在耶穌傳記中有關耶穌復活的場景，傳教士傾向於證明婦女見證的確實性。他們將各相關情節全部納入對這一事件的書寫中，包括「欲膏抹耶穌的婦人」（可 16：1～7、路 24：1～10）、「耶穌現於抹大拉的馬利亞」（可 16：9、約 20：10～18）等相關經文。正如慕維廉在《耶穌列傳》中所架構的大致順序：「婦攜膏，要沃屍，天使告曰：主已復活。耶穌先現於馬大拉之馬利亞，又有他婦人，後見彼得。」[114]

按照晚清有關耶穌傳記的書寫，抹大拉的馬利亞在耶穌復活事件中扮演重要角色。傳教士按照四福音書整合、重寫耶穌復活時，抹大拉馬利亞的見證成為所有作者皆選擇的文本。《救世者言行真史紀》中，米憐首先論及天使對眾婦人和抹大拉的馬利亞的宣告：

> 一位神使從天下來，……神使謂婦人曰：爾勿懼我，知爾尋耶穌被釘十字架者。其不在此，乃已復活依其所言爾。爾快去告訴厥門徒知其已從死復活，而卻其先爾王加利利，彼處爾可見之。爾時，婦人之一名叫馬利亞馬厄大利尼既見聞，則快跑走告訴耶穌之兩門徒，即彼得羅及若翰知是情。[115]

米憐採用《馬太福音》二十八章 7 節，稱天使告訴眾婦人耶穌已復活；其後，該段改寫的重點在於作者融合了《路加福音》二十四章 10～12 節和《約翰福音》二十章 2 節的情節：前者有言，抹大拉的馬利亞、約亞拿和雅各的母親馬利亞以及其他一些婦人，將耶穌復活的消息告訴眾門徒而門徒不信，彼得前往查看卻只發現了細麻布；後者的經文中，抹大拉的馬利亞發現墳墓是空的，往告「西們彼多羅同耶穌所愛之別門徒。」在聖經中，抹大拉的馬利亞此時宣告的信息是其發現耶穌的墓空了，而非耶穌已復活。米憐將這兩部福音書的經文相整合，省略了約亞拿和雅各的母親馬利亞及其他女性的宣告角色，僅賦予抹大拉的馬利亞一人，以此凸顯其在耶穌復活事件中的重要性；同時她宣告的內容已經改變，並非「耶穌的墓是空的」，而是「耶穌已復活」。在米憐筆下，她是耶穌復活的首要見證人和第一個福音傳播者。隨之而來的問題在於：其他女性的角色米憐要如何處理？按照作者的書寫：

> 且伊等不明白耶穌復活有何意，故禮拜日伊等之中有數賢婦人於次日絕早而往看耶穌之墓，又帶飴香欲傳其體……神使謂婦人曰：爾

114 慕維廉：《耶穌列傳》，頁 7。
115 米憐：《救世者言行真史紀》，頁 45。

> 勿懼我，知爾尋耶穌被釘十字架者其不在此，乃已復活依其所言爾。爾快去告訴厥門徒知其已從死復活，而卻其先爾王加利利，彼處爾可見之。……馬利亞往之視見，其餘婦人等入墓內，但不遇主耶穌之身故心大疑惑得狠。且忽見兩神使有人像者，而穿了亮衣，婦驚垂面向地。兩神使謂伊等說如此：爾因何在死者之中而尋其生者。耶穌不在墓內，乃已經離死者之處，而復活了。爾豈未記得其同爾在加利利之時所言爾等云：我須為世人之罪而被付惡人之手，被殺死，又第三日活起也。婦人聽神使之話，即憶起耶穌之言，故由墓回報十一門徒以是情。[116]

米憐稱「數位賢婦」欲膏耶穌（路 24：1～2），之後神使從天上來告訴婦人耶穌已復活，前往加利利可得見（太 28：5～7）。聽到這個訊息後，抹大拉的馬利亞往告彼得羅與約翰，此時其餘欲膏抹耶穌的婦人入墓內發現耶穌不見。該文在此處存在邏輯上的前後矛盾，因為前文已提到神使從天上來，告訴眾賢婦耶穌已復活，而在後文中作者卻說眾婦女入墓內發現耶穌不見。此時神使再次出現，告訴眾賢婦耶穌已復活，她們於是憶起耶穌的言論而回告十一位門徒（路 24：6～9）。

該文在情節上的悖論，或可從文本的寫作側重之處尋得答案。通過對上述文本的梳理不難發現，米憐對耶穌復活經文的篩選整體而言比較零散。在這種看似散漫的書寫背後，作者欲強調的重點在於兩處。首先，他著力於描述婦女對耶穌復活這一事件的接受轉變：作者增加「伊等不明白耶穌復活有何意」的情節，而在《路加福音》二十四章 1 節中並無此描述；其後，眾婦人發現耶穌不在墳墓內，「心大疑惑得狠」，而經文為「伊等因此疑惑」，作者以一「狠」字凸顯眾婦女內心困惑之重；最後，天使宣告耶穌已復活，她們「即憶起耶穌之言，故由墓回報十一門徒以是情」。

在四福音書關於婦女見證耶穌復活的經文中，婦女內心心裡活動的描寫有兩處，分別為《馬可福音》十六章 5 節和《路加福音》二十四章 4 節。前者提及抹大拉的馬利亞等眾人，見到一個穿著白袍的年輕人坐在右邊內心疑惑；後者明確點明她們「心中有疑惑」。米憐恰恰選取這兩處經文，以增加和強化細節的方式書寫婦女對耶穌復活的疑惑和不解，其後她們「即憶起耶穌之言，故由墓回報十一門徒以是情」。這種心理和行動上的轉變，串聯起整個事件的

116 米憐：《救世者言行真史紀》，頁 46。

敘事。

同時米憐強調天使對婦女的宣告：兩次。在聖經中天使具有多重面孔，他是上帝的使者，是人間的守護者。[117]同時天使與耶穌關係密切，天使往見馬利亞，宣告耶穌的誕生（路 1：26～38）；耶穌受試探時候，曾得到天使的幫助（太 4：11）；耶穌曾提到，人復活時候的光景就如同天使一樣（太 22：29～30）；耶穌教訓說，當他再來時天使要招聚以色列人（太 25：31～41）。天使作為上帝的信使、福音的使者是「上帝的信息被人類所知的橋樑」，[118]天使的宣告是耶穌基督復活的真實性最可靠的說明。傳教士不斷強調天使對諸婦女所說的話，無疑是在力證婦女見證的確實性。

在分析完米憐對婦女見證和轉變的強調後，我們不應忽視的另一個細節在於，在本書中作者首先使用了「賢婦」一詞：「有數賢婦人於次日絕早而往看耶穌之墓，又帶飴香欲傅其體」。而在經文中，僅是「伊等……帶所備之香料，而往墓。」《列女傳》、《女誡》中等女性讀物中多以「賢」形容女性，米憐借用該詞用以形容婦女信德之美行，這種用法後為郭實獵等人所沿用，如亞拿為「賢婦」，[119]晝夜侍奉上帝。

因此，米憐的書寫看似散亂，實則書寫了抹大拉的馬利亞和其他女性兩條線索，用以凸顯女性在耶穌復活事件中的轉變和重要性：前者往告彼得和約翰耶穌已復活，後者被天使宣告兩次耶穌復活的福音，並經歷了心理和行動上的轉變。通過這種書寫，米憐為讀者勾勒一幅眾賢婦圖景：她們初初心理有疑惑，初聽天使宣告時只有抹大拉的馬利亞即刻往報彼得和約翰；之後，其餘的婦女在天使再次宣告後，終於去除疑惑且遍傳福音。這是一群耶穌復活的見證者，是一群生命不斷更新的門徒，是一群可品行高尚、可被稱為「賢婦」的婦女。

米憐的這種書寫方式，事實上帶出一個重要問題：如何處理耶穌復活事件中，眾婦女與抹大拉的馬利亞之間的關係。四福音書在此議題上存在相互衝突之處，而傳教士試圖整合各福音書以突出婦女見證的確實性和可靠性，這一努力無疑會將各經文的衝突之處再次放大。

---

117 See Susan R. Garrett, *No Ordinary Angel: Celestial Spirits and Christian Claims about Jesus* (New Heaven and London: Yale University Press, 2008).

118 Susan R. Garrett, *No Ordinary Angel: Celestial Spirits and Christian Claims about Jesus*, p. 26.

119 郭實獵：《耶穌復生傳》，頁 1。

郭實獵的《耶穌復生傳》，主要以《約翰福音》為藍本書寫耶穌復活的故事。在該故事中，首先出場的是一群堅定跟隨耶穌的婦人：「耶穌未死之前，經明言語，三日之後復生之各情由。因門生之茅塞，並不通達天情，是以又疑、又慮、又掛也。尚有女人眷愛耶穌，是以跟隨救主。」[120]這是作者增加的情節，「又疑、又慮、又掛」的門徒與「眷愛耶穌」、堅定跟隨耶穌的婦女形成鮮明對比。這種以男性門徒的猶疑突顯婦女信仰堅定的手法，在耶穌復活情節的文本中並非鮮見。如《耶穌復生傳》中，當作者採用《約翰福音》的版本講述完抹大拉的馬利亞與耶穌相認、返回告訴眾門耶穌復活的消息時，作者增加了一細節：「此女將見耶穌與所語之情，報門生知也。但其門人以此語為虛誕，並不信之。」[121]該細節在《路加福音》二十四章 11 節中有所提及，作者在此處增加該細節，恰好與前文「又疑、又慮、又掛」的門徒形成呼應，凸顯出眾婦女之信實。《救世者言行真史紀》中米憐書寫了女性門徒的轉變，由最初的疑惑至後來的傳播福音，只是當她們告知門徒耶穌已復活時，「惟伊等所言與門徒似為虛事，門徒亦是信不得的了。」[122]而在郭實獵描述完這群堅定跟隨耶穌的婦女之後，出場的是一無名婦女：

> 且其女人一進墓內，不見其屍，惟看殮布安排，又有門生兩名陪行焉。女人謂之曰：人取主屍出墓，不知所放置處也。但門生一名，正見情節如此，且看且信，即聖書指耶穌死後必死後復生矣。天使遂謂女人曰：吾知爾尋耶穌被釘十字架者，其不在此，乃依言復生矣。爾且來看主先所葬之處也。然速往告其門生云：耶穌自死後復活，按照前言焉。[123]

若在聖經中尋找這位無名婦人的身影，應是抹大拉的馬利亞，但作者進行了改寫。按照《約翰福音》二十章 1～7 節的記載，抹大拉的馬利亞發現墓室空無一人，於是往告彼得和耶穌所愛的門徒，其後二人回看墓地，只發現細麻布等物。郭實獵將這段經文改寫，合併為一無名婦女與兩門生發現墓內已空，此處陪行的兩門生應該是聖經中所記載的彼得和耶穌所愛的那一位門徒。他們三人一同發現了耶穌已不見，而門生中的一人「且看且信」，此人應是彼得。在發現耶穌不見後，天使向這一無名婦人宣告救世主復活的福音，此段應出自《路

120 郭實獵：《耶穌復生傳》，頁 1。
121 郭實獵：《耶穌復生傳》，頁 1。
122 米憐：《救世主言行真史紀》，頁 50。
123 郭實獵：《耶穌復生傳》，頁 1。

加福音》十六章 6～7 節，而這段經文亦明確提及抹大拉的馬利亞是三位婦女中的其中一位。所以，郭實獵此處所言的無名婦人自應是抹大拉的馬利亞。

問題在於，既然郭氏主要以《約翰福音》為藍本書寫耶穌的復活，為何要在此處，將抹大拉的馬利亞書寫為一位無名婦人。或許郭氏所添加的那段天使的宣告，可以為這個問題提供一個答案。在主要依據《約翰福音》書寫耶穌復活的情況下，郭實獵採取了和米憐一樣的書寫方式，增加了一段天使的宣告。如前文所述，天使是上帝的信使，向世人宣告耶穌的復活。而《耶穌復活傳》的此處已明確提及，該婦人已見過天使，已知曉耶穌復活的福音，這將與《約翰福音》二十章 13 節中，天使告知抹大拉的馬利亞耶穌已復活相矛盾，為緩和這一衝突，郭實獵在此將抹大拉的馬利亞設置為一無名氏。但這種處理模糊了抹大拉的馬利亞身份的確實性，為彌補這一缺憾，郭氏以天使的宣告證明婦人見證的確實性和可信性。在該「無名氏」之後，抹大拉的馬利亞正式出場，此處與聖經經文並無明顯區別。[124]通觀郭實獵對耶穌復活中女性角色的書寫，可以發現其與米憐一樣，通過增加天使宣告的次數以突顯女性見證的確實性。為了緩解該情節增加所帶來的敘事中的衝突，他不惜在故事的前半部分使抹大拉的馬利亞成為無名婦人。

但毋庸置疑，抹大拉的馬利亞在郭實獵對耶穌復活的書寫中占有重要地位。在郭實獵的另外一部作品《救世主耶穌基督行論之要畧傳》中，作者寫道：「一個女獨身老圃，遂叩曰：『人奪吾主出墳，不知放之何在。』耶穌轉身謂之曰：『馬利亞阿。』立即認耶穌跪伏叩拜攀戀不忍舍。曰：『吾師乎。』耶穌曰：『勿撫我。蓋我未上升也，應報示吾昆弟，吾將升歸於吾父及爾的父，吾主及爾等主。』」[125]此處，作者改寫了《約翰福音》二十章 13～17 節的經文，刪除抹大拉的馬利亞起初並未認出救世主的情節，而是「立即認耶穌跪伏叩拜攀戀不忍舍」。

抹大拉的馬利亞被耶穌趕鬼（路 16：9），其後成為耶穌的堅定跟隨者，

124 原文為：尚有其婦侍立墓外啼哭，正哭之間，俯首窺墓內，卻觀二天使，身穿白衣，一坐其首，一坐其腳，在耶穌屍葬之處矣。天使曰：婦也何哭？曰：人移吾主，不知何放耶。正說之間，回顧，即耶穌豎立，不知乃耶穌矣。耶穌曰：婦也，何哭？爾尋誰耶？馬氏以為圃人，語之曰：相公若移去屍，請語我知，放在何處，然吾提之矣。耶穌曰：馬利亞也。其轉身對之語曰：夫子。耶穌曰：吾未上見本父，故毋摸我。乃往見兄弟，語之曰：吾將上見本父，及爾父，我上帝及爾上帝矣。參閱郭實獵：《耶穌復生傳》，頁 1。

125 郭實獵：《救世主耶穌基督行論之要畧傳》，頁 72～73。

她從早期耶穌基督的加利利事工起就開始跟隨，知道耶路撒冷最後一周，並陪伴耶穌被釘十字架、被收入墳墓，第三天前往墳墓欲膏耶穌，亦是第一位見證耶穌復活的人（太 27：56、7：61、28：1；可 15：40、15：47、16：1、16：9；路 8：2、24：10；約 19：25、20：1、20：11、20：18），並且得到耶穌的呼召去傳播復活的福音。這樣的呼召可能並不止於復活的那幾天，最可能的是，她以餘生之力終身宣揚救世主的福音，這使得她在初代教會受到非比尋常的敬重，只要出現在福音書里與他人並列時，總是被列在第一位，[126]她是一位信實的門徒，是福音的傳播者，是與彼得擁有同等地位的見證者，是耶穌所愛的門徒，[127]也由此被稱為「使徒們的使徒」（disciple of disciples）。[128]在四福音書中，也有關於抹大拉的馬利亞的其他記載。按照《抹大拉的馬利亞傳記》（*Mary Magdalene: A Biography*）等著作的研究，學者們認為其是具有二重性身份的女性聖徒代表：她是膏抹耶穌的神聖者，卻亦是因慾望而墮落的有罪女人；她在耶穌受難時不離不棄，隨後又見證了救世主的復活，卻也曾被七個鬼附身，需要耶穌驅魔；她是耶穌堅定的跟隨者，也是虔誠的懺悔者。[129]

「膏抹耶穌的婦人」是四福音書少有的被共同提及的故事，《路加福音》七章 36～39 節記載一個有罪的女人，在耶穌席前落淚懺悔，膏抹耶穌，最後被赦免，該女性普遍被認為是抹大拉的馬利亞。在《耶穌列傳》等作品中，該女性未被明確提及姓名，其罪行亦被淡化。《救世主耶穌基督行論之要畧傳》，稱「某女人干犯上帝之法，自覺本罪，慚愧趨耶穌之座後，俯首垂淚。」[130]作者在此隱去了該婦女所犯之罪究竟為何的論述，[131]以「干犯上帝之法」隱

126 唯一例外的是《約翰福音》19：25：「站在耶穌十字架旁邊的，有他的母親、姨母、革羅罷的妻子馬利亞，和抹大拉的馬利亞。」（《和合本》）有學者分析，此種拍立順序，乃是按照與耶穌的血緣關係，是故抹大拉的馬利亞位列最後。參閱 Ann Graham Brock, *Mary Magdalene, The Frist Apostle: The Struggle of Authority* (Cambridge: Harvard University Press, 2003), p. 170~189.

127 Margaret Starbird, *Mary Magdalene, Bride in Exile* (Rochester, Vermont: Bear & Company, 2005), pp. 25~36.

128 Ann Graham Brock, *Mary Magdalene, The Frist Apostle: The Struggle of Authority*, p. 166.

129 See Bruce Chilton, *Mary Magdalene: A Biography* (New York: Crown Publishers, 2005).

130 郭實獵：《救世主耶穌基督行論之要畧傳》，頁 23。

131 聖經經文為：「城中一婦，素不正經。」關於該女性究竟所犯何罪，傳統推測為妓女，亦有人認為其是欠債者等。參閱 I. Howard Marshall, *The Gospel of Luke: A Commentary on the Greek Text* (Exeter: The Paternoster Press, 1978), p. 304. Dwayne

晦代替。《救世主言行撮畧》中明確提及該女「素不貞潔」，[132]當法利賽人發現該女膏抹耶穌時，心想「若是有先知之明，此婦以摸，必知是誰，而不容之。」[133]而在該傳記所依據的《新遺詔書》中，經文為：「若是有先知之明，此婦以摸，必知是誰，又何等之。」憐為仁將經文的「又何等之」改寫為「而不容之」，以顯示基督教對於不貞之婦的態度，應是回應反教言論對女性基督徒操守問題的攻擊。因此在該議題上，傳教士一方面並未明確論及該婦即為抹大拉的馬利亞，另一方面弱化該婦的淫亂色彩。

至於《馬太福音》二十六章6～13節、《馬可福音》十四章3～9節、《約翰福音》十二章3～8節，明確提及有一婦人膏抹耶穌。該事件中這一女人成為在場人士的談論中心，她膏抹耶穌，並被耶穌宣稱「無論什麼地方傳這福音，也要述說這女人所做的，以為紀念。」（可14：9）謝佩德（Tom Shepherd）認為，在這個故事中這個女子是真正的門徒，她愛的行動為耶穌的埋葬做了預備。[134]森尼爾（Donald Senior）也認為，這個婦女是真門徒，她膏抹耶穌的行為彰顯了對主基督的愛。[135]女性主義神學家菲奧倫莎（Elisabeth Schüssler Fiorenza）亦主張這個婦人是真門徒的典範，相對於男性門徒的不信任與疑惑，這個婦人膏抹耶穌並從加利利道耶路撒冷一路跟隨，是忠實的信徒。[136]

但《救世主耶穌受死全傳》（1843）稱「有婦人就之，帶玉盒內載極貴香膏，而斟首其上」，[137]隱去了抹大拉的馬利亞的姓名。《耶穌言行錄》依據《馬太福音》，[138]亦未曾提及該婦為誰。既然這一事件在四福音書中，對於女性基督徒形象的建構有如此重要意義，為何傳教士都未採用《約翰福音》的版本，提及該婦女為抹大拉的馬利亞？如果我們將視線拉回至文本所處的語境中，或可尋得一二答案。在明清時期的反教文獻中，關於「膏抹耶穌」的事件有諸多反教言論，如使用聖水聖油等使「男女以混而混，今之邪說，陽教人謹邪

H. Adams, *The Sinner in Luke: The Evangelical Theological Monography Series* (Eugene, OR: Pickwick, 2008), pp. 142~143.

132 憐為仁：《救世主言行撮畧》，頁34。

133 憐為仁：《救世主言行撮畧》，頁34。

134 From Adela Yarbro Collins, *Mark* (Minneapolis: Fortress Press, 2007), p. 641.

135 David Stanley, *The Passion of Jesus in the Gospel of Mark* (Wilmington: Michael Glazier, 1984), p. 47.

136 Elisabeth Schüssler Fiorenza, *In Memory of Her: A Feminist Theological Reconstruction of Christian Origins* (New York: Crossroad, 1998), pp. xliii~xliv.

137 郭實獵：《救世主耶穌受死全傳》（賜福堂，出版日期不詳），頁8。

138 何天爵：《耶穌言行錄》，頁46。

媱，陰以巳行貪慾，而男女名不混而實最混，如前所言聖水聖油等，豈能以私憎而故入其罪哉。」[139]反教人士從男女之防的角度攻擊膏抹耶穌的行為，是故傳教士在此處隱去抹大拉的馬利亞的名字自有其考慮。

及至《路加福音》八章 2 節提及的被七個鬼附身的抹大拉的馬利亞，在《耶穌列傳》等耶穌傳記中均未提及。通過上述書寫，傳教士筆下抹大拉的馬利亞的名字，在驅鬼、膏抹耶穌等事件中均是隱身的，但在耶穌復活時，她是見證者和福音的傳播者。傳教士對有可能引起對她負面攻擊的經文進行處理，或刪減、或隱身，由此她被傳教士建構為一個完全理解耶穌的女人，一個絕對潔淨的女人，亦是一個「受基督寵愛超越其他女性的女人」。[140]

憐為仁在《救世主言行撮畧》中，首先出場的並非抹大拉的馬利亞，而是欲膏抹耶穌的婦人。作者選取《馬可福音》十六章 1～7 節講述諸「信婦」欲膏耶穌，卻被天使告知耶穌已復活，並令其往告彼得和眾門徒：

> 且七日之首日，清早時，數信婦皆買香料來墓，欲抹耶穌之屍。路上語曰：「誰能移開墓口之石。」……婦等至墓，見石移去，入墓見耶穌之屍不在，惟有少年者，身穿白衣，坐在石畔而已，故皆著驚神。神使曰：「勿懼。爾等欲尋釘十字架之耶穌乎，但令其復生，而不在此矣。」又曰：「爾宜往報其門生，與彼得羅，云：『耶穌先爾往加利利，爾等在彼可見之。』」[141]

在該情節中，憐為仁主要以《馬可福音》為書寫耶穌復活事件的主要依據，但他改寫了該福音書重要的開篇：「且安息日後，抹大拉婦馬利亞，並耶哥伯之母，亦稱馬利亞，同撒羅米，俱買香料，來抹耶穌屍矣。」（《新遺詔書》，可 16：1）該段經文，開篇即點名三位婦女的名字，使她們不再是無名女性。但憐為仁在此重要情節上，轉而使用《路加福音》的經文，抹去了這些婦女的名字和身份。此一舉動似不符合傳教士在聖經人物漢語傳記中，對女性形象的重視這一整體趨勢。然若整體觀察憐氏的篇章佈局，或許我們可以發現其良苦用心，稍後論述。

作者對《馬可福音》的運用，另一重要改寫在於刪除了十六章 8 節「婦女急出自墓奔回，驚駭慌忙，不敢告訴人也」（《新遺詔書》）的經文。在刪除了

139〔明〕許大受：〈聖朝佐闢〉，收入金程宇編：《聖朝破邪集》，頁 308。

140 Robin Griffith Jones, *Beloved Disciple: The Misunderstood Legacy of Mary Magdalene, the Woman Close to Jesus* (New York: Harper Collins Publishers, 2008), preface, p. xi.

141 憐為仁：《救世主言行撮畧》，頁 80。

眾婦女因為驚惶而不敢告訴眾門徒耶穌復活消息的情節後，作者代之以完全相反的情節：「正依其素所言者，婦遂走往報，爾彼得羅即同別門生來墓。」[142]這一情節的增加，首先為抹大拉的馬利亞的出場設定地順理成章，如果說米憐在處理抹大拉的馬利亞和眾賢婦的出場順序時，為了凸顯她們見證的確實性而忽略了情節在邏輯上的合理性，那麼同樣面對該困境的憐為仁則嘗試二者兼得。

在《路加福音》二十四章 9～12 節提及，當抹大拉的馬利亞等人告訴十一使徒耶穌復活的福音時，他們並不相信，「惟彼得羅起來，走墓，屈下，看其布衣，獨放一處，遂甚奇而往焉。」(《新遺詔書》，路 24：9～12)《約翰福音》二十章 6 節亦提及：「後西門彼得羅來，入墓，亦看細布在彼。」暫且不論從對觀福音角度視之這兩處經文在情節上的衝突之處，僅就聖經改寫而言這一情節的增加，恰恰證明憐為仁在為情節的流暢性作出自己的努力。

其次，這群婦女為女性基督徒形象的書寫樹立了正面楷模，她們不再是一群懼於傳福音的女性，而是聽到福音，毫不猶豫起身行動的堅定信徒，「遂走往報」。此處恰好可以回答上文的問題，為何憐為仁將她們設定為一群無名婦人？因為此時他面對一個與郭實獵同樣的困境：文本情節前後的矛盾。按照《馬可福音》所記載的三位女性中，恰有抹大拉的馬利亞，若前文出現這些名字，將與後文她的出場產生矛盾。與米憐不同，憐為仁注重情節的連貫性和邏輯性。為了彌補使這些婦人成為無名氏的遺憾，他刪除了有可能引起其負面評價的經文，轉而代之以對她們傳播福音的描述。在眾婦女和彼得的出場後，緊接出現的是抹大拉的馬利亞，此處與《約翰福音》並無明顯區別，[143]但於結尾處增加一細節：然婦雖以此情往報門生，彼等皆不信之。[144]與郭實獵一樣，通過增加門徒的疑惑與不信來凸顯抹大拉的馬利亞的信實與見證。

何天爵的《耶穌言行錄》中，首先出場的同樣是膏抹耶穌的婦人，但與憐為仁不同，何氏賦予這些婦女以名字：

---

142 憐為仁：《救世主言行撮畧》，頁 80。

143 原文為：當下馬利亞侍立墓外啼哭，卻見二天使，坐於耶穌之處，天使曰：「婦也，何哭。」曰：「人移主屍，不知置之何處。」言間耶穌即來豎立，惟婦回顧不識之。耶穌曰：「爾尋誰乎？」馬利亞以為園人，語之曰：「爾若移去其屍，請煩告我何處，與我權之。」耶穌曰：「馬利亞也。」馬利亞遂轉身，呼曰：「夫子歟。」耶穌曰：「吾未上天見父，爾勿摸我。往見兄弟，語之曰，吾將上天見吾父上帝，及爾父上帝也。」參閱憐為仁：《救世主言行撮畧》，頁 80。）

144 憐為仁：《救世主言行撮畧》，頁 80。

> 安息日過了，抹大拉的馬利亞和雅各的母親馬利亞，並撒羅米，買了香料，要去膏抹耶穌的身體。七日的頭一日，清早日出的時候，他們來到墳墓前，大家說：誰為我們將墓門口的石頭轉開呢？……正猜疑的時候，有兩個人站在旁邊，衣服放光，婦人們驚怕，將臉伏地，那兩個人對他們說：「為什麼在死人裏找活人呢？他不在這裏，已經復活了。當想他在加利利的時候告訴你們的話說，人子必然被賣到惡人手裏，釘在十字架上，第三日復活。」婦人就想起耶穌所說的話，從墳墓那裏回去了，將這事告訴了一個使徒和其餘的門徒。[145]

作者採用《馬可福音》十六章1～3節，開篇賦予這些婦女以名字，其後使用《路加福音》二十四章4～12節的經文，書寫天使對婦女的宣告和她們的行動，但是刪除了二十四章10節所提及的婦女的名字，因為在本段開篇已經提及。在眾婦之後出場的是彼得和那耶穌所愛的門徒：「徒以為他們的話虛空，不肯相信。彼得同那個門徒就出去，往墳墓那裏去。」[146]以彼得的出場為銜接，《約翰福音》中抹大拉的馬利亞與耶穌相認的情節隨之出現。[147]何天爵使這些婦女不再是無名氏，他採用《馬可福音》的開篇而非《路加福音》，由此造成的情節上的稍微凝滯，似乎只能被放置一邊了。

通過上述分析不難發現，傳教士在書寫耶穌復活事件中，對於女性角色的書寫有兩條線索：抹大拉的馬利亞和眾婦女。對於前者，作為受到耶穌寵愛多於其他其他女性的角色，在耶穌傳記中，她成為傳教士都著力書寫的對象；及至後者，作者們依據《馬太福音》和《路加福音》，書寫女性的見證，並增加她們的若干轉變細節，以十一門徒的猶疑與女性的信實形成對比。

---

145 何天爵：《耶穌言行錄》，頁57。

146 何天爵：《耶穌言行錄》，頁57。

147 原文為：馬利亞站在墳墓旁邊嚎哭的時候，低頭向墳墓裏觀看，看見有兩個天使，穿著白衣，在安放那耶穌身體的地方坐著，一個在頭前，一個在腳後。天使說：婦人為什麼哭？他說：有人將我主取出去，我不知道放在那裏。說了這話，就轉身看見耶穌站著，卻不知道是耶穌。耶穌問他說：婦人為什麼哭，你找誰？馬利亞以為他的管園的人，對他說：先生，若是你將他移了去，請告訴我放在那裏，我好去取他。耶穌說：馬利亞。馬利亞就回頭說：拉波尼。拉波尼就是夫子的意思。耶穌對他說：不要摸我，因為我還沒有升到我父那裏。你去告訴我的弟兄說，我要升上去見我的父，就是你們的父；見我的天主，就是你們的天主。抹大拉的馬利亞就去告訴眾門徒說：已經看見主了。又將主對他說的話，告訴他們。參閱何天爵：《耶穌言行錄》，頁57～58。

小　結

耶穌傳記中女性形象的書寫是一個重要議題。在耶穌降世的故事中，馬利亞的身份需要處理一個悖論：其世俗的守貞與耶穌之母的神聖。童女生子容易導致對其貞潔問題的攻擊，傳教士在耶穌傳記中著力強調馬利亞的處女身份；由此帶來的悖論在於，對馬利亞世俗性的強調要如何凸顯馬利亞身為耶穌之母的神聖。為解決此問題，傳教士借用天主教「童貞女」一詞，形容其信仰的守貞和與上帝的獨一契約關係。通過這種書寫，馬利亞成為一個世俗與信仰皆持守貞操的童貞女。

撒瑪利亞婦人的故事中，主要衝突點在於該婦人的五個丈夫，以及她與耶穌的男女獨處場景。傳教士刪除「五個丈夫」的情節，以避免對女性基督徒的貞潔指責；同時弱化耶穌與撒瑪利亞婦人的性別色彩，著重描繪二人的論道情境，通過這種書寫為讀者樹立女性歸信者形象。

相對於猶太傳統中女性見證的不可信，在耶穌傳記中婦女成為耶穌復活的見證者。抹大拉的馬利亞成為傳教士書寫的主要女性見證者，他們弱化「耶穌赦悔罪婦」等相關情節，著重運用《約翰福音》，書寫抹大拉的馬利亞的見證。同時，作者加重天使宣告的次數以凸顯女性信實與彼得等門徒的疑惑之間的對比，增加女性門徒心理變化的描繪以強調抹大拉的馬利亞與其他婦人見證的確實性和可信性，由此為讀者樹立女性見證者形象。

傳教士對女性形象的重視，個中原因，應是他們意識到女性在宣教事業中的重要性。傳教士在華開辦眾多女子學校，培養聖經女人。是故，在耶穌傳記中，馬利亞、撒瑪利亞婦人、抹大拉的馬利亞等人，成為傳教士筆下的信仰者和見證者。

第五章　關注矛盾：傳記的爭議性議題書寫模式

概　論

一個文本的詮釋活動，需同時面對該文本的三個面向：文本背後的世界（behind the text），文本中的世界（in the text），文本前的世界（in front of the text）。[1]因此，聖經接受史強調文本、語境、讀者三者之間的互動、融合，[2]聚焦於「文化史（cultural history），以及此種文化對某一特定文本的影響」，[3]主張對文本背後的文化史、詮釋史（interpretation history）、重寫史（rewriting history）、效應史（influence history）等進行多角度考察。故而，聖經接受史關注經文在接受行為中的重要性，它所從事的工作「不僅僅是關於文本字面意義、詮釋的考察，更是超越字面本身的研究」，[4]更重要的是，該方法使研究的重點，從以文化背景研究經文詮釋轉變為從經文詮釋研究文化背景，[5]以動態

1 W. Randolph Tate, *Biblical Interpretation: An Integrated Approach* (Peabody, Massachusetts: Hendrickson Publishers, 1991), introduction, p. 3.

2 Emma England and William John Lyons, eds., *Reception History and Biblical Studies: Theory and Practice*, introduction, p. 5.

3 Susan Gillingham, "Biblical Studies on Holiday? On a Personal View of Reception History", in Emma England and William John Lyons, eds., *Reception History and Biblical Studies: Theory and Practice*, p. 17.

4 Susan Gillingham, "Biblical Studies on Holiday? On a Personal View of Reception History", in Emma England and William John Lyons, eds., *Reception History and Biblical Studies: Theory and Practice*, p. 21.

5 Caroline Vander Stichele, "The Head of John and its Reception or How to Conceptualize

視角，分析文本與語境之間的關係。

以聖經接受史進路研究晚清聖經人物漢語傳記，同樣離不開對文本語境（context）的具體考察。傳教士重寫聖經故事所面對的一個重要議題，即如何使文本更好地與中國語境相融合，更易被中國讀者接受。他們為此做出種種努力，正如理雅各所強調的那樣，試著去學習「（中國的）語言，歷史，文學，道德與社會結構」，[6]使作品可以反映一定議題（issues），如一夫一妻制、嫡子庶子之異、拜偶像等。面對與文本語境有所衝突（conflict）的某些經文，傳教士通過文中或文末的聖經詮釋（biblical interpretation）[7]活動，力圖使作品更易被中國讀者接受。因此，聖經人物漢語傳記背後不僅暗含作者的宗教傳統與神學立場，亦隱藏著背後的歷史、社會情境，如反應某一具體歷史事件，折射某一文化傳統等。

以聖經人物漢語傳記的書寫與晚清社會變遷為例。文學與社會歷史生活密不可分，對文本的研究無可難免地需要借鑒歷史學和社會學成果，探索文本的形態和性質，以及背後的社會、歷史和民族文化根源。[8]因此，對聖經人物漢語傳記的研究，無可避免地會觸及晚清社會和歷史狀況。在基督教與晚清風雲動蕩的歷史變遷中密不可分，王立新、顧衛民等學者多關注相關領域的研究，[9]認為傳教士在教育、科學、西學等領域與中國近代社會的發展息息

'Reception History'", in Emma England and William John Lyons, eds., *Reception History and Biblical Studies: Theory and Practice*, p. 80.

6 James Legge's dairy, from Lauren F. Pfister, "Some New Dimensions in the Study of The Works of James Legge (1815-1896): Part I", in *Sino-Western Cultural Relations Journal*, 1990 (12): 33.

7 本書不欲討論 biblical interpretation 與 biblical hermeneutics 之間的區別，關於二者的具體、細微差異，可參閱 J. Severino Croatto, *Biblical Hermeneutics: Toward a Theory of Reading as the Production of Meaning*, trans. by Robert R. Barr, (Maryknoll, New York: Orbis Books, 1987), introduction. W. Randolph Tate, *Biblical Interpretation: An Integrated Approach*, introduction. *Stanford Encyclopedia Philosophy*, "Hermeneutic", (first published Wed. June 22, 2016). https://plato.stanford.edu/entries/hermeneutics/. 在聖經接受史領域，較多使用 biblical interpretation 一詞，關於其具體用法，參閱 Nancy Klancher, "A Genealogy for Reception History", *Biblical Interpretation*, 21-1 (2013): 99~129. Robert Evans, *Reception History, Tradition and Biblical Interpretation: Gadamer and Jauss in Current Practice* (London: Bloomsbury, 2014), introduction. Susan Gillingham, "Biblical Studies on Holiday? On a Personal View of Reception History", in Emma England and William John Lyons, eds., *Reception History and Biblical Studies: Theory and Practice*, pp. 20~21. 本書延續此用法，下同。

8 梁工：《當代文學理論與聖經批評》，頁 46。

9 參閱顧衛民：《基督教與近代中國社會》（上海：上海人民出版，1996 年）。王立新：

相關，在這種歷史變遷中，「基督教扮演了相當重要的角色」。[10]反而觀之，晚清諸多的基督教作品亦折射出當時的歷史和社會語境，這將是本章的主要研究思路。

本章所選取的三個議題，孝道、超自然現象和血腥殺戮，即是從接受史的角度，探尋聖經人物漢語傳記與晚清歷史之間的關係。傳教士對基督教孝道和儒家孝道採取平衡策略，他們意識「孝」之一事在晚清社會中的重要性，與其展開對話。就超自然現象而言，作者們與《聖諭廣訓》中的「異端」指控展開對話，對地震、占卜、解夢等經文加以處理，力證基督教並非行幻術的異端。對於血腥殺戮議題，傳教士慮及《史記》等典籍中的戰爭觀，淡化傳記中關於相關場面的描寫。對於該三個議題的分析，筆者主要考察文本背後的社會和歷史語境，以突顯文本與社會變遷之間的關係。

本章首先將概述聖經人物漢語傳記中傳教士所關注的幾個主要議題，其後三節將主要討論傳教士在作品中對上述三個議題的書寫，聚焦於該三者與歷史、社會等文本語境的矛盾之處，以及作者處理議題時的書寫範式。

聖經人物漢語傳記中處處透露出對爭議議題的關注，除去本章將深入討論的孝道、超自然現象和血腥殺戮，亦關注君臣倫理、父子倫理、夫妻倫理等議題。各種反教作品對基督教的攻擊，其中一個重要內容是，基督教部分教義有悖於儒家學說，其理論與實踐，在社會、政治、文化等方面衝擊了以儒家為正統的信條，[11]故而被定為異端，受到各種攻訐。柯文（Paul A. Cohen）、呂實強等學者，皆從儒家與基督教的衝突角度，對該議題有深入分析。在儒家對基督教的批判言論中，反覆被提及的一個證據是，在信教人士中君臣、父子、母女等，皆以兄弟姊妹相稱，是無父無母無君無臣之稱呼，破壞君臣、夫妻、父子之間的倫理關係。傳教士在傳教過程中已意識到此種有壞儒家倫常的攻擊：「余等來閩，傳耶穌正道，歷年頗久……廣眾之中，明昧參半……往往言奉教無父母，不可信從。或云奉教，善則善矣，惟父母死後，不以神主牌為祀，竟棄而無知，理若有缺。所言如是，遂致里黨族中，各有評議，間阻

《美國傳教士與晚清中國現代化》（天津：天津人民出版社，1997 年）。黄文江等編：《變局下的西潮：基督教與中國現代性》（香港：建道神學院，2013 年）。

10 黄文江等編：《變局下的西潮：基督教與中國現代性》（香港：建道神學院，2013 年），導言，頁 1。

11 Paul A. Cohen, “The Anti-Christian Tradition in China”, *The Journal of Asia Studies*, Vol. 20, No. 2 (Feb. 1961): 170.

而不行矣。」[12]針對此種攻擊言論，傳教士寫作眾多作品以作回應。

在聖經人物漢語傳記中，傳教士於行文中透露出對於君臣、父子、夫妻等議題的回應。如《約瑟傳》評價約瑟對主人的忠誠：「僕宜忠於主，聖書載之詳矣。如約瑟者，可謂忠之盡也。勤勞作事，拒絕引誘，由是可知約瑟之忠……無處不盡其忠心」[13]。《約瑟言行全傳中》，不僅評價約瑟忠侍主人，且引用聖經經文為證：「當其在埃及侍衛統領之家為僕，每事誠實勤慎，故主人以全家之事付之。又在獄中司獄，將獄中事盡付約瑟手。循聖書所言，僕婢在世，當順本主，甘心服侍，如敬畏基督，非如事人，今約瑟其有焉。」[14]

克陛存以約瑟所言所行凸顯他的忠誠，並引用《以弗所書》六章 5 節為證：「僕婢在世，應順此世之主，亦憐憫丹心，如敬畏基督。」（《新遺詔聖書》，以 6：5）[15]作者強調約瑟之忠心，應是考慮到中國社會中的忠之議題。忠的觀念，發軔於先秦時期，《逸周書．謚法解》中，解釋忠為「危身奉上」，東漢時期，王符稱「人臣之譽，莫美於忠。」由此可見，忠之一題對於古代士大夫的重要性。而基督教自進入中國起便面臨不忠不孝的指控，「（信教者）以君為私而不足敬也，率天下而為不忠不孝。」[16]因此，克陛存對約瑟忠的詮釋應是對該種指控的回應，作者依據聖經經文力圖證明，基督教亦講求忠誠，並非試圖顛覆政權。

另如亞伯拉罕獻以撒，該段經文涉及父子倫理這一重要的中國傳統議題。《亞伯拉罕紀畧》中，理雅各肯定亞伯拉罕獻以撒時的父子之情：

> 老牛舐犢，無靈之物尚爾，而況人乎？是天下無不疼惜兒女之父母也，獨子尤甚，然則罕豈獨無是心哉？其所以欣然獻子於壇，畧不顧惜者，蓋以上帝造生保養，錫福賦靈，恩誠罔極，無由仰答萬一，

12 夏查理：《闢人言奉教無父母之妄》，收入氏著：《廣孝集》（福州：南臺救主堂印，美華書局活板，1881 年），頁 5。

13 施白珩：《約瑟傳》，頁 18。

14 克陛存：《約瑟言行全傳》，頁 25。

15 克陛存的這段評論，出自《以弗所書》6：5，至於其所依據的聖經版本，筆者在對比個主要版本後，認為應是《新遺詔書》。各主要版本翻譯如下：「僕輩乎，汝順爾身之主，以畏以驚，以爾新之樸質，如順基督，非但眼前之事。」（《神天聖書》）「僕婢在世，應順此世之主，亦憐憫丹心，如敬畏基督。」（《新遺詔聖書》）「僕從基督之命，則當畏懼戰慄誠心，以服所事之主，勿效取悅於是人。」（《委辦譯本》）「僕歟，爾宜畏懼、戰慄，以誠心聽從爾屬肉身之主，如於基督。」（1864 年《新約全書》，裨治文、克陛存譯）

16 〔明〕陳侯光：〈辨學雛言〉，收入金程宇編：《聖朝破邪集》，頁 340。

故當敬之愛之，在萬人萬物之上；苟有命誡，則當樂守勿違，雖粉身碎骨，拋棄妻子，在所不計也。況且妻撒拉原屬石胎，年登九十，已無生育之道，而上帝賜生此子，是上帝所賜者，上帝取回，有何不可？且以撒乃上帝許約之子，言由其裔挺生救主，以拯萬邦之人；上帝言出惟行，斷無許而不成之理，故罕信之無疑，坦然獻子於壇上，自以為上帝能反常道而生之，亦能由死而甦之也。[17]

在這段評論里，理雅各以老牛舐犢的典故引出作者對亞伯拉罕這一行為合理性的辯護。老牛舐犢有三個重要作用：該詞是民間常用俗語，通俗易懂；表達作者對這一觀點的贊同；拋磚引玉，引出作者對亞伯拉罕這一行為合理性的辯護。亞伯拉罕這一行為之所以合理，原因有三：上帝是造物主，作為信徒理當遵守誡命，拋棄妻子，在所不計；以撒乃上帝恩賜之子，由上帝收回亦無不可；亞伯拉罕對上帝信之無疑。而這三點原因看似在解釋亞伯拉罕行為的合理性，事實上在宣揚教義：上帝作為造物主，信徒應對上帝的誡命絕對遵守，持有絕對信念。理雅各並沒有否認父慈子孝的倫理，反借其引出對上帝論的論述，以全知全能上帝、立約、信德三個神學理念，解釋亞伯拉罕這一行為的合理性。

除去君臣、父子的綱常倫理，傳教士在聖經人物漢語傳記中，亦需要回應夫妻倫理。基督教所提倡的一夫一妻制，與中國的一夫一妻多妾制格格不入，並由此導致反教人士的攻擊：

彼云，國中男女配偶，上自國君，下及黎元，止惟一夫一婦，無嬪妃姬妾之稱，不重無後為大之說。所以我國之聖人，如堯舜禹湯文武等，亦皆云不免於煉清之獄也。無論民庶不得畜姬娶妾以犯彼二色之誡。即如周禮所載，國君之三宮九嬪，御妾夫人之屬，寧亦悉聽令遣而出之，若四民之單婦隻妻耶。嗟夫，何物妖夷，敢以彼國一色之夷風，亂我國至尊之大典。[18]

作者強烈批判一夫一妻制，認為若按此而言，「文王后妃眾多，此事如何？」[19]如果堯舜禹湯聖人，「先為不齒之人」[20]要入地獄，那麼此種驚世駭俗

17 理雅各：《亞伯拉罕紀畧》，援引自米憐等著、黎子鵬編注，《晚清基督教敘事文學選粹》，頁 77。

18 〔明〕張光湉：〈闢邪摘要畧議〉，收入金程宇編：《聖朝破邪集》，頁 390。

19 〔明〕黄貞：〈請顏壯其先生闢天主教書〉，收入金程宇編：《聖朝破邪集》，頁 188。

20 〔明〕許大受：〈聖朝佐闢自敘〉，收入金程宇編：《聖朝破邪集》，頁 284。

之言，實實是以彼國一色之夷風，亂我國至尊之大典。有鑒於反教人士的此種攻擊，在聖經人物漢語傳記中傳教士需回應此議題。如《亞伯拉罕紀畧》第二回的開篇詩曰：「帝天造化別陰陽，一女一男配鳳凰。夫不他婚婦不貳，方符始設舊倫常。」[21]回後評亦提及：「一夫一妻，上帝原始造人之匹偶也，然則男不當娶二婦，若女之不得嫁二夫矣。」[22]

傳教士在傳記中的相關詮釋折射出他們對當時社會議題的關注，面對君臣、父子、夫妻等議題上的矛盾，傳教士以聖經為依據回應反教人士的批判。本節主要概述聖經人物漢語傳記中對上述議題的詮釋，及至孝道等議題時，作者們更為明顯地注意到文本的中文語境，並就此作出增補、刪減等書寫行為，以期在作品中就這些議題作出回應和書寫，且呈現出不同的寫作模式。

第一節　評論和平衡：祭祖、諍言與《孝經》

孝道是聖經人物漢語傳記中一個重要討論議題，以約瑟為例：

> 約色弗盡孝老父……不恃己之富貴，而傲父母。雖然為宰相，然謙恭接其父矣。真可謂盡家人之歡，盡一己之孝矣。天下萬善，同出一源，人能孝，則事君忠，事長必順，交友必信，居官必廉，臨民必寬，盡倫盡性一也。[23]

郭實獵對約瑟孝道的評論，關注點在於約瑟雖然身居高位卻依舊恭敬父親，其後強調孝道的重要性。約瑟身為宰相，但待父恭敬，《孝經．諸侯章》有相似論述：「在上不驕，高而不危，制節謹度，滿而不溢。」[24]郭氏的這段評論，顯示出其在處理孝道議題時候，與中國典籍尤其是《孝經》的對話。孝道作為儒家倫理中的重要一個理論基礎，「傳統中國文化在某種意義上，可稱為孝的文化；傳統中國社會，更是奠基於孝道之上的社會，因而孝道乃乃是使中華文明區別於古希臘羅馬文明和印度文明的重大文化現象之一。在傳統的中國社會與文化中，孝道實是具有根源性的重要作用……（孝）可以說是中國文

21 理雅各：《亞伯拉罕紀畧》，收入米憐等著，黎子鵬編注：《晚清基督教敘事文學選粹》，頁 59。

22 理雅各：《亞伯拉罕紀畧》，收入米憐等著，黎子鵬編注：《晚清基督教敘事文學選粹》，頁 63～64。

23 郭實獵：《約色弗言行錄》，頁 5。

24 〔唐〕李隆基注，〔宋〕邢昺疏，《十三經注疏》整理委員會整理：《孝經注疏》（北京：北京大學出版社，2000 年），頁 10。

化的一個核心觀念與首要文化精神，是中國文化的顯著特色之一。」[25]《孝經》在治國中更是發揮重要作用。《聖諭廣訓》開宗明義，「欽定《孝經衍義》一書，衍釋經文義理詳貫，無非孝治天下之意故」，[26]奠定了清朝以孝治天下的理論基礎。

《孝經》中多次論及孝道的重要性，如「人之行，莫大於孝」，[27]「夫孝，天之經也，地之義也，民之行也」，[28]「五刑之屬三千，而罪莫大於不孝」。[29]傳教士意識到孝在儒家文化中的重要性，於作品中流露出對該理念的部分認同：「生人之大節，不越三綱五常……以孝一字為百行之原，為大德之本，言能孝而眾理皆可賅，能孝而諸道可廣……孝為立身之道也，也若言孝為德之本」，[30]「每曰，生，事之以禮，死，祭之以禮，蓋生事死葬，固人子之職所當然」。[31]他們對孝道的討論，亦體現出與《孝經》的對話，如「孝以事親，忠以事君，敬以事上……而孝子、賢臣、良民，盡在其內」，[32]此觀點明顯是對「始於事親，中於事君，終於立身」[33]的回應。因此，鑒於《孝經》在清代孝治中的重要地位，郭實獵對約瑟孝道的評論，顯示出其對該部典籍的關注和應用。《約瑟傳》中施白珩亦評價約瑟的孝道：

> 聖書中言孝，至詳且盡，自始至終，意周慮密……維父與母，必恭敬止，所以敬爾父母，列於十誡。上帝警人之辭曰，咒父母者，必死之昔……雅各將死，命其子曰，我將返本，當葬於祖父之側。及卒，約瑟俯於其面而哭，以香料裹屍，迨及四旬，埃及人哭之；凡

25 肖群忠：《中國孝文化研究》（臺北：五南圖書出版股份有限公司，2002 年），頁 3。另可參閱林安弘：《儒家孝道思想研究》（臺北：文津出版社，1992 年）。

26 〔清〕雍正：《聖諭廣訓》，收入周振鶴編：《聖諭廣訓：集解與研究》（上海：上海書店出版社，2006 年），頁 5。

27 〔唐〕李隆基注，〔宋〕邢昺疏，《十三經注疏》整理委員會整理：《孝經注疏》，頁 33。

28 〔唐〕李隆基注，〔宋〕邢昺疏，《十三經注疏》整理委員會整理：《孝經注疏》，頁 22。

29 〔唐〕李隆基注，〔宋〕邢昺疏，《十三經注疏》整理委員會整理：《孝經注疏》，頁 47。

30 夏查理編：《廣孝集》，序。

31 盧公明：《辨孝論》（福州：太平街福音堂，1871 年），該文亦被收入《廣孝集》，頁 2。

32 盧公明：《辨孝論》，頁 2。

33 〔唐〕李隆基注，〔宋〕邢昺疏，《十三經注疏》整理委員會整理：《孝經注疏》，頁 5。

歷七旬，及其葬也，約瑟為之悲哀七日。夫生事死葬，事親之始終具矣。生則致敬，沒則盡哀，禮當然也。[34]

施白珩的評論乃引用十誡論及約瑟之孝，「維父與母，必恭敬止，所以敬爾父母，列於十誡」，並引用《孝經》中觀點證明約瑟為孝子。「生則致敬，沒則盡哀」，在《孝經》中有類似論述：「生事愛敬，死事哀戚，生民之本盡矣。」[35]「夫生事死葬，事親之始終具矣。生則致敬，沒則盡哀，禮當然也」，體現出施氏在評論約瑟孝道時，十誡第五誡與《孝經》的對話，並且尤為關注《孝經》中生養死祭的議題。

《孝經》中認為，「孝子之事親也，居則致其敬，養則致其樂，病則致其憂，喪則致其哀，祭則致其嚴，五者皆備，然後能事親」。[36]意即子女奉養父母需做到生時侍奉在側，死後不忘時時祭祀。但晚清傳教士出於基督教反對拜偶像的教導，反對「祭則致其嚴」的觀點，並因此招致種種攻擊。在儒家看來，人皆有死，但應有立功立德立言之追求。平生有大德大功者，或對學術文化有特殊貢獻的人，必將被後世所感謝，軀殼雖去然精神不朽。因此，歷代聖君賢相、忠臣烈士，死後被奉為神明，皆因其功績、人格等為萬世法則，對祖先的祭祀亦同此意。但相對於諸聖諸賢，更為重要的是祭祀祖先可使人在子孫的追念中獲得不朽，同時彰顯子孫的孝心。[37]因此，反教人士認為基督徒「以不祀祖先為首務，背理敗倫，凡有識者，皆所深惡」，[38]實實是在「自絕其本也，本去則枝葉為有不害者」。[39]

《約瑟傳》中，施白珩對約瑟的評價恰恰體現於孝道這一議題，也是儒家與基督教之間的矛盾之處。傳教士沒有否認子女對父母的贍養義務，「居則致其敬，養則致其樂，病則致其憂」，但這種奉養僅限生前，「嘗稽古先王肇修祀典，無非欲使後世人，知父母之不在，而竭力奉事於生前之意」。[40]對於子女而

34 作者不詳：《論聖書事親之道》，收入夏查理編：《廣孝集》，頁 13。

35 〔唐〕李隆基注，〔宋〕邢昺疏，《十三經注疏》整理委員會整理：《孝經注疏》，頁 72。

36 〔唐〕李隆基注，〔宋〕邢昺疏，《十三經注疏》整理委員會整理：《孝經注疏》，頁 45。

37 參閱呂世強：《中國官紳反教的原因（一八六〇——一八七四）》（臺北：中央研究院近代史研究所，1966 年），頁 15～32。

38 〔明〕許大受：〈聖朝佐闢〉，收入金程宇編：《聖朝破邪集》，頁 282。

39 〔明〕許大受：〈聖朝佐闢〉，收入金程宇編：《聖朝破邪集》，頁 282。

40 作者不詳：《人當有孝順父母之實》（廈門：出版社不詳，1847 年），頁 2。

言，無論境遇如何，父母在世時均侍奉在側即是盡了孝道：「子者，果能體思，不敢因患難而更易孝行，誠如是……當及時盡孝……」。[41]但禁止在父母去世后進行祭拜，[42]如欲紀念父母「可將父母生平之善狀，詳著於族譜，俾後世子孫，有志於述志繼事者，可瞭然於心目也」，[43]「彼夫以舉足而不敢忘父母，一出言而不忘父母，人之稱斯孝者。」[44]這種紀念言論，與「父在觀其志，父歿觀其行，三年無改於父之道，可謂孝矣」[45]及「生事愛敬，死事哀戚，生民之本盡矣」[46]相呼應。克陛存在《約瑟言行全傳》中評價約瑟之孝時，同樣著眼於其奉養老父：「（約瑟）後為埃及宰相，返與迎父，侍養終身。」[47]《論聖書事親之道》中評論耶穌之孝時，亦寫道：

> 耶穌之教，豈皆無父之人乎？凡余同教者，皆取法於耶穌，而折衷於聖書。耶穌少時，在拿撒勒承順父母，及其將死，釘於十字架，見其母與所愛之門徒並立，則告其母曰：是乃爾子。謂門徒曰，是乃爾母。門徒由是奉母以歸，以此推之，耶穌事母之孝，為至篤矣。[48]

該段對於耶穌孝子形象的描繪，正面回應「所言奉耶穌教者，皆為不孝，是非污謗而何？」[49]的批判。作者以《路加福音》二章 51 節、《約翰福音》十九章 26～27 節為依據，凸顯耶穌事母之孝。由傳教士所著的關於孝道的作品不難看出，傳教士對於基督徒孝道議題的討論集中於生前侍奉，一方面回應基督徒不孝的言論，另一方面避免關於祭祀祖先的爭論。

---

41 作者不詳：《人當有孝順父母之實》，頁 2。

42 傳教士否定祭祖的主要原因有：1. 從孝道角度，否定需要祭拜父母，如「人子之職既盡，父母初何嘗逆望其子之禋祀乎」；2. 祭祀之禮，鋪張浪費，如「於喪親之時，聚山海之珍錯，肆筵設席以娛友朋……是豈孔子之言孝？」；3. 死後之事歸上帝，如「夫孝不重死後，乃重今生，因死者屬於上帝」；4. 上帝為大父母，只可敬拜獨一上帝，如「父母至親，不如神天之愛；君主最大，不比神主之威。故先務事神，後及事人，最宜之理也。」。具體言論可參閱《人當有孝順父母之實》、《辨孝論》、《廣孝集》，及十誡相關注釋書籍。

43 作者不詳：《人當有孝順父母之實》，頁 3。

44 作者不詳：《人當有孝順父母之實》，頁 3。

45 〔魏〕何晏注，〔宋〕邢昺疏，《十三經注疏》整理委員會整理：《論語注疏》，頁 11。

46 〔唐〕李隆基注，〔宋〕邢昺疏，《十三經注疏》整理委員會整理：《孝經注疏》，頁 72。

47 克陛存：《約瑟言行全傳》，頁 28。

48 作者不詳：《論聖書侍親之道》，收入夏查理編：《廣孝集》，頁 13。

49 盧公明：《辨孝論》，頁 6。

因此，施白珩評論約瑟「生事死葬，事親之始終具矣。生則致敬，沒則盡哀，禮當然也」，體現出作者於孝道這一爭議性議題，以《孝經》為依據、傳遞基督教孝道的努力。事實上傳教士對《孝經》的關注和回應，不僅限於生養死祭這一議題，還包括《孝經》中的家國政治倫理，以及《孝經・諫諍章》中子可諍言與父的觀點。

《孝經》之所以被眾多君主作為治國理政之典，一個重要原因在於其不僅論及父子之間的倫理關係，更將此種倫理關係與國家治理緊密連接，「是要四方國家都來歸順，這不但是明王的理想，也是每一個讀書人的期待和盼望，盼到有一天能『治國，平天下』。」[50]《孝經》開篇指出「先王有至德要道，以順天下，民用和睦，上下無怨」，[51]此至德要道即是孝道，「夫孝，德之本也，教之所生由也」，[52]並論及天子、諸侯、卿大夫、士人、庶人不同的立孝方式。孝的最終目的在於治國，「生則親安之，祭則鬼享之，是以天下和平，災害不生，禍亂不作。故明王以孝治天下也如此。《詩》云：『有覺德行，四國順之』。」[53]因此《孝經》中的父子倫理關係建基於君主治國的需求，「父子之道，天性也，君臣之義也」。[54]傳教士對孝道的詮釋，削弱了君臣倫理色彩而著重於父子關係，正如理雅各在翻譯《孝經》時所言，該書展示了「幼子如何奉養老父」，是一種父子關係論述。[55]他們較少論及「以孝事君，則忠」、[56]「君子之事親孝，故忠可移於君」[57]等君臣之間的政治倫理，而多關

50 周聯華：〈從孝經中的孝，和一些四書中有關孝的教訓，論今日中國基督徒的孝道〉，收入教會更新發展研究中心編：《基督徒與敬祖——敬祖研討會彙編》（臺北：中福出版有限公司，2000年），頁37。

51 〔唐〕李隆基注，〔宋〕邢昺疏，《十三經注疏》整理委員會整理：《孝經注疏》，頁3。

52 〔唐〕李隆基注，〔宋〕邢昺疏，《十三經注疏》整理委員會整理：《孝經注疏》，頁3。

53 〔唐〕李隆基注，〔宋〕邢昺疏，《十三經注疏》整理委員會整理：《孝經注疏》，頁31。

54 〔唐〕李隆基注，〔宋〕邢昺疏，《十三經注疏》整理委員會整理：《孝經注疏》，頁40。

55 James Legge, *Classic of Filial Piety*, in F. Max Muller, ed., *The Sacred Books of the East Series: The Sacred Books of China, The Texts of Confucianism*, trans. by Various Oriental Scholars (Delhi: Motilal Banarsidass, 1965), Vol. viii, introduction, p. 450.

56 〔唐〕李隆基注，〔宋〕邢昺疏，《十三經注疏》整理委員會整理：《孝經注疏》，頁16。

57 同〔唐〕李隆基注，〔宋〕邢昺疏，《十三經注疏》整理委員會整理：《孝經注疏》，頁55。

注子女侍奉父母的家庭倫理。如約瑟孝敬父親，在於其身居高位、不傲父母；雅各在世時侍奉在側，去世後將其運回本地埋葬。

《孝經》中關於孝道的另一觀點是，若子女看到父母有過失而不指出，亦是不孝：「昔者天子有爭臣七人，雖無道，不失其天下；諸侯有爭臣五人，雖無道，不失其國；大夫有爭臣三人，雖無道，不失其家；士有爭友，則身不離於令名；父有爭子，則身不陷於不義。故當不義，則不可以不爭於父，臣不可以不爭於君。故當不義則爭之，從父之令，又焉得為孝乎？」[58]《孝經》認為，若子女發現父親有不義之處，必須有所諫言，否則「焉得為孝」？而傳教士在詮釋十誡第五誡時，以聖經為依據[59]處處強調對父母的順從，「此命乃禁止忤逆父母及不孝敬奉養父母之人」：[60]

> 此處所禁，當畧述明，以儆戒世人。似背逆、反亂、欺負、暴虐，俱為犯此法也。幼少不可違逆父母，咒罵長上。[61]
>
> 幼年人者，該孝順父母，盡力事之，而勿一時一刻違逆其命也。[62]

麥都思（Walter Henry Medhurst，1796～1857）等人認為，此誡命乃是告誡信徒需順從父母。盧公明認為，「舊約《申命記》云，人有悖逆之子，父母督責不聽其言，必執之攜至邑門長老前告曰，此子悖逆不聽我言，沉湎蕩檢。則邑眾必擊石致死，如是除惡於爾間，使以色列族聞而懼焉。」[63]盧公明以《申命記》二十一章 18～21 節為依據，反對《孝經》子女可諍言於父的觀點。

因此，在聖經人物漢語傳記關於孝道議題的討論中，傳教士意識到《孝經》在晚清社會的重要性，並在具體評論約瑟等人物時顯示出與其的對話。他們與《孝經》的對話主要以十誡第五誡為依據，肯定子女對父母的侍奉之責，否定祭祀之禮，並強調子女對父母的絕對順從，實現由生事死祭到侍奉在側、由政治到父子、由諍言到順從的範式轉變。通過十誡與孝經的對話，傳教士力圖於孝道這一議題上，為讀者樹立基督徒的孝子形象。這種形象書寫所依據的

58 〔唐〕李隆基注，〔宋〕邢昺疏，《十三經注疏》整理委員會整理：《孝經注疏》，頁 57。

59 聖經中多次談及，子女當順從父母，如「你們做兒女的，要在主里聽從父母，這是理所當然的。」（弗 6：1）「戲笑父親，藐視而不聽從母親的，他的眼睛必為穀中的烏鴉啄出來，為鷹雛所吃。」（箴 30：17）

60 叔未士訂：《上帝之命》（關曰印造經文，書院藏版，出版日期不詳），頁 2。

61 麥都思：《十條誡註》（馬六甲：英華書院，1832 年），卷下，頁 6。

62 柯大衛：《新纂聖經釋義》（出版地不詳，1830 年），頁 17。

63 盧公明：《辨孝論》，頁 6。

標準，表面看來似符合《孝經》等儒家經典中的要求，但若細究，傳教士所依舊的主要是聖經十誡，而非《孝經》。

如果說約瑟的孝子形象，是在《孝經》掩蓋下的基督徒孝子，那麼約瑟諸兄的行徑，更明顯是以十誡為標準加以點評。《約瑟紀畧》中，諸兄將約瑟賣至埃及，「復取其血衣，以誑其父，致父於憂戚，可謂不孝甚矣。」[64]理雅各稱，約瑟的兄長們讓老夫憂戚，乃不孝的行徑。但問題在於，儒家經典討論不孝時，並未提及使父母憂慮為不孝：

> 事親者，居上不驕，為下不亂，在醜不爭。居上驕則亡，為下而亂則刑，在醜而爭則兵。三者不除，雖日用三牲之養猶為不孝也。[65]
>
> 世俗所謂不孝者五：惰其四支，不顧父母之養，一不孝也；博弈好飲酒，不顧父母之養，二不孝也；好財貨，私妻子，不顧父母之養，三不孝也；從耳目之欲，以為父母戮，四不孝也；好勇鬥狠，以危父母，五不孝也。[66]

《孝經》和《孟子》中對不孝的定義，並未明顯強調「使父母憂慮為不孝」。但在傳教士的十誡注釋中，多次提及為子女者當喜悅你的父母：「（孝）在於能敬，能敬則怡顏悅色」，[67]「念父母之仁義……要父母喜悅」。[68]該種詮釋應出自「你要使父母歡喜，使生你的快樂」（箴 23：25）。是故，理雅各意識到孝道重要性，在約瑟傳記中批評猶大不孝，但其對不孝的定義並非以儒家經典為依據，而源自聖經教導和十誡注釋。他並沒有明確引用十誡以評價諸兄的行徑，只是含混以不孝代之，細究之方可窺得聖經教導的痕跡。

傳教士充分意識到孝道議題的重要性，「孝順父母為人倫之首，但其意包五倫在內」；[69]否認儒家對基督徒無父無母的攻訐，強調基督教同樣講求孝道，如十誡中的後六誡，「屬世人之世，陳述五常五倫之道」。[70]他們努力尋求基督教與儒家在此議題上的同質性，充分展示出與《孝經》的對話。只是這種對話

64 理雅各：《約瑟紀畧》，頁 3。

65 〔唐〕李隆基注，〔宋〕邢昺疏，《十三經注疏》整理委員會整理：《孝經注疏》，頁 46。

66 〔漢〕趙岐注，〔宋〕孫奭疏，《十三經注疏》整理委員會整理：《孟子注疏》，頁 278～279。

67 作者不詳：《十條聖誡》（福州：南臺霞浦街福音堂，1879 年），頁 9。

68 麥都思：《十條誡註》，卷下，頁 4。

69 麥都思：《十條誡註》，卷下，頁 1。

70 麥都思：《十條誡註》，卷下，頁 1。

看似《孝經》為基礎闡述基督教孝道，實則依據聖經，做出由生事死祭到侍奉在側，由政治到父子，由諍言到順從的範式轉變。在這一轉變過程中，聖經經文尤其是十誡第五誡成為主要依據。因此，聖經人物漢語傳記中的孝子形象是掩藏於《孝經》面孔下的基督徒孝子，他們孝順父母，但這種孝順僅限於生前，而非死後祭祀。

第二節　詮釋和釐清：占卜、解夢與民間信仰

超自然現象是聖經人物漢語傳記中需要處理的另一個爭議性議題。以異象為例，亞伯拉罕親歷異象前往應許之地（創 12：1～3），「但以理曾受上帝默示，並見上帝默示之異象」，[71]約瑟、以利亞、保羅等人，亦都曾親歷異象。雅各啟程前往埃及，出發前夜上帝曾在異象中向雅各說話（創 46：2～6），但《約瑟傳》、《約瑟紀畧》、《約瑟言行全傳》皆刪除了這一情節。而韋廉臣夫人在《但以理勝蹟圖說》中所採取的處理方式，則是直接論述何謂異象：

> 上帝垂象事本非常，故亦難明者也。然亦有可明之道焉，從來受默示見此象者，象中之物，固非一定之事，而垂象之時，亦無一定之期，或深夜寤寐，恍若夢中；或虔心祈禱，舉首瞻仰；或逍遙山水之間，細思妙理，忽如蜃樓之在前；或恭坐靜室之內，默祈聖神，猝如幻境之乍出。觸目驚心，魂若不能附體，變貌失色，力若不能擎身，所有未來之事，上帝一一現示。觀此象者，猶觀山景也。視之似近，其實甚遠，沿途之溝河泉井林樹村莊者，皆所不能細睹象中所現，直至世界末日之事。其尚未經過者，亦猶如觀山者之尚未至山，其前途之事，俱在隱而不在顯之中。[72]

作者在這段詮釋中使用逍遙山水間、觀山等容易被中國讀者接受的用語，將異象出現的情景，一一說明，並強調所有異象來自於上帝，能夠解釋異象的人，必定是因受聖靈感動才能成就。傳教士對異象的不同處理方式，顯示出他們意識到該議題的複雜性，並採取了不同的寫作策略。如果說在孝道這一議題上，傳教士努力尋求儒耶之間的同質性，賦予聖經人物儒家孝子的面孔，那麼在超自然這一議題上，作者們所要做的則是努力劃清與民間信仰之間的

71 韋廉臣夫人：《但以理聖蹟圖說．但以理聖蹟小傳》，頁 1。
72 韋廉臣夫人：《但以理聖蹟圖說．但以理聖蹟小傳》，頁 4。

界限。本節將以超自然現象為討論議題，分析面對異端的指控，以及與中國民間信仰[73]之間的相似之處，傳教士以何種詮釋策略，處理基督教、清政府、民間信仰三者之間的張力，為自身正名，平衡與民間信仰之間矛盾而複雜的微妙關係。

基督教甫進入中國便面臨異端的指控，在《聖諭廣訓》中，白蓮教、天主教等皆被定義為異端，「以壞其術，大率假災祥禍福之事，以售其誕幻無稽之談」，都是「旁門左道，異端邪教」，[74]「來自異域的基督教，還是和偏離主流宗教傳統的民間教門一樣，屬於與主流文化相異的，擁有和周圍社會不同的規範與價值的小教門（sect），甚至是奇異宗教」。[75]這一社會現狀，對傳教士為基督教正名帶來兩個複雜難題：他們需要將自身與白蓮教等民間信仰區分開來，向政府證明自己並非異端；同時，鑒於禁止拜偶像等基督教教義，他們亟需反對占卜、解夢等一切民間信仰，使民眾歸信上帝，亦需釐清聖經中所提及的解夢等行為與中國的民間信仰有何差異。因此，如何處理異象中種種被視為幻術的超自然（supernatural）現象，成為亟待解決的難題。

以上帝顯現時的場景為例，「以利亞逃至曠野時，上主亦狂風、地震及細

73 關於「民間信仰」與「民間宗教」之間的區分，不同學者有不同看法。如高延（Jan Jakob Maria de Groot）認為，中國民間信仰體系是一個系統化的宗教。參閱 J. J. De Groot, *The Religious System of China* (Leiden: E. J. Brill, 1892~1910).因此，「『民間信仰』與『民間宗教』在社會、文化人類學者的研究中，具有同義性」。（褚瀟白：《近現代中國民間信仰與基督宗教的相遇》（香港：漢語基督教文化研究所，2016年），引言，頁7。）歷史學家認為，「民間宗教」更多是一個分類學的概念，既可以指非官方的秘密教門（unofficial religious sects），也可以指有宗教典籍的教派的民間散佈形式。參閱歐大年：《中國民間宗教教門研究》（上海：古籍出版社，1993年）。金澤在其文章〈民間信仰的聚散現象初探〉一文中，認為，「民間信仰是根植於老百姓當中的宗教信仰及宗教行為表現……民間宗教是扎根於民間的另一種宗教形態，它與民間信仰相比較，有著比較『堅硬』的組織外殼。」（金澤：〈民間信仰的聚散現象初探〉，《西北民族研究》，2002 年第 2 期，頁 146～147。）本書使用「民間信仰」一詞，主要原因在於：1. 在傳教士所書寫的眾多作品，如《術數辨謬》中，大多反對占卜、解夢等宗教形式，但較少提及某一具體宗教教派。2.《中國民間宗教簡史》（上海：上海人民出版社，2005 年）、《中國民間宗教史》（北京：中國社會科學出版社，2004 年）、*Researches into Chinese Superstitions* (Taipei: Ch'eng-wen Publishing Company, 1966)等書中，並未明確將占卜等列為一種「民間宗教」。因此，本書以「民間信仰」統稱之。關於「民間信仰」與「民間宗教」之間的討論，參閱褚瀟白：《近現代中國民間信仰與基督宗教的相遇》，引言，頁3～9。

74 褚瀟白：《近現代民間信仰與基督宗教的相遇》，頁 30。

75 褚瀟白：《近現代民間信仰與基督宗教的相遇》，頁 35。

微之聲自顯於彼」，克陛存的《以利亞言行傳》直接刪除該段情節。[76]憐為仁夫人的《以來者言行紀略》中，刪除了有關烈風、地震、火的情節：「以後（注：指以利亞逃到和烈山後）以來者到彼山中，住在洞內。一日神主令出山。故彼以綢掩面，出站洞口，又有聲到云：『以來者，汝在此何為？』」[77]這段改寫後的場景，剔除了經文中「上帝不在風中、不在地震中、不在火中」的情節（王上 19：11～12）。憐芬妮的《以來者言行紀畧》改寫該段情節：

> 且神主令之（注：指以利亞）出立山之上，由之經過，且大其威容，而顯之以狂風烈火、地震山崩諸事，後出底細之聲。故以來者聞之，而有敬畏，遂以袍掩面，出站洞穴口。[78]

她刪除了有關風、地震、烈火的具體經文，弱化上帝真實顯現時的場景，但增加兩個細節：上帝大其威容，以及以利亞心有敬畏。這兩處細節的增加直接點明上帝在異象中出現的意義：上帝是真實、確實的存在，且威嚴甚大，信徒應有敬畏之心。風、地震、烈火等意象，在聖經中具有特殊意義，它們多用以彰顯上帝之權能。[79]風「聽主命，被主管理，遵其意而行」，[80]火寓意「公義的審判與除去罪惡」，[81]地震表示「上主之大能及義怒」。[82]但在中國語境中，該類意象具有截然不同的意義。

在中國社會，風、火、地震等天災的出現，往往於天道失序、人禍即將發生相連，而天子失德是引起天災的主要原因。為了防止天災出現，天子需行德政，厚百姓。[83]《周易》有載：「觀乎天文，以察時變；觀乎人文，以化成天下」。[84]因此其風、火、地震等的象征意義，與基督教頗為不同。儘管在基督教教義中，地震等異象用以彰顯上帝之大能，具有重要象征意義，但慮及其與統治者之間的指涉關係，作者仍將其刪除。

---

76 克陛存：《以利亞言行傳》，頁 7。

77 憐為仁夫人：《以來者言行紀略》（新嘉坡〔新加坡〕：堅夏書院，1841 年），頁 7。

78 憐芬妮：《以來者言行紀畧》，頁 11。

79 季理斐編：《聖經辭典》（上海：廣學會，1941 年），戌篇，頁 17～19。

80 俄珥等編，馮翰飛譯：《聖經百科全書》，天部，辰，頁 8。

81 俄珥等編，馮翰飛譯：《聖經百科全書》，地部，辰，頁 106。

82 俄珥等編，馮翰飛譯：《聖經百科全書》，政治部，巳，頁 42。

83 關於天災與施政之間的關係，參閱唐君毅：《先秦思想中的天命觀》（香港：新亞書院，1957 年）。

84 〔魏〕王弼，〔晉〕韓伯康注，〔唐〕孔穎達疏，《十三經注疏》整理委員會整理：《周易正義》，頁 124。

在盡量弱化上述情節之外，傳教士亦需要澄清自身與各種民間信仰之間的差異。這不僅是為了向政府和士大夫階層證實自身並非異端，更出於基督教反對偶像崇拜的教導。如《亞伯拉罕紀畧》直接批判風水：「罕購地以葬其妻……非若今之世俗，有信風水之說……取其近便而已……至若禍福興衰，乃出之上帝，風水豈能為哉？」[85]理雅各以亞伯拉罕買地葬妻的經文，引出對於風水一事的批判，此種批判自有其立場。「基督教之崇拜一位上帝，對其他任何來源的神秘力量，都予以否認」，[86]因此「從明末清初的耶穌會士開始，西方傳教士對於各種中國神靈信仰就並不陌生，他們認識到這些信仰在中國老百姓生活中的重要性，並力圖駁斥這些信仰，以期通過基督教去匡扶人心」。[87]褚瀟白在《近現代中國民間信仰與基督宗教的相遇》一書中，論及羅明堅（Michele Ruggieri，1543～1607）、馮秉正（Joseph de Mailla，1669～1748）、祿是遒（Henri Doré，1859～1931）等傳教士對民間信仰的批判。[88]「十九世紀下半葉，登陸中國不久的新教傳教士也開始著書立說，批駁形形色色的民間信仰」，[89]如花之安（Ernst Faber，1839～1899）的《自西徂東》「指出民眾向各種神靈祈福避禍的形式與值得稱讚的中國古禮相去甚遠」。[90]在批判民間風水之術的同時，理雅各需要辯明亞伯拉罕此行與民間風水之事的差別，強調不可以人力妄測禍福吉凶，世間一切事情皆出自上帝。因此就該議題而言，理雅各的處理呈現出批判與釐清的雙重策略。

另以占卜為例，傳教士盡量弱化與術法有所關涉的經文，如米袋里的銀杯事件後，約瑟對兄弟們說：「你們做的是什麼事呢？你們豈不知像我這樣的人必能占卜嗎？」（《和合本》，創 44：15）《約瑟傳》刪除了「豈不知像我這樣的人必能占卜嗎？」一句，力圖與占卜劃清界限，以防引起讀者無法理解基督教反對占卜的立場，甚至誤解約瑟所說占卜與中國民間占卜之間的區別。

《說文解字》解「占」字為：「占，視兆，問也，從卜也」，意即占卜為預

---

85 理雅各：《亞伯拉罕紀畧》，援引自米憐等著，黎子鵬編注：《晚清基督教敘事文學選粹》，頁 78。

86 呂實強：《中國官紳反教的原因（一八六〇——一八七四）》，頁 130。

87 褚瀟白：《近現代中國民間信仰與基督宗教的相遇》，頁 40。

88 褚瀟白：《近現代中國民間信仰與基督宗教的相遇》，頁 40～41。

89 褚瀟白：《近現代中國民間信仰與基督宗教的相遇》，頁 41。

90 褚瀟白：《近現代中國民間信仰與基督宗教的相遇》，頁 41。

測吉凶。明清時期，預測吉凶及命運之術在民間社會中具有廣泛影響，尤其是在婚喪嫁娶、國運等重大事件上。對此傳教士著書立說加以批判，利瑪竇曾在《畸人十篇》中批判說：「彼何人，斯能許人大福，而先索人少財。何不自富貴，而免居肆望門之勞乎？自詑知未來百數十年，曷不識今茲足下乎？」[91]利氏主要從占卜索取錢財、無法預測自身禍福等方面，批判民間占卜的荒謬性。新教來華後，有傳教士觀察到，「在山東有超過一百個民間宗教……他們販賣符咒，……占卜未來」，[92]甚至有民間信仰的百姓通過占卜方式，詢問自己是否應該加入基督教，[93]「通過求籤占卜或直接詢問的方式，試圖從原信仰對象那裡得到改變宗教信仰之正確性的確證。」[94]傳教士撰寫眾多文本，批判占卜等民間信仰。如《術數辨謬》一書反駁占卜、風水、擇吉等民間信仰，主要從四個方面駁斥占卜之荒謬：

> 易之為書雖古，大略出於周時，唐虞之前無有也……唐虞以前無卜筮，何以人心機變……
>
> （易經）所畫之卦，亦祇以紀一篇之名……典謨誓誥、風南雅頌，不可以為卜。則乾坤震艮、離坎兑巽，亦不足以為卜矣。
>
> 周公之易象、孔子之易繫，猶之後人作註釋也。註釋不過以解明經義為首，又安能知未來之首。
>
> 所謂天一地二、天三地四、天五地六、天七地八、天九地十者，亦徒論天地之數耳，又何有變化之神奇耶。[95]

作者從歷史源流、理論基石、占卜內容等方面，駁斥卜筮之荒謬。《十駁五辯歌》（1875）認為，卜卦者的主要目的在於斂財：「卜卦者代本無憑，世人深信最可異……窮通得失由伊講，樂得卦資百二把……用盡巧計哄騙人，不離

91　利瑪竇：《畸人十篇》，收入鄭安德編：《明末清初耶穌會思想文獻彙編》（北京：北京大學宗教研究所，2000 年），頁 82。

92　F. H. James, “The Secret Sects of Shantung, with Appendix”, in *Records of the General Conference of Protestant Missionaries in China* (Shanghai, 1890), p.196.

93　褚瀟白在《中國民間信仰與基督宗教的相遇》一書中，記載有案例。一個名為許揚美的慕道者，歸信基督教之前，「在他認為最有靈性的白磁觀音前沐浴焚香、徹夜求籤。他求問的關鍵是，如果信了基督教上帝，那麼其他神靈……都不能夠再敬拜了」，（頁 37～38）「廈門教徒乖也求籤征詢神靈的意見，在第一次得到肯定答復後仍然忐忑不安，知道第二次繼續得到肯定回復後才決定正式加入基督教會」。（頁 38）

94　褚瀟白：《中國民間信仰與基督宗教的相遇》，頁 37。

95　作者不詳：《術數辨謬》（福州：太平街福音堂，1871 年），頁 2～3。

數術二字」[96]。但問題在於，儘管傳教士著書批判占卜等民間信仰，但如上所言，在清政府和儒家士大夫看來，具備占卜等宗教因素的基督教，和其他民間信仰並無本質區別，同樣以幻術迷惑人心，同屬邪教。因此，在聖經人物漢語傳記中傳教士盡量弱化與占卜有關的情節，一則為了避免來自政府的有關幻術的指控；另一方面，亦是在努力釐清自身與民間信仰之間的差異，以防引起讀者誤解。

聖經人物漢語傳記中，需要處理與民間信仰之間關係議題的，不僅有占卜一事，另有解夢之事。如約瑟的故事中，與夢有關的情節有三個：約瑟做夢（創 37：5～11），替酒政與膳長解夢（創 40：1～22），以及替埃及法老解夢（創 41：1～36）。在傳教士的故事敘述中，盡量避免對「解夢」這一情節的提及。如《約瑟傳》開篇提及約瑟所做的夢，簡略寫道：「約瑟年輕的時候，作了一個夢，見自己與兄弟們在田裡綑禾，他所綑的一綑，起來站著，哥哥們的一綑一綑，都圍著他所綑的禾下拜。又作了一夢，見日月連著十一顆星，向他下拜。哥哥們越發不愛他，雅各卻是心中記著這事。」[97]這段改寫將約瑟與哥哥們關於夢境的對話，代之以第三方敘事，同時省略了哥哥們的回答：「難道你真要作我們的王嗎？難道你真要管轄我們嗎？」（創 37：8）經文中原有的這段回答，同約瑟之夢原為一完整情節，作為舊約中著名異象，暗示約瑟夢境對歷史的預言，及上帝通過夢境向子民傳遞信息的真實性，但被作者刪除。及至替法老解夢，作者簡略寫道：「約瑟一聽就說，這二夢總歸為一，將來徧埃及地有七個大豐年，隨後又有七個荒年，甚至國中的民，必被饑荒所滅，上帝命定這事，便要速速成就，所以使法老夢了又夢。」[98]施白珩通過弱化與夢相關的情節，努力劃清與解夢這一民間信仰的界限。理雅各在《約瑟紀畧》中，直接批判解夢這一民間信仰：

> 夢寐之事，原屬杳茫，然昔上帝間有以夢示意於人，惟詳其意，必得聖神之助，而後可。故曰，詳解屬乎上帝，今人每以臆見，妄斷禍福，致有遺誤不淺者，殊可嘆也。[99]

文中所言「每以臆見，妄斷禍福」，應指解夢這一民間信仰。在理雅各的詮釋中，顯示出其對基督教教義、中國傳統文化、當下社會議題三者之間張力

96 作者不詳：《十駁五辯歌》（福州：太平街福音堂，1875 年），頁 6。
97 施白珩：《約瑟傳》，頁 1。
98 施白珩：《約瑟傳》，頁 4～5。
99 理雅各：《約瑟紀畧》，頁 7。

的關注，對於理氏而言，文本是一個可以自我映射的個體，[100]內容必須反映一定的社會議題。他意識到「解夢」傳統在中國的盛行，直接對其進行批判，並強調解夢「屬於上帝」。

「夢」之傳統在中國源遠流長，比如在文學領域，先秦夢占文學、唐宋夢幻詩詞、元明夢幻戲曲、明清記夢小說等層出不窮，[101]「晚明以來，與『夢』相關之戲曲小說大行於世……湯顯祖『因情成夢，因夢成戲』的名言猶在耳際，金聖歎亦將『夢』視為《水滸傳》與《西廂記》的先行結構」。[102]

在中國古代社會，認為「宇宙間一切現象之映入夢境者，均有所主，而且兇吉確乎不爽」[103]，但都「大多逃不出預兆的範圍」，[104]並由此誕生種種解夢之法。如在敦煌出土的占卜文獻中，有學者整理出專門的「敦煌夢書」系列，包括《新集周公解夢書》、《周公解夢書》、《先賢周公解夢書》、《解夢書》等文獻。[105]是故解夢大多與預測吉凶禍福有關，[106]《周公解夢》開篇有言：「夜有紛紛夢，神魂預吉凶。莊周虛幻蝶，姜尚兆飛熊。丁固松生貴，江淹得筆聰。黃梁巫峽事，非此莫能窮。」晚清時期，解夢亦盛行。[107]有鑒於此，理雅各在作品中直接批判解夢這一民間信仰。《約瑟言行全傳》中亦提及：「貪天之功，以為己力，今世之人，多有如此。觀約瑟得神之默示而祥夢（於法老）也，不曰我為爾詳之，乃曰，解非由神乎……世人豈肯如約瑟耶否。」[108]文中「貪天之共，以為己力」，暗諷民間解夢之人，妄測禍福，貪天之功。在傳教士看來，解夢權柄來自於上帝，非人力可為，「上帝默示聖旨，與約色弗知其天網

100 See Lauren F. Pfister, "Some New Dimensions in the Study of the Works of James Legge (1815-1896): Part I", in *Sino-Western Cultural Relations Journal*, 1990 (12): 32~35.

101 參閱姚偉鈞：《神秘的占夢》（南京：廣西人民出版社，1991 年），頁 167～180。

102 廖肇亨：〈僧人說夢——晚明叢林夢論試析〉，收入李豐楙、廖肇亨編：《聖傳與詩禪：中國文學與宗教論集》，頁 652。

103 舒新城編：《夢》（上海：中華書局，1927 年），頁 5。

104 舒新城編：《夢》，頁 5。

105 參閱王晶波：《敦煌占卜文獻與社會生活》（蘭州：甘肅教育出版社，2013 年），頁 241～294。

106 在中國民間信仰的演變過程中，解夢與占卜大多時候界限模糊，並非可以明確區分。關於二者之間的演變與差異，參閱衛邵生：《中國古代占卜術》（鄭州：中州古籍出版社，1991 年）。姚偉鈞：《神秘的占夢》（南寧：廣西人民出版社，1991 年），頁 7～12。

107 參閱宮保利：《術數活動與晚清社會》（天津：古籍出版社，2009 年），頁 105～129。

108 克陛存：《約瑟言行全傳》，頁 8。

焉。」[109]因此「約瑟凡有所獲，俱不忘本，觀其詳夢，則曰，非吾己，上帝所示耳。」[110]《約瑟言行全傳》中，對夢有更加詳細的解釋：

> 夢者，蒙也。昧中所見之事形也。日有所思，則夜有所夢。約瑟之所夢，乃神所以啟約瑟後來大任之端，豈世人之常夢哉？後人萬勿以約瑟之事而拘泥於夢……第恐欲甦人而反致蒙人，故附筆之。[111]

該段詮釋加於約瑟兩個夢境之後，克陛存意識到，文中所提及約瑟所做之夢，有可能使讀者誤會，將其與世人日常所夢混為一談，欲甦人而反致蒙人，故特別加以解釋。綜上所述，傳教士對夢之處理，一方面盡量弱化與之相關的情節，避免遭遇基督教行幻術的攻擊；另一方面出於基督教立場，強調解夢權柄出自上帝，非解夢等人力可為。由此觀之，就超自然現象這一議題而言，傳教士需要處理基督教、清政府、民間信仰三者之間微妙而複雜的關係。在聖經人物漢語傳記中，他們一方面淡化有關情節，盡量避免引起衝突；另一方面批判占卜等民間信仰，這種批判既是為了證明自身並非異端，也是由於基督教教導。

第三節　辯護和淡化：戰爭、殺戮與《史記》

伴隨堅船利炮和各種條約打開中國大門的基督教，似乎從獲得合法傳教自由的那一刻起，便與暴力有了割不斷的聯繫。一旦西方國家通過各種條約將基督教綁上堅船利炮，基督教就與暴力有了不可分割的重要關聯，[112]傳教士被想象為與西方列強保持聯繫，試圖通過種種活動一朝竊國，朝廷就此認為傳教士「散佈各處傳習……邪教意圖煽禍，甚不安分，必應加意防範。」[113]且清政府尤注重各「異端邪教」所引起的社會動亂及殺戮事件，對此嚴加防範，「賊匪徒偽詐百出，有日間貌為良民，而夜間隨賊搶掠者……敕令官兵於接仗之時留心區別……持械抗拒者則盡殺無赦」。但教案頻仍，[114]尤其是傳教士以「治

109 郭實獵：《約色弗言行錄》，頁 7。

110 理雅各：《約瑟紀畧》，頁 15。

111 克陛存：《約瑟言行全傳》，頁 3。

112 何建明：《近代中國宗教文化史研究》（北京：北京師範大學出版社，2015 年），上冊，頁 120。

113 From J. J. M. de Groot, *Sectarianism and Religious Persecution in China: A Page in the History of Religious* (Taipei: Literature House, 1963), p. 402.

114 關於教案，參閱 Joseph Tse-Hei Lee, *The Bible and the Gun: Christianity in South*

外法權」等特權，保護教民、干預訴訟、武力護教等，[115]使得基督教在中國的傳播，蒙上了暴力、血腥、武力的陰影。[116]

聖經中存在諸多與暴力、殺戮有關的情節，[117]如亞伯拉罕為救羅得，與諸王的戰爭，（創 14：13～24）上帝降下十災於埃及人民（出 7：14～12：36）等，《申命記》三十二章 40～41 節亦明言：「我若磨我閃亮的刀，手掌審判之權，就必報復我的敵人，報應恨我的人。我要使我的箭飲血飲醉，就是被殺被擄之人的血；我的刀要吃肉，乃是仇敵首領之頭的肉。」這些情節對於缺少聖經常識的中國讀者來說，並非容易接受。「如果信徒知道，他們在聖經中將會讀到什麼，可能會停止歸信基督教」。[118]儘管這些情節，可能曾經真實地發生於歷史中，但有其特定的歷史背景，而對於初初接觸的普通讀者來說，他們並不具備相關歷史及神學知識。這些情節，「很明顯是殘忍和非道德（immorality）的，如果這些殺戮被真實地記載於聖經中，那麼聖經中所記載的上帝，或許並不是信徒最初所期望的上帝。」[119]因此，如何處理聖經人物漢語傳記中血腥、屠戮情節，對於聖經人物漢語傳記而言成為一項挑戰性議題。

《摩西聖蹟圖說》（1882）中，刪除了《出埃及記》中摩西令利未人「殺他的弟兄與同伴並鄰舍」（出 32：27）的情節，以摩西命以色列人喝下撒滿金牛犢粉末的水為結尾；[120]《以來者言行紀畧》改寫以利亞殺害眾假先知的情節（王上 18：40）：「是以眾聽以來者之言，提巴勒之僧輩，不由一人走脫，皆拿下殺於基順之谿。」[121]這兩處情節皆有其獨特的神學意義，前者是利未人歷

China, 1860~1900 (New York: Routledge, 2003).張力、劉鑒唐：《中國教案史》（成都：四川省社會科學院出版社，1987 年）。

115 參閱呂實強：《中國官紳反教的原因（一八六〇——一八七四）》，頁 174～194。

116 From J. J. M. de Groot, *Sectarianism and Religious Persecution in China: A Page in the History of Religious*, p. 441.該書詳細記載了清各教派所引起的暴力事件，以及清政府的政策。

117 關於聖經中，有關殺戮情節的研究，參閱 Steven Pinker, *The Better Angels of our Nature: Why Violence Has Declined* (New York: Viking, 2011), pp. 6~12. Matthew White, *The Great Big Book of Horrible Things* (New York: W. W. Norton & Company, 2011), pp. 109~110, p. 192. Steve Wells, *Drunk with Blood: God's Killing in the Bible* (LLC: SAB Books, 2013).其中，*Drunk with Blood: God's Killing in the Bible* 一書，共統計出聖經中的 150 次殺戮情節。

118 Steve Wells, *Drunk with Blood: God's Killing in the Bible*, introduction, p. 1.

119 Steve Wells, *Drunk with Blood: God's Killing in the Bible*, introduction, p. 1.

120 韋廉臣夫人：《摩西聖蹟圖說》（上海：益智書會，1882 年），頁 17。

121 憐芬妮：《以來者言行紀畧》，頁 8。

史上一個重要轉折點，他們通過抉擇與悔改，潔淨自身，蒙神揀選，歸雅威為聖，[122]摩西行使審判（judgment）職責，帶領歸信的利未人前往應許之地。[123]以利亞殺害假先知，正如俾士為以利亞所辯護的那樣：「以利亞之盡殺偽先知，一足以息上帝之義怒，二足以救人心之壞亂也。」[124]

儘管摩西、以利亞的殺戮行為，就神學層面而言有其特殊含義，但在傳記書寫中「不管我們承認不承認，傳記是一種類型的文學，這種類型的文學比其他類型的文學，更緊密地觸及道德……因為敘述具有確實性，同時讀者相信敘述中的人物是真正存在的，所以影響強太多了。」[125]摩西、以利亞作為傳主，這種與殺戮有關的形象並不符合中國傳記的書寫傳統。在中國傳記中自有另外的傳主塑造方式，從孔子作《春秋》，至司馬遷著《史記》，再至范曄的《後漢書》，皆秉持文以載道的精神，無不希望能通過傳主形象的塑造，宣揚忠孝節義，「正一代之得失」。[126]因此，在傳記的書寫過程中，對於戰爭描寫，《春秋》、《左傳》等皆盡量避免對大型殺戮場面的具體詳細描繪。

對於中國讀者而言，他們熟悉的是《尚書》中「與其殺不辜，寧失不經，好生之德，洽於民心」，[127]是中國古代傳說中拯救眾生於苦難中的英雄神祇形象，[128]對血腥、屠戮有關的描寫存在一定接受困難。以傳教士頗為鐘愛的《三國演義》、《水滸傳》等章回小說為例，[129]「雖然《水滸》肯定了英雄們

---

122 See William H. C. Propp, *Exodus 19-40: A New Translation with Introduction and Commentary* (New York: Doubleday, 2006), pp. 580~582.

123 Donald E. Gowan, *Theology in Exodus: Biblical Theology in the Form of a Commentary* (Louisville, Kentucky: Westminster John Knox Press, 1994), pp. 219~220.

124 俾士：《以利亞紀畧》，頁 6。

125〔法〕安德烈·莫洛亞（André Maurois）著，陳蒼多譯：《傳記面面觀》（臺北：臺灣商務印書館，1986 年），頁 104。

126 關於傳記與傳主的道德功用，可參閱楊正潤：《傳記文學史綱》，頁 8～12。

127〔漢〕孔安國傳，〔唐〕孔穎達疏，《十三經注疏》整理委員會整理：《尚書正義》，頁 110。

128 參閱陳建憲：《神祇與英雄：中國古代神話的母題》（北京：生活·讀書·新知三聯書店，1994 年）。

129 如米憐曾在《新教在華傳教前十年回顧》（*A Retrospect of the First Ten Years of the Protestant Mission in China*, 1820）中，回憶馬禮遜對《三國演義》的偏愛：「（馬禮遜）對《三國演義》的體例喜愛若狂。就文體風格而論，這本書應該被認為是中國的《旁觀者》（*Spectator*）雜誌。約翰遜博士（Dr. Samuel Johnson）說：「那些想要寫出完美英語著作的作家，應該不分日夜地潛心學習《旁觀者》主編愛迪生（Joseph Addison）的文章。」同樣的評價也用於《三國演義》。學習中的人，無論在口語或書寫中，若想輕鬆地表述清楚自己的意思，都應該仔細研讀和模仿《三

的豪情壯舉，但它同時對野蠻虐殺事實上的讚同，使得中國文化學者對這一重要作品莫知所從」，[130]「如果說，《紅樓夢》是真正的『人』的文化，那麼，《水滸傳》和《三國演義》則是『非人』的文化，是人任人殺戮的文化。」[131]中國傳記文學中對於戰爭場面的描寫處理的尤為小心翼翼，以《史記》為例，司馬遷描述了眾多戰爭場面，如武王誅紂、垓下之圍、火牛陣等，但他「對戰爭的殘酷性有情形的認識，在他的筆下，沒有血淋淋的令人髮指的『原生態』戰鬥拼殺描寫，有時候實在無法迴避戰爭的殘酷性描寫，他就沿襲《左傳》等已慣用的筆法，[132]一筆帶過不作詳錄。」[133]是故，儘管利未人「殺他的弟兄與同伴並鄰舍」、以利亞殺害眾假先知兩個情節具有特殊神學意義，但考慮到清政府的批評和傳主形象的塑造，作者仍盡量避免對殺戮情節的直接描述。

同時，對於戰爭的評價司馬遷強調用兵之道在於「德」，「注重戰爭而缺少禮、義之德，國家不會昌盛。」[134]誅暴、平亂、夷險、救危的戰爭是正義的。是故，雖然項羽在司馬遷筆下以英勇善戰著稱，「力能扛鼎，才氣過人」[135]，「封王侯，政由羽出，號為『霸王』……近古以來未嘗有也」，[136]但其「背關懷楚，放逐義帝而自立」，[137]司馬遷仍舊批評其「自矜功伐，奮其私智而不師古，謂霸王之業，欲以力征經營天下，五年卒亡其國，身死東城，尚不覺寤而

國演義》。將經書的注疏和《三國演義》結合在一起的文體，更適合中文的聖經和一般神學理論著作。這些注疏中所涉及的通常是一些嚴肅的主題，需要全神貫注地反覆研讀，因此其文體風格可能也適用於基督教神聖事物的尊貴性；而以《三國演義》為範本所塑造出來的風格會使語言的表達更為平實流暢。」（頁 44）

130 夏志清著，胡益民等譯：《中國古典小說導論》（合肥：安徽文藝出版社，1988 年），頁 109。

131 劉再復：《雙典批判——對〈水滸傳〉和〈三國演義〉的文化批判》（北京：生活．讀書．新知三聯書店，2010 年），頁 18。

132 《左傳》中的戰爭場面描寫，一般是完整敘述戰爭的前因後果，側面描寫戰爭，但是不詳述戰爭場面，如「曹劌論戰」：「戰於長勺。公將鼓之。劌曰『未可』。齊人三鼓，劌曰『可以』。齊師敗績。」（《左傳．莊公十年》）參閱王紅信：〈試析《左傳》對戰爭場面的描寫〉，《時代文學》，2008 年第 5 期，頁 35～49。

133 王俊傑，萬武：〈論《史記》中的戰爭場面描寫〉，《佳木斯大學社會科學學報》，2013 年第 1 期，頁 26。

134 史次耘：《司馬遷與史記》（臺北：廣文書局，1964 年），頁 148。

135 〔漢〕司馬遷：《史記》，頁 49。

136 〔漢〕司馬遷：《史記》，頁 92。

137 〔漢〕司馬遷：《史記》，頁 92。

不自責，過矣。」[138]深受《史記》影響的理雅各，[139]在描寫亞伯拉罕拯救羅得的場面（創 14：13～24）時，很明顯受到司馬遷戰爭觀的影響：

> 有逃脫者來慢哩之原報罕，罕聞侄擄，即點家生之僕素習武事者三百一十八人，授之兵甲以追敵軍。其有慢哩、以實各、安尼與罕同盟，既聞是事，亦來相助。此三人原是兄弟，亞摩利人也。追至但邑，乃與三人分兵，自領己僕，連夜進擊，敵人奔潰，乘勢追襲，直至大馬色左之何巴邑，遂獲全勝；被擄之輜重男女並羅得人物，盡數奪回，於是奏凱而歸。[140]

理氏加重亞乃、以實各、幔利三人在此段故事中的重要性，「既聞此事亦來相助」，凸顯他們與亞伯拉罕之間關係的親密性，同時增加對三人背景的解釋及戰爭中三人有所參與的情節。而之所以增加三人在敘事中的比重，原因在於凸顯亞伯拉罕得道多助、仁義之師的形象。在本回末評論部分他寫道：

> 四王之兵，大約不下數萬。罕以庄丁三百餘人爾攻之，以救其姪，「仁者必有勇」，誠如是乎；且其終能獲勝，而反為所擄，則亦非有勇而已，必臨事而懼，好謀而成者矣。及既得勝而回，所多馬王願以諸物歸之，而其力辭，毫髮不受，足見其心非由所貪，而作是兇危之事，不得已耳，此其師所以為仁義之師。[141]

作者認為亞伯拉罕與諸王征戰實為不得已，這種詮釋一方面契合神學解釋，如加爾文所言，「亞伯拉罕並不是輕易地拿起武器，而是好像從那位把他變為那地之主的神的手中領受武器一樣。」[142]另一方面，亞伯拉罕發動此戰乃為了救羅德，實可謂救危殆，是聖人之舉，並不會影響其聖人形象。

相較於傳教士對傳主與戰爭場面的處理，更為棘手的問題在於上帝形象（the image of God, *imago Dei*）。上帝形象對基督教教義而言極為重要，它與神人關係、救贖史（redemptive history）等直接相關。[143]作為神學中的關鍵議

138〔漢〕司馬遷：《史記》，頁 92。

139 關於理雅各作品與《史記》的關係，參閱黎子鵬：〈稗說史記：理雅各《約瑟紀畧》〉，收入氏著：《福音演義：晚清漢語基督教小說的書寫》，頁 129～158。

140 理雅各：《亞伯拉罕紀畧》，米憐等著，黎子鵬編注：《晚清基督教敘事文學選粹》，頁 56。

141 理雅各：《亞伯拉罕紀畧》，頁 58。

142 John Calvin, *Calvin's Old Testament Commentaries: the Rutherford House Translation* (Mich: W. B. Eerdmans, 1993), p.79.

143 Mary E. Mills, *Images of God in the Old Testament* (Collegeville, Minnesota: The Liturgical Press, 1998), p. 6.

題，從《創世紀》到《啟示錄》，上帝的形象對於理解救贖史極為關鍵。上帝按照他的形象造人，「上帝就按照自己的形象造人，乃是照著他的形象造男造女」（創 1：27）由於人類的墮落而懲罰他們，又為其提供救贖機會，最終通過創造新天新地結束這段救贖史。在整部聖經中，上帝具有多重形象，他創世者（creator）、審判者（judge）等，[144]並由此衍生出關於上帝形象的眾多神學討論（theology of the image of God）。[145]

聖經人物漢語傳記自然不會忽視如此重要的議題，如本節開篇所言，中國政府對待基督教的態度、教案的頻發，以及中國讀者對聖經的閱讀經驗，使得傳教士主要強調上帝作為創世者和天父（Father）的形象，有關此論述屢見不鮮。如亞伯拉罕獻以撒的原因在於「上帝造生保養，錫福賦靈，恩誠罔極」；[146]「上帝獨愛世人，以獨生子降世，贖世人之罪。」[147]另一方面，如何處理與上帝有關的殺戮情節，成為傳教士書寫的重點。

以「十災」為例，上帝降下災禍給埃及人民，「懲罰法老之一切……欲表耶和華對於法老之奇妙作用」。[148]此災禍顯明上帝對於不信之人的懲罰，以及掌管萬物的大能權柄。《摩西言行全傳》保留其他災禍但是刪除了畜疫之災，應是考慮到牲畜在古代農耕社會的重要性。中國古代作為農耕社會，牲畜作為重要的生產工具地位極其重要，以牛為例，西周時就有諸侯無故不殺牛的規定。賈思勰在《齊民要術》序言中提到：「至漢趙過始為牛，實勝耒耜之利。」由此可見，以耐勞持久的牛助耕在漢已然，以後牛遂成為農耕的動力之本。及至後來，朝廷專門立法禁止無故殺牛，漢朝時殺牛者需以命相抵，即使該人為牛主人。

是故，郭實獵出於對文本語境的考慮而刪除十災中的畜疫之災，同時郭氏在本章評論部分，為上帝這一行為辯護：

---

144 See Mary E. Mills, *Images of God in the Old Testament*.

145 關於上帝形象的討論概況，參閱 D. J. A. Clines, “The Image of God in Man”, *Tyndale Bulletin*, 19 (1968): 53~61. Walter A. Elwell, *Evangelical Dictionary of Theology* (Grand Rapids, Michigan: Baker Book House, 1987), “Image of God”, pp. 545~548. International Theological Commission, ed., *Communion and Stewardship: Human Persons Created in the Image of God*, introduction, http://www.vatican.va/roman_curia/congregations/cfaith/cti_documents/rc_con_cfaith_doc_20040723_communion-stewardship_en.html.

146 理雅各：《亞伯拉罕紀》，援引自黎子鵬編注，《晚清基督教敘事文學選粹》，頁 77。

147 郭實獵：《耶穌降世之傳》，頁 1。

148 俄珥等編：《聖經百科全書》，馮翰飛譯，政治部，已，頁 38。

> 德莫高於博愛人，而政莫高於（博）利人，故政莫大於信，治亦莫大於信。麥西王以慎此，及趨以色列民也。普施利物，不於其身，聰以知遠，明以察微，順天之義，知民之急，仁而威，惠而信，修身而天下服。取地之財而節用，撫教萬民而利論之，歷日月而迎送之，崇上帝而敬事之。郁郁其德，嶷嶷其動，中則徧天下，日月所照，風雨所至，莫不從服。麥西王止利躬及迫民，聰以知近，貪財圖名，建城藏庫，及民勞苦，王弗順天之義。上帝諭王放以色列民，却王逆命，不從不服矣。王知民之急，而加力勒索，擇肥而噬，而弗不知節用，民弗撫教，而肆為殘虐，莫不服罪而亡。上帝寬貸而不治罪，三番兩次，苦勸催令釋民，而王弗聽。忍耐之德加長，國王之心加硬，天作孽猶可違，自作孽不可活，此之謂也。……其所以亡者，亦亡國敗家之有也。皇上帝全能，自是觀之，蟲螞水風，皆奉天命，且凜遵上帝之也。上帝之怒，由是言之。蓋國王非遵命，故滅民也。上帝之慈愛，由是一顯，剿異族，而救本民，高卑，卑高也，昭彰天理也。[149]

「普施利物，不於其身，聰以知遠，明以察微，順天之義，知民之急，仁而威，惠而信，修身而天下服。取地之財而節用，撫教萬民而利論之，歷日月而迎送之」出自《史記．五帝本紀》。但郭實獵將經文中的「歷日月而迎送之，明鬼神而敬事之」改為「歷日月而迎送之，崇上帝而敬事之」，出自基督教禁止拜偶像的教導。

郭氏以《史記》中五帝之賢明，對比說明埃及王所犯之罪行，這種罪行主要表現為對民眾的殘暴並由此招致禍患，表面看來頗有天人感應學說的影子，昭彰天理。但究其根本，暗含郭實獵歷史出於上帝意志、世俗政權皆出自上帝的歷史觀。魯珍晞（Jessie G. Lutz）發現，郭實獵認為歷史出於上帝意志，自然法則即是上帝設計自然。以郭實獵對英國的評價為例，眾所周知，英國在郭實獵理念中是無上文明古國，無論經濟、科技，抑或政治制度皆優越於當時的清朝，《大英國統志》、《是非畧論》等作品，皆印證郭氏這一立場。[150]英國在郭實獵作品中之所以擁有如此地位，不僅因為當時英國在科技

149 郭實獵：《摩西言行全傳》，頁 15。

150 See Jessie G. Lutz, "Karl F. A. Gützlaff: Missionary Entrepreneur", in Suzanne Wilson Barnett and John King Fairbank, eds., *Christianity in China: Early Protestant Missionary Writings*, pp. 74~86. John T. P. Lai, "'Supreme Nation': The British Image

等方面領先於其他國家，更因為其以基督教為國教，這恰恰符合郭氏「世俗政權皆出自上帝」的理念。《大英國統志》中，英國國民「皆奉事上帝一位，正是大英國人之崇拜。其民絕菩薩，獨敬萬物之主宰，以天之皇上帝為大，以人所自置之塑像為異端而已」，[151]英國君主「治許多藩屬國，及他國之帝君敬仰」，[152]他之所以享有如此高之威望，原因在於：

> 皇帝雖是例律之保人，惟非係屬例律之權夫。必凜守禮義仁德，懷柔國民，不如此大臨危而政治為混亂也。[153]

> 天上有皇上帝一位，無所不知，無所不能，原來造化天地萬物，兼保佑萬有。故大英國皇帝，恃其佑，不敢任意操權焉，惟伏祈天皇上帝降恩，令百意百隨也。[154]

《是非畧論》中陳擇善闡述基督教思想，上帝是萬物主宰，英國人「不崇拜人手所作金、木、石、之偶像，惟欽崇天道，奉事神天上帝，萬物之主宰，無所不在，無所不能，諸德全備。這位神天，無形無像之神靈而已矣。」[155]因為他們崇奉唯一上帝，「人人親戚親，長其長，以睦族為眾，寵之四方，乃推廣立此聖教。內誠其心，外厚其德，施其恩澤，扶危濟困。因恃神天之寵佑，傚神天之法故也，神天亦以萬福頒之。」[156]因此，埃及之所以招致災禍在於其引發上帝之怒。在郭實獵對「十災」的處理中，他一方面考慮到中國語境刪除牲畜之災，並且評論部分引經據典為上帝行為辯護。這種辯護顯示其歷史出於上帝意志的歷史觀念，以彰顯上帝之慈愛作為最終目的。

小　結

對於孝道、異象、屠戮三個爭議性議題而言，傳教士的處理策略，呈現出多樣化的範式。於孝道議題，傳教士意識到該議題在中國社會的重要性，傳教

---

in Karl Gützlaff's Novel", in Song Gang, ed., *Reshaping the Boundaries: The Christian Intersection of China and the West in the Modern Era* (Hong Kong: Hong Kong University Press, 2016), pp. 59~75.

151 郭實獵：《大英國統志》（出版地：不詳，1834 年），頁 4。

152 郭實獵：《大英國統志》，頁 4。

153 郭實獵：《大英國統志》，頁 5。

154 郭實獵：《大英國統志》，頁 6。

155 郭實獵：《是非畧論》，援引自郭實獵著，黎子鵬編注：《贖罪之道傳：郭實獵基督教小說集》，頁 319。

156 郭實獵：《是非畧論》，頁 319～320。

士以聖經，尤其十誡為依據，強調基督教亦重視孝道，通過聖經與《孝經》之間的對話，實現儒家孝道詮釋重點的範式轉變，樹立基督徒孝子形象。該種形象是掩蓋於《孝經》面孔之下的基督教之孝，由此凸顯基督教之孝道，在此過程中傳教士的書寫需討論孝道和平衡差異並行。

於超自然現象議題，在聖經人物漢語傳記中作者既弱化與異象相關的情節，避免基督教行幻術的攻擊，另一方面，鑒於嚴禁拜偶像的基督教教導，努力區分與民間信仰的相異之處。此種書寫方式主要是由於傳教士一方面需要向清政府證明自身並非異端，另一方面亦需同占卜、解夢等民間信仰劃清界限。因此，在該議題上呈現出既辯解、又釐清的書寫方式。

於屠戮議題，傳教士意識到來自清政府政策、教案和中國讀者閱讀習慣三方面的壓力，努力降低傳主與殺戮情節之間的關係，同時對於上帝形象以詮釋為主。在這種詮釋活動中，作者努力兼顧神學意義與中國語境，既解釋這些情節所彰顯出的上帝之慈愛與權威，又盡量以貼近中國語境之用語表述之。就該議題而言，迴避與辯護雙線並行。

總體而言，傳教士需要對這些爭議性議題的進行評論和詮釋，在此之於或平衡、或釐清、或弱化，呈現出多變的範式，作者努力於文本與挑戰性議題間尋求契合點，他們反覆衡量每一個議題所面對的複雜局面，在顧及神學意義的前提下做出文學創作層面的調和與回應。

第六章　結　語

馬禮遜、米憐等傳教士進入中國伊始，便致力於尋找一種既可以詮釋聖經，又具有敘事性、趣味性的文體，以促進聖經文本在華的傳播與接受。正如李提摩太所言，「在一切成功的傳道活動中，無論在落後或文明的國家，聖經必須靠其他書籍加以補足。」[1]不管是「直接和間接地引用《聖經》的意象來闡述故事寓意（如《聖旅景程》），甚或借用《聖經》原型以創作故事（如《驅魔傳》）等，皆體現了基督教作者善用中國受眾喜聞樂見的文學形式，藉以提高《聖經》的閱讀趣味，使之在廣大的閱讀群體中更能影響人心。」[2]以聖經為藍本、重寫傳主生平的聖經人物漢語傳記，就此意義而言是對聖經故事的重寫，是對基督徒形象的重塑，是對經文中所涉及議題的重評。通過這種書寫活動，傳教士努力為中國讀者展示一幅基督教圖景。

本書以宗教與文學、聖經在華接受史兩者作為分析此幅圖景的主要方法。宗教與文學研究方法的重要性已經被眾多學者所強調，余國藩在〈文學與宗教〉（"Literature and Religion"）一文中強調，對宗教研究中文學材料所扮演的角色功能的評價，最明顯、最合適的辯護，是從歷史的角度。這一現象是明顯的，卻又是經常被忽略的。每一個高級文化體系（high-cultural system），比如猶太基督教、伊斯蘭文化、中國文化等，雖然在文化傳統上有各式各樣不同的表現，但發展到最終都同宗教的思想、時間、團體（institution）、符號，有

1 *Ecumenical Missionary Conference, New York, 1900. Report of the Ecumenical Conference on Foreign Missions, Held in Carnegie Hall and Neighboring Churches, April 21 to May 1*, Vol. II, p. 75.

2 黎子鵬：《福音演義：晚清漢語基督教小說的書寫》，頁 217。

密不可分的關係。比如如果沒有希臘神話、希伯來文明、基督教符號體系的參考，歐洲 2500 年的戲劇文化很難被理解。同樣，儒釋道三教塑造和支持了中國詩歌、戲劇、小說的形式和內涵。如果忽視了這些神聖與世俗之間的關係以及它們之間互相影響（interdependence）的詮釋科學（interpretive science），將會歪曲文學和宗教的歷史世界。[3]余氏分析了眾多文學經典與宗教的關係，如《西遊記》中觀音這一角色的重要性與淨土宗在六世紀後盛行造成大量的觀音崇拜之間的關係，[4]江流兒之名與水難主題的關係[5]等。

因此「宗教與文學，關係甚密。宗教需要表達，表達訴之以文，即產生宗教文本。宗教文本要喻理移情，引人入勝，須或多或少借助文學手段。如此，在宗教與文學之間，便架起了一座溝通的橋樑，彼此依存，相互充實。」[6]十九世紀新教入華以來，傳教士翻譯、創作了大量的文學作品，涵蓋小說、傳記、詩歌等各個領域，以其為載體輔助聖經的傳播。正如李奭學所言：「教士為勸化群眾，詩賦詞章經常隨手拈來，宣教之際也要出以動人的言辭……使文學和傳教結為一體。」[7]

聖經人物漢語傳記誕生之初，便與聖經有著天然的、密不可分的聯繫，這也就意味著從宗教與文學的視角審視這批作品是不容忽視的角度。傳教士以傳記的方式在聖經和讀者之間架起溝通的橋樑，通過對人物生平的敘述，向讀者展示一個個生動的、成長的、富有本土色彩的人物形象，藉以傳達聖經信息和基督教教義。《亞伯拉罕紀畧》中，亞伯拉罕有「習軟之弊、軟弱之情」，[8]指妻為妹非聖人之舉；但以仁民愛物之心，護所多瑪二城之民，靠信德拯救品行上的瑕疵，確為信實之聖人。約瑟傳記中約瑟將父親接至埃及奉養，樹立了侍奉在側的基督徒孝子形象。耶穌傳記中傳教士弱化撒瑪利亞婦人有五個丈夫的情節，著力塑造其靈命不斷更新、與耶穌井邊論道、由猶疑到堅定的歸信歷程。作者通過這些形象豐富的人物的書寫，暗中傳遞出與中國聖人觀、孝道

3 Anthony C. Yu, “Literature and Religion”, in *Comparative Journeys: Essays on Literature and Religion East and West*, pp. 2~8.

4 Anthony C. Yu, “Literature and Religion”, in *Comparative Journeys: Essays on Literature and Religion East and West*, p. 112.

5 Anthony C. Yu, “Narrative Structure and the Problem of Chapter Nine in *Xiyouji*”, in *Comparative Journeys: Essays on Literature and Religion East and West*, pp. 116~125.

6 黎子鵬：《福音演義：晚清漢語基督教小說的書寫》，頁 215。

7 李奭學：《中國晚明與歐洲文學——明末耶穌會古典型證道故事考詮》，自序，頁 5。

8 理雅各：《亞伯拉罕紀畧》，收入米憐等著，黎子鵬編注：《晚清基督教敘事文學選粹》，頁 64。

觀、貞潔觀的對話，以宗教與文學的視角觀之，方可窺得對話背後對爭議性議題的關注、對經文的詮釋、對儒耶之間張力的處理。

聖經接受史是剖析聖經人物漢語傳記中所繪之基督教圖景的另一重要工具，該範式強調文本、讀者、語境三者之間的互動，[9]以接受和歷史的視野審視聖經在不同時期、不同地域的接受狀況，以及此種接受背後的文學、文化、政治等因素。一個文本的詮釋活動，需同時面對該文本的三個面向：文本背後的世界，文本中的世界，文本前的世界。[10]該研究方法，「不僅僅是關於文本字面意義、詮釋的考察，更是超越字面本身的研究」，[11]其以動態視角分析文本與讀者、語境之間的關係。因此，「接受史具有多樣的意義，展示給我們不同的個體與群體如何從不同的角度看待同一個文本」。[12]斯溫德爾在《重塑聖經》一書開篇所言：「最近幾年，關於聖經文學接受史領域的研究，取得了重大了進步，一系列專著和論文不斷問世，整體或者部分地處理聖經的文學接受。」[13]無論是《聖經接受史手冊》還是「聖經與聖經接受史系列」，皆證明了聖經接受史對於聖經研究的重要性。

以重寫聖經故事為重要創作目標的聖經人物漢語傳記，不可缺少聖經接受史視角的考察。使用該研究方法的首要價值在於彌補目前學界相關研究的不足。儘管「最近幾年，關於聖經文學接受史領域的研究，取得了重大進步，一系列專著和論文不斷問世，整體或者部分地處理聖經的文學接受」，[14]但目前該領域的研究大多是西方視野下的接受史研究，「聖經學者筆下的某一個聖經人物、某一個聖經時間、某一卷聖經或某一個聖經片段的『接受史』，多數時候都是『在西方歷史中』的『接受史』……作為非西方地區的基督教史研究者，則有必要對非西方地區的『聖經接受史』加以重視」。[15]關注聖經在華的接

9 Emma England and William John Lyons, eds., *Reception History and Biblical Studies: Theory and Practice*, p. 5.

10 W. Randolph Tate, *Biblical Interpretation: An Integrated Approach*, introduction.

11 Susan Gillingham, “Biblical Studies on Holiday? On a Personal View of Reception History”, in Emma England and William John Lyons, eds., *Reception History and Biblical Studies: Theory and Practice*, p. 21.

12 Emma Mason and Jonathan Roberts, eds., *The Oxford Handbook of the Reception on History of the Bible*, p. 4.

13 Anthony C, Swindell, *Reforging the Bible: More Biblical Stories and their Literary Reception*, p. 1.

14 Anthony C, Swindell, *Reforging the Bible: More Biblical Stories and their Literary Reception*, p. 1.

15 王志希：〈全球史視角下的「聖經接受史」——走向「全球基督教史」與「接受史」

受史研究，分析文本書寫背後的歷史、政治、神學的要素，對於處理基督教本土化、宗教對話等議題，大有裨益。

以聖經人物漢語傳記中對爭議性議題的書寫模式為例，過往學者大多處理某單一議題，如基督教孝道與儒家孝道之間的論爭，若以歷史視角，將孝道議題與超自然議題、血腥殺戮議題綜而觀之，可發現傳教士對不同議題所呈現出的不同處理範式，或平衡、或淡化、或辯護，這些不同書寫策略呈現出作者們在試圖尋找可對話、可調和，以及需堅守的區域。在區域的調適與逡巡之間，他們進行著基督教本土化的嘗試。因此，以聖經接受史的視角研究聖經接受史，可對非西方的聖經研究有所助益，幫助基督教本土化等領域研究的有所發展。

本書使用該方法的第二重價值在於，將西方學界中對某一經文的接受史研究，轉移為對具體某一議題的接受史研究。盧斯「在接受史的影響下……最知名的研究是對《馬太福音》的系列研究」，[16]他的研究展示了不同的聖經學者對《馬太福音》的接受與詮釋，揭示了傳統的重要性。牛津大學所出版的「布萊克威爾聖經評論系列」（Blackwell Bible Commentaries）、德古意特公司所出版的「聖經與聖經接受史系列」（Series of the Bible and Its Reception）皆關注聖經某一段經文在不同聖經學者中的接受史。《聖經接受史牛津手冊》亦著重神學領域，分為兩個部分：上篇著重分析經文在不同學者中的接受史，如《但以理書》《約翰福音》等；下篇分析經文在「在特定時間、特定地點」[17]的情況下對聖經的接受，如《出埃及記》在拉丁美洲的接受狀況、卡爾・巴特（Karl Barth，1886～1968）對《羅馬書》的詮釋等。《保羅的影響：早期基督教作家對保羅書信的運用》（*The Pauline Effect: The Use of the Pauline Epistles by Early Christian Writers*, 2015）同樣關注保羅書信的接受史研究。

本書將對某一經文的接受史關注，轉為對某一議題的接受史研究，進而探尋該議題背後文史經的交匯。採用此種視角的原因在於，首先，傳教士以傳記為體例重寫聖經故事，其雙重動機在於以可讀性文本傳播聖經和詮釋聖經，若僅關注其對某一經文的神學言說，無疑會無法兼顧對此雙重功能的整體研究，

的整合〉，《輔仁宗教研究》，第 31 期，2015 年秋，頁 157。

16 Michael Lieb, Emma Mason and Jonathan Roberts eds., *The Oxford Handbook of the Reception on History of the Bible*. p. 3。

17 Michael Lieb, Emma Mason and Jonathan Roberts eds., *The Oxford Handbook of the Reception on History of the Bible*. p. 7.

難免有所偏頗。其次，在聖經人物中較難搜尋出對某一經文的整體接受史現象，如在有關約瑟有關的傳記中，《約瑟傳》著重處理約瑟所遭受的苦難和其對主人的忠誠，《約瑟紀畧》強調傳主的美好品行，《約色弗言行紀畧》關注約瑟對父親所盡的孝道。若以目前西方學界較多使用的接受史方法審視這些文本，對於提取可研究經文有一定困難。而若以議題視角觀之，可發現在文本中傳教士所著力塑造的約瑟聖人品行。

最後，以議題為切入點研究聖經人物漢語傳記中的接受史現象，更能發現文本所需處理的文史經問題，及傳教士所尋求的調適之法。

以「性事」的主題為例，傳教士對該議題採取了不同的策略。《聖書列祖全傳》和《亞伯拉罕紀畧》刪除了羅德與她兩個女兒行房的故事；《約色弗言行錄》、《約瑟紀畧》、《約瑟言行全傳》和《約瑟傳》都刪除了猶大和他瑪的故事。關於此原因，間或是因為「性事的描述是編著者有意刪去的，相信是顧及中國傳統文化對性事的忌諱。」[18]而在基督教傳統中，對於該經文有著不同的看法。奧古斯丁認為以生育後代為目的的性行為是合理的，他在《駁異教徒浮士德》(*Contra Faustum*)中談到亞伯拉罕、羅德、猶大等人的故事時，認為亞伯拉罕并沒有「深陷原始性慾望的漩渦中，因為他只是為了繁衍後代(guarantee offspring)，因此他的行為完全是為了追求更高的目標(a higher purpose of reason)。」[19]同樣，羅德與他兩個女兒的同房、猶大與他瑪的性事，都是可以被理解的，因為目的在於追求更高的目標。此時以奧古斯丁為代表的基督教傳統與傳教士的書寫策略之間出現矛盾之處，因此在《約瑟傳》等作品中刪除上述兩處情節，應是顧及亂倫、性事等因素。

而在論述以實瑪利的庶子地位時，郭實獵認為其是「從慾而生也」，[20]理雅各稱「庶子不得與嫡子同嗣，此見人當止有一妻。因妾得子，在上帝前，是猶野種，非正裔也。」[21]在論述一夫一妻制時，郭實獵和理雅各二人強調以實瑪利作為「從慾而生」的庶子之卑微地位。此種論述，一方面暗含對中國一夫一妻多妾制的批判，另一方面亦符合上文所提及奧古斯丁對夫妻性事的看法。在他晚年寫給康斯坦丁大主教阿提庫斯(Atticus)的信中，他再次強調衝

18 米憐等著，黎子鵬編注：《晚清基督教敘事文學選粹》，導論，頁 xxxix。

19 Timo Nisula: *Augustine and the Functions of Concupiscence* (Leiden; Boston: Brill, 2012), Vol. 116, p. 225.

20 郭實獵：《聖書列祖全傳》，頁 18。

21 米憐等著，黎子鵬編注：《晚清基督教敘事文學選粹》，頁 71。

動性衝動需受到婚姻的約束，只有「夫妻的貞潔才使肉體衝動可以得到正當使用」。[22]

在批判所多瑪、蛾摩拉二城時，理雅各再次寫道：「蓋上帝造人，陰陽配合，此天性也，而人竟乘婦女順性之用，嗜慾灼爍，男與男作此羞愧之事，此其所以為至穢焉。」[23]本書第二章在分析聖經人物漢語傳記中的神學言說時，曾詳細論及同性性行為在晚清時期的狀況，如《紅樓夢》關於此現象有詳細描述。有鑒於此，在詮釋二城所犯的罪惡時理氏強烈批判此種行為，其批判角度則是承襲自奧古斯丁所言的「性慾與貞潔」傳統，「嗜慾灼爍，男與男作此羞愧之事」的所多瑪、蛾摩拉二地，實是需受懲罰。

從上述例子可以看出，就「性事」這一議題而言，傳教士一方面堅守基督教立場，只有以生育後代的崇高目標的性事方是貞潔的，以此為切入點批判中國語境中的一夫一妻多妾制、同性性行為；但另一方面，當基督教傳統碰撞上猶大與他瑪故事中的「亂倫」議題時，傳教士則作出讓步，刪除相關經文。該議題展示出當文本與神學、社會相遇時，傳教士所採用的不同書寫策略。若沿襲目前西方學界的接受史研究方法，對於上述議題的研究將有所限制。

使用聖經接受史的第三重價值在於，有助於目前學界處理「接受者」的問題。在關於晚清漢語基督教小說的研究中，學者較為關心的一個問題在於「接受者」，即作品面對的主要讀者群是什麼？但囿於一手資料的匱乏，對該問題的回答尚有待進一步的考證。但若以聖經接受史的視角審視之，或可有所發現。

就這一問題而言，狹義的「接受者」自然指中國讀者；但在廣義上而言，傳教士亦是「接受者」。他們身份的複雜性在於，他們既是聖經的接受者，亦是聖經的詮釋者和傳播者。傳教士處於了聖經和中國讀者之間，可說是「接受者之前的接受者」。他們對於聖經的接受和詮釋，是在一定程度上預設了接受者的接受和詮釋，或在文本中引入了從實際傳道工作得悉的「接受者」聲音，因此間接呈現了中國讀者的關注點，體現了中國讀者的聲音。「傳教士欲把西方基督教作品移植到中國的文化土壤之中，無可避免地要跟中國的歷史、文化、文學傳統接軌和對話。為求遷就不同讀者的文化知識水準和接受能力，譯者須考慮譯入語的文化與宗教處境」，[24]因此以聖經接受史的視角分析傳教士

22 Hans Kung, *Great Christian Thinkers* (New York: Continuum, 1994), p. 26.

23 理雅各：《亞伯拉罕紀畧》，收入米憐等著，黎子鵬編注：《晚清基督教敘事文學選粹》，頁 69～70。

24 黎子鵬：《福音演義：晚清漢語基督教小說的書寫》，導論，頁 3。

筆下的議題處理策略，可在一定程度上回應「讀者和接受」的問題。

以敘事學方法觀之，每一個文本的創作皆需面對「隱含讀者」。所謂「隱含讀者」，是「文本結構現實化過程之中的讀者，是作品中敘事者進行敘事時的傾聽對象」，[25]其形成主要取決於作者的創作動機。由於「不同的讀者要對他閱讀的文本產生一種積極的建構作用，就需要他本身具有相應的能力，最起碼的，是他必須能夠辨識某種書寫符號，能夠儲存所獲得的閱讀信息，能夠根據閱讀中新獲得的信息來補充和修正原有的印象。」[26]是故聖經人物漢語傳記中對不同議題的書寫，實則反應了中國讀者的關注點和聲音。

文本所分析的諸多議題，如約瑟的聖人形象、主母馬利亞的童貞女形象等，皆反應出傳教士對文本語境和接受者的深思熟慮。且傳教士對於接受者的考慮，並非將其視為統一的整體，而是有具體指向和群體劃分。在不同的文本中，面對不同的讀者群，傳教士的書寫策略亦有所差異。如《保羅言行》、《使徒保羅事蹟》面對的讀者皆是教會人士，但亦有細微不同。《保羅言行》旨在「教育中國教會中的年輕人，以更好地裝備他們自身，成為上帝的僕人，靈性得到提升」，[27]即本書的目標讀者是教會中的中國學生和年輕人，《保羅言行》是一部給中國教會中的年輕基督徒所看的書，目的在於提升他們的靈性，是故在人物塑造上，幼年時期的保羅更貼近教會中基督徒的成長經歷。《使徒保羅事蹟》稱該書「為後世教友之則效其專心從主之品行……（保羅）為學道教友之模範……是書略記使徒保羅自初生以至謝世之來歷並其書信之大意，欣望諸教友務依聖神之指示讀此，則宣道之銳志自能益增。」[28]池約翰聲明該書的寫作目的在於希望教會中人可效法保羅，堅定宣道之信心，該書著力描繪保羅所受之苦難，及百折不回宣道之品行。

因此，以聖經接受史視角審視傳教士對於讀者問題的關注，可窺視他們對於「讀者和接受」的處理，並由此所採取的不同詮釋重點。作為「接受者之前的接受者」，他們以隱含讀者為導向，對同一人物呈現出不同的接受史書寫。

此外，傳教士對經文的重寫策略，與當時的文本語境、讀者群密不可分。如聖經人物漢語傳記中改寫了大量對話，猶大面對約瑟時那段懇切而扣人心弦的獨白顯示了其生命的轉變歷程，「二十二年前，猶大是陰謀的策劃者，是

25 羅鋼：《敘事學導論》（昆明：雲南人民出版社，1994 年），頁 250。
26 羅鋼：《敘事學導論》，頁 250。
27 安美瑞：《保羅言行》，序。
28 池約翰：《使徒保羅事蹟》，序，頁 1～2。

他提出把約瑟賣掉，使他淪為奴隸；現在他準備自已作奴隸，好讓拉結僅存的另一兒子得自由。二十二年前，他與兄弟們同謀，把血衣帶給父親，自己在旁默默看著父親傷心欲絕；現在，他不惜用盡一切辦法，也要使父親不再受同樣的傷害。」[29]但這段對話過長，對於缺乏聖經常識的中國讀者而言有可能會阻礙他們理解情節推進的緊湊性和連貫性，理雅各對該段對話進行改寫，以使其兼具強烈的感情和敘事的趣味，而達到「欲人喜讀，而獲其益」的目的。[30]在有關約瑟的傳記中，施白珩等傳教士強調約瑟將老父接至埃及奉養這一行為回應了《孝經》中生養死祭的孝道觀。主母馬利亞被賦予童貞女的美名，是為了強調其童女生子的貞操，避免如孔子母親般面臨野合的指控。亞伯拉罕為救羅得遠征諸王，理雅各略寫該場戰爭並賦予其以正義之師的美名，暗合《史記》中戰爭之正、之奇的戰爭觀。

另如《摩西聖蹟圖說》中，刪除了《出埃及記》中摩西令利未人「殺他的弟兄與同伴並鄰舍」（出 32：27）的情節，以摩西命以色列人喝下撒滿金牛犢粉末的水為結尾；[31]《以來者言行紀畧》改寫以利亞殺害眾假先知的情節（王上 18：40)：「是以眾聽以來者之言，提巴勒之僧輩，不由一人走脫，皆拿下殺於基順之谿。」[32]此種對於殺戮的改寫，考慮到儒家聖人觀中對憐憫之心的強調：「聖人有莫大慈悲，甚深妙義，轉旋五濁生機之微……伏羲始設網梏以警異類，詳其意……非以生厥我供恣意殺生矣。」[33]正因聖經人物漢語傳記與聖經如此密切的關係，其對經文的改寫活動，尤為直接地折射出聖經在晚清的傳播中需要面對和解決的矛盾之處。以聖經在華接受史的視角，從文本入手探析傳教士書寫聖經人物漢語傳記時所面臨的宗教、文學等因素，尋得基督教與當時中國社會的矛盾之處，方可理解作者改寫聖經時的策略運用。因此，這些聖經人物漢語傳記是研究「聖經在中國的接受史不可或缺的資料」。[34]

本研究以上述兩種進路，剖析聖經人物漢語傳記中所繪之基督教圖景。及至該圖所呈現的具體場景，本書主要從傳記視角，分析該圖之「底色」、人物形象，及「活動背景」。所謂底色是指以聖經為創作依據的聖經人物漢語傳

29 奧爾特：《聖經敘述文的藝術》，黃愈軒、譚晴譯，頁 295。
30 理雅各：《約瑟紀畧》，序。
31 韋廉臣夫人：《摩西聖蹟圖說》，頁 17。
32 憐芬妮：《以來者言行紀畧》，頁 8。
33 〔明〕釋如純：〈天學初闢〉，收入金程宇編：《聖朝破邪集》，頁 575。
34 黎子鵬：《福音演義：晚清漢語基督教小說的書寫》，頁 217。

記，在書寫過程中對聖經的增補、刪減等活動。此活動貫穿本書的整體研究，無論是人物形象的塑造，還是爭議性議題的言說，均以改寫聖經為前提。進行聖經與聖經人物漢語傳記之間的對比閱讀，發現其中的重寫細節，方可以此為切入點窺探該文學活動背後的原因，上述考察內容構成本書第二章的主要研究對象。

所謂人物形象即是在傳記書寫中所創作的著力點人物形象。無論是傳記書寫還是傳記研究，人物形象皆是最核心的焦點。作者通過一個個形象各異的人物的書寫，設法使在儒家思想氛圍之下的中國讀者，對書中的角色產生認同和代入感，[35]為讀者樹立生動的基督徒形象，從而對讀者起到模範作用，引導他們歸信。通過對人物形象的分析，可構建出傳教士所努力為中國讀者展示的聖人基督徒形象和聖經女性形象。因此，人物形象是整幅基督教圖景的主體，這是本書第三、四章的寫作重點。本書第五章以爭議性議題為切入點，深入分析文本所處的時代背景。

本書第二章主要分析聖經人物漢語傳記改寫聖經的幾個側重點，間或用及各聖經評鑒理論，尤以聖經敘事學為主。馬禮遜、米憐等傳教士嘗試尋找一種敘事文體，可兼具聖經注疏和趣味性的雙重功能，中國古典傳記文學樣式逐漸進入他們的視野並被效仿，他們以此為寫作體式重寫聖經故事。在此創作過程中，傳教士的改寫焦點主要集中於增加詮釋、置換對話和凸顯細節三方面。

聖經接受史在一定程度上可被視為詮釋史，其關注聖經在某一特定歷史時期的詮釋，以及詮釋者試圖傳遞的社會背景信息。[36]郭實獵詳細詮釋保羅順服掌權者的神學理念並於作品中多次強調，回應當時社會對於基督教顛覆政權的指控；理雅各以所蛾二城的覆滅映射當時中國社會的斷袖之癖，通過對文本語境的分析方可明白作者此種詮釋的緣由。置換對話乃為了更好的貼近聖經人物漢語傳記的敘事文體，「免讀者展卷神疲耳」。[37]聖經中存在一種風格上的偏執，傾向於「通過對話來敘事」，[38]但「在許多採用第三人稱的敘事中，

35 黎子鵬：《福音演義：晚清漢語基督教小說的書寫》，頁 217。

36 Jonathan Morgan, “Vistors, Gatekeepers and Receptionists: Reflections on the Shape of Biblical Studies and the Role of Reception History”, in *Reception History and Biblical Studies: Theory and Practice*, p. 63.

37 俾士：《以利亞紀畧》，序。

38 奧爾特：《聖經敘述文的藝術》，黃愈軒、譚晴譯，頁 132。

（情節）都深受對話的拘束；所用的詞語，也往往會重複這些敘述之前或緊隨其後的相關對話的元素。」[39]因此，作者需要將經文中的對話或簡略帶過，或以敘事形式代之，或有所改寫，以符合敘事的緊湊性和連貫性。同時傳教士增加諸多聖經沒有的細節以描述傳記中的人物，通過外貌、心理活動、性格等的刻畫，使人物以更加通俗易懂、更加多層次的角度呈現於中國讀者面前，如約瑟切切思念便雅憫，[40]彰顯其兄弟之情；主母「斜著一雙色眼」[41]引誘約瑟，其淫婦形象躍然紙上。

本書第三、四章主要分析聖經人物漢語傳記中的傳主形象。同一聖經人物在不同時空存在不同形象，聖經人物漢語傳記中的約瑟、亞伯拉罕、耶穌等傳主形象，以及主母馬利亞、抹大拉的馬利亞等婦女形象，與聖經中的形象書寫相比都具有明顯差異，且折射出文本背後的宗教、文化等因素。這兩章主要從聖經在華接受史的文學層面，分析這些聖經人物形象在中國語境中的書寫和演變及其產生的原因。

傳主的聖人特質是傳教士創作焦點之一，「被凸顯為『聖』的人格特質，正是宗教人物傳、記之類著作的核心所在」，[42]新教傳教士借鑒了由利瑪竇開創的以「聖人」形容西士的書寫方法，並賦予該詞以基督教含義，從而塑造聖經人物漢語傳記中的傳主形象。作者一方面使傳主具有儒家聖人風采，博學多識、風采出眾、品行無瑕；另一方面，傳主之所以為聖並非因上述原因，而在於信德等，如亞伯拉罕因信心而為聖，保羅因堅心宣教而為聖，耶穌因神性而為聖。通過這種書寫，傳教士為讀者「呈現一位聖者的理想模型」，[43]呼籲讀者效倣其言行，成為中國化的聖人基督徒。

女性形象是傳主形象之外傳教士創作的另一著力之處，第四章主要關注主母馬利亞、撒瑪利亞婦人，以及抹大拉的馬利亞與諸婦人的形象。傳教士借鑒天主教聖傳中對聖母瑪利亞的稱呼，以「貞女」、「童貞女」形容馬利亞，一方面指其嚴守童貞，另一方面亦意味著馬利亞有信實之德，凸顯其神聖。及至撒瑪利亞婦人，傳教士淡化其有五個丈夫的情節以避免不貞的指控，同時慮及「內外不共井」、「男女不共井」的古訓，作者對該婦人與耶穌二人相處的場

39 奧爾特：《聖經敘述文的藝術》，黃愈軒、譚晴譯，頁 114。
40 施白珩：《約瑟傳》，頁 5。
41 理雅各：《約瑟紀略》，頁 5。
42 李豐楙、廖肇亨編：《聖傳與詩禪：中國文學與宗教論集》，導言，頁 3。
43 李豐楙、廖肇亨編：《聖傳與詩禪：中國文學與宗教論集》，導言，頁 6。

景，作出由男女獨處至井邊論道的焦點轉移，由此刻畫該婦女由疑惑到主動傳道的信仰歷程。抹大拉的馬利亞和諸婦人的議題，傳教士主要強調其見證的可信性，主要手法包括突出天使對婦女的宣告、以男性門徒的猶疑側面烘托等。傳教士通過這些改寫，將女性書寫為忠實的信仰者、堅定的跟隨者和可信的見證者，暗合晚清宣教事業中的女性事工浪潮。

第五章主要分析傳教士對爭議性議題的處理。以聖經在華接受史為進路研究晚清聖經人物漢語傳記離不開對文本語境的具體考察，此種方法要求研究者從經文詮釋出發，研究文本背後的文化背景。[44]本章主要通過分析傳教士對孝道、超自然現象和戰爭殺戮三個議題的詮釋，進而總結他們面對不同議題時的不同書寫模式。孝之議題於中國社會而言極為重要，《聖諭廣訓》中明確了以孝治天下的理念，而基督教孝道與儒家所言之孝道有所不同。因此在面對該議題時，傳教士以聖經十誡為依據展開與《孝經》的對話，作者通過對聖經人物的孝道描述以詮釋基督教之孝，體現出詮釋與平衡的寫作策略。如對約瑟孝行的描述顯示出與《孝經・紀孝行章》的對話：約瑟將雅各接至埃及奉養，正正符合《孝經》中「孝子之事親也，居則致其敬，養則致其樂」[45]的觀念；及至約瑟奉雅各之命將其返葬迦南地，傳教士的詮釋重點在於「喪則致其哀」而未提及「祭則致其嚴」的《孝經》教訓。

及至占卜、解夢等聖經中所提及的超自然現象，傳教士一方面需向清政府證明自身並非「異端」；另一方面亦需將聖經中的超自然現象與周公解夢等民間信仰區別開來，釐清與民間信仰之間的異質性以防中國讀者混淆。因此就該議題而言，傳教士呈現出解釋與區分並行的書寫策略。如解夢一事，傳教士既要批駁周公解夢等行為，亦要強調夢出於上帝、非人力可為的聖經教導。而對於聖經中的戰爭殺戮經文，主要矛盾之處在於中國文學傳統中對該議題的批判，如《史記》、《左傳》中的戰爭描寫多寥寥幾筆且強調戰爭的正義性，基督教十誡中亦有誡殺戮的教導。對此傳教士的處理策略呈現出弱化與辯護的雙重方式，如以利亞殺害眾假先知，作者既為其辯護，稱此舉乃為息上帝之怒，亦盡量弱化該情節以使其符合慈悲的聖人形象。綜上所述，在爭議性議題的處

44 Caroline Vander Stichele, "The Head of John and its Reception or How to Conceptualize 'Reception History'", in Emma England and William John Lyons, eds., *Reception History and Biblical Studies: Theory and Practice*, p. 80.

45 〔唐〕李隆基注，〔宋〕邢昺疏，《十三經注疏》整理委員會整理：《孝經注疏》，頁45。

理上，傳教士反復衡量基督教教義及所面對的批判之間的矛盾，由此採取靈活多變的書寫策略。

通過上述章節的分析，本書建構出傳教士在聖經人物漢語傳記中為中國讀者所展示的基督教圖景：約瑟等人學識淵博、言行無瑕、信靠上帝，主母馬利亞等女性持守貞操、渴慕真理、堅定跟隨救世主，他們為中國讀者提供行動上可以效仿的基督徒典範；同時亦在教義層面努力調和基督教教導與中國語境的矛盾，通過此兩方面的書寫，傳教士為中國讀者構建出一幅本土化的基督教景象。

傳教士為中國讀者所勾勒的這幅基督教圖像，亦顯示出聖經人物漢語傳記的研究價值。首先，聖經人物漢語傳記作為晚清文字事工浪潮中的特殊文學樣式，承擔著詮釋聖經和敘事的雙重使命。就詮釋聖經功能而言，中國古典傳記文學誕生之初，在於注疏經典。

較之《是非畧論》等世俗性的晚清漢語基督教小說而言，聖經人物漢語傳記直接以聖經為藍本，與聖經的關係更為密切，具有典範性；較之釋經書而言，聖經人物漢語傳記以敘事講述聖經故事，通過穿插詮釋的方式傳遞基督教理念，使讀者可對聖經和聖經教義有更直接的了解，更具通俗性、趣味性；較之直接的聖經翻譯而言，聖經人物漢語傳記對聖經改寫具有更大的操作空間，通過增補、刪減等方式使文本更符合中國語境，因此具有現實性、敏感性。傳教士通過講故事和增補詮釋的方式，傳遞出聖經與當時中國社會的矛盾之處，並在文本書寫中通過對聖經的改寫給出解決之道，在聖經與中國語境的矛盾之處、以及處理之法之間搭建了一座橋樑，在文本實踐層面連接了兩者。

以孝道為例，關於基督教孝道與儒家孝道之間的差異主要集中於祭祖問題，[46]並由此導致諸多反教言論。聖經人物漢語傳記中對於該議題的處理，首先刻畫約瑟等人的孝子形象，比如將雅各接至埃及奉養；其後增加詮釋，強調約瑟不恃己富貴而傲父母，顯示出與《孝經》的對話。這種處理方式將文本語境和聖經經文相聯繫，以文學創作的方式實施文化調和之法。孝之議題的討論在晚清基督教作品中屢見不鮮，無論是《廣孝歸宗論》、《人當有孝順父母之實》、《十條聖誡》等神學書籍，亦或是《金屋型儀》（1852）中的孝女

46 可參閱呂實強：《中國官紳反教的原因：中國官紳反教的原因（一八六〇——一八七四）》。邢福增：《文化適應與中國基督徒：一八六〇至一九一一年》。

形象，[47]都透露出傳教士對該議題的關注。但《十條聖誡》等神學作品關注該議題並予以回應，卻在解決之法方面有所缺陷；《金屋型儀》雖通過文學翻譯的方法樹立了本土化的孝女形象，然於凸顯聖經孝道與儒家孝道的矛盾方面似稍顯薄弱。聖經人物漢語傳記可彌補這兩方面的不足，其著力描繪約瑟等人的孝行，且從其言行中尋求儒家和基督教在該議題上的同質性，藉此在關注矛盾和實踐調和兩者之間搭建一座橋樑，通過增補詮釋的方式在聖經重寫的文學活動中嘗試尋找解決之道。

其次，傳教士對孝之議題的書寫模式，與超自然現象、戰爭殺戮等議題不同，作者面對不同的議題使用不同的寫作策略，或弱化、或辨明、或辯護，以聖經接受史的視角統觀之，方可發現對於不同議題傳教士相異的接受和詮釋方式。對這些寫作範式的深入分析，亦可使關於孝道議題的研究更加細緻化和精深化。比如通過與《孝經》的對話，可以窺見基督教與儒家在該議題的矛盾不僅限於祭祖一事，且在家國政治倫理與父子家庭倫理、諍言與順從之間有所不同。因此，聖經人物漢語傳記的重要性在於傳教士通過文學實踐的方式，嘗試以聖經為載體、在文化矛盾和解決之道之間搭建橋樑。

聖經人物漢語傳記的第二個價值在於傳教士將聖經人物漢語傳記的書寫傳統引介入中國，通過直接講述聖經故事的方式向中國讀者展示聖經面貌，該種文學創作潮流一直延伸至民國時期。基督教文學史上從來不乏重寫聖經人物故事的活動，如中世紀的《亞伯拉罕》等戲劇通過講述聖經人物故事的方式向觀眾展示聖經面貌，傳遞基督教教義。馬禮遜等傳教士以中國傳記文學為載體書寫約瑟等人生平，此種創作方式一直延續至民國時期。按照《中華基督教文字索引》等的記載，民國時期有關聖經人物的傳記層出不窮，如趙紫宸所做《耶穌傳》（1935）、《聖保羅傳》（1944）等。

在《耶穌傳》中，趙紫宸的書寫主要集中於三個方面：將福音書合而觀之，以呈現耶穌完整的一生；突出耶穌卓越的人格，將其塑造為國人心目中完善的聖人形象；是耶穌具有符合時代需要的新理想、新精神。[48]趙氏的前兩個書寫重點與晚清耶穌傳記的創作有異曲同工之處，二者皆通過整合四福音書的方式重寫耶穌生平，並且強調其「聖人」品行。至於書中所述耶穌的愛國青

47 參閱黎子鵬：〈首部漢譯德文基督教小說：論《金屋型儀》中女性形象的本土化〉，收入氏著：《福音演義：晚清漢語基督教小說的書寫》，頁 26～32。

48 潘國華：〈趙紫宸的《耶穌傳》之研究〉（桃園：中原大學，碩士論文，2012 年），頁 5。

年、革命者形象，則是民國時期救國浪潮下的產物。同一時期另有許多其他的耶穌傳記，它們關注耶穌的人格特質和生平經歷，將其塑造為靈魂拯救者、道德人格重建者、社會革命者。[49]就此意義而言，《耶穌傳》及其他民國時期的耶穌傳記反映了當時社會文化語境下的需求，而晚清耶穌傳記中的耶穌則體現出與儒家的對話，具有儒家孝子形象，兩個不同時期的耶穌形象反應了不同時期的文本處境，以聖經接受史的視角觀之，可發現耶穌形象在不同歷史時期的演變。因此，《耶穌傳》的三個創作重點皆可在晚清耶穌傳記中覓得蹤跡，說受其影響亦不為過。

另如《聖保羅傳》，該書主要記敘保羅生平並注釋保羅書信，[50]不僅刻畫保羅形象，且承載著趙氏對聖經的詮釋。[51]此種敘事加釋經的創作體式，應是承襲自晚清聖經人物漢語傳記的書寫傳統。趙紫宸在該書中對保羅予以高度評價：「聖保羅是基督教史上，主耶穌最偉大的使徒。主耶穌是基督，永生上帝之子，是立教之祖；聖保羅則是使聖教由局部的、民族的範圍開拓而為世界人類的公教的先鋒。他人格中合眾流之會歸，他思想上開正解之端源。」[52]保羅以其傳教生涯，向讀者描述了福音如何勢不可擋地取得勝利，以及它如何透過神的能力得以廣傳普世。趙氏的書寫重點主要集中於保羅的宣教生涯和人格特質，此種塑造手法同聖經人物漢語傳記中凸顯保羅宣教之聖的書寫方式有相似之處。

透過上述兩例可以看出，聖經人物漢語傳記的創作方式影響了民國時期保羅、耶穌等傳記作品的書寫，以敘事的形式承擔起詮釋聖經的任務，且折射出當時的文本語境。若以聖經在華接受史的視角統觀整個基督教在華傳教史的文學創作，或可有更多發現。明清時期的耶穌，為研究當時儒耶之間的矛盾，提供了有益信息；民國時期的耶穌，反應了救亡圖存之際，趙紫宸、吳雷川等人，尋求基督教救國可能性的探索。不同時期的聖經人物漢語傳記，勾畫了各階段聖經在中國的接受史，在基督教本土化、宗教對話等議題上，提供了

---

49 參閱王志希：〈民國知識分子對於耶穌形象的研究〉，《宗教學研究》2015 年第 4 期，頁 236～241。王志希：〈當中國遇上耶穌——1949 年之前民國基督徒知識分子的耶穌形象研究述評〉，《新史學》，第二十六卷四期，2015 年 12 月，頁 227～258。

50 趙紫宸：《聖保羅傳》（香港：基督教輔僑出版社，1956 年），序。

51 王佳音：〈趙紫宸的《聖保羅傳》之研究〉（桃園：中原大學，碩士論文，2015 年），頁 2。

52 趙紫宸：《聖保羅傳》，頁 1。

可供思考的範式。從宗教與文學、聖經接受史等角度，整合各領域資源，對其進行深入考察，促進不同學科之間的科際整合，豐富發展空間，[53]尚有待學界深入探討。

但這並不意味這聖經接受史這一方法毫無瑕疵，該徑路猶有不足，如要求學者掌握所研究領域的各種相關資料，無論是宗教的、文學的、社會的。[54]這對研究者而言頗有難度，此種不足亦是本書的缺陷之處。筆者筆力所限，無法全面、深入挖掘文本背後的影響因素，願日後有所進益。

53 黎子鵬：《福音演義：晚清漢語基督教小說的書寫》，頁 227。

54 關於聖經接受史研究的不足之處，可參閱 James G. Crossley, "The End of Reception History, a Grand Narrative for Biblical Studies and the Neoliberal Bible", in Emma England and William John Lyons, eds., *Reception History and Biblical Studies: Theory and Practice*, pp. 45~49. Caroline Vander Stichele, "The Head of John and its Reception or How to Conceptualize 'Reception History'", in Emma England and William John Lyons, eds., *Reception History and Biblical Studies: Theory and Practice*, p. 79.

參考書目

一、原始資料（按作者漢語姓氏的拼音順序；同一作者按出版時間；作者不詳者，按出版日期）

1.〔意〕艾儒略（Giulio Aleni）：《天主降生言行紀略》，收入李奭學、林熙強主編：《晚明天主教翻譯文學箋注》，臺北：中央研究院，中國文哲研究所，2014 年。

2.〔美〕安美瑞（Mary E. Andrews）：《保羅言行》，天津：華北書會，1910 年。

3.〔英〕俾士（George Piercy）：《以利亞紀畧》，羊城：增沙書室，1863 年。

4.〔英〕池約翰：《使徒保羅事蹟》，上海：美華書館，1907 年。

5.〔英〕柯大衛（David Collie）：《新纂聖經釋義》，〔出版地不詳〕，1830 年。

6.〔英〕柯大衛（David Collie）：《耶穌言行總論》，新嘉坡〔新加坡〕：堅夏書院，1838 年。

7.〔意〕高一志（Alfonso Vagnone）：《天主聖教聖人行實》，收入李奭學、林熙強主編：《晚明天主教翻譯文學箋注》，臺北：中央研究院，中國文哲研究所，2014 年。

8.〔意〕高一志（Alfonso Vagnone）：《聖母行實》，收入李奭學、林熙強主編：《晚明天主教翻譯文學箋注》，臺北：中央研究院，中國文哲研究所，2014 年。

9.〔德〕郭實獵（Karl Friedrich August Gützlaff）：《救世主耶穌基督行論之要畧傳》，新嘉坡〔新加坡〕：堅夏書院，1834 年。

10.〔德〕郭實獵（Karl Friedrich August Gützlaff）：《摩西言行全傳》，新嘉坡〔新加坡〕：堅夏書院，1836 年。

11.〔德〕郭實獵（Karl Friedrich August Gützlaff）：《耶穌降世之傳》，新嘉坡〔新加坡〕：堅夏書院，1836 年。

12.〔德〕郭實獵（Karl Friedrich August Gützlaff）：《耶穌神蹟之傳》，新嘉坡〔新加坡〕：堅夏書院，1836 年。

13.〔德〕郭實獵（Karl Friedrich August Gützlaff）：《約翰言行錄》，新嘉坡〔新加坡〕：堅夏書院，1837 年。

14.〔德〕郭實獵（Karl Friedrich August Gützlaff）：《保羅言行錄》，新嘉坡〔新加坡〕：堅夏書院，1837 年。

15.〔德〕郭實獵（Karl Friedrich August Gützlaff）：《但耶利言行全傳》，新嘉坡〔新加坡〕：堅夏書院，1837 年。

16.〔德〕郭實獵（Karl Friedrich August Gützlaff）：《聖書列祖全傳》，新嘉坡〔新加坡〕：堅夏書院，1838 年。

17.〔德〕郭實獵（Karl Friedrich August Gützlaff）：《彼得羅言行全傳》，新嘉坡〔新加坡〕：堅夏書院，1838 年。

18.〔德〕郭實獵（Karl Friedrich August Gützlaff）：《約色弗言行錄》，新嘉坡〔新加坡〕：堅夏書院，1830s。

19.〔德〕郭實獵（Karl Friedrich August Gützlaff）：《救世主耶穌受死全傳》，賜福堂，1843 年。

20.〔德〕郭實獵（Karl Friedrich August Gützlaff）：《耶穌復生傳》，福德堂，1843 年。

21.〔德〕郭實獵（Karl Friedrich August Gützlaff）譯：《舊遺詔聖書》，巴塔維亞，1838 年。

22.〔德〕郭實獵（Karl Friedrich August Gützlaff）譯：《救主耶穌新遺詔書》，新嘉坡〔新加坡〕：堅夏書院，1840 年。

23.〔德〕郭實獵編，黄時鑑整理：《東西洋考每月統記傳》，北京：中華書局，1997 年。

24.〔美〕何天爵（Chester Holcombe）：《耶穌言行錄》，北京：美華書館，1872 年。

25.〔清〕何進善：《聖經證據》，福州：太平街福音堂，1870 年。

26.〔法〕賀清泰（Louis Antoine de Poirot）譯，李奭學編：《聖徒瑪竇紀的萬日畧》，《古新聖經殘稿》，北京：中華書局，2014 年。
27.〔加〕季理斐（Donald MacGillivray）：《保羅悟道傳》，上海：廣學會，1903 年。
28.〔美〕克陛存（Michael Simpson Culbertson）：《以利亞言行傳》，上海：美華書館，1861 年。
29.〔美〕克陛存（Michael Simpson Culbertson）：《約瑟言行全傳》，上海：美華書館，1861 年。
30.〔英〕理雅各（James Legge）：《約瑟紀畧》，香港：英華書院，1852 年。
31.〔英〕理雅各（James Legge）：《亞伯拉罕紀畧》，香港：英華書院，1857 年。
32.〔英〕理雅各（James Legge）：《聖書要說析義》，香港：英華書院，〔出版日期不詳〕。
33.〔英〕理雅各（James Legge）：《落爐不燒》，香港：英華書院，〔出版日期不詳〕。
34.〔意〕利瑪竇（Matteo Ricci）：《天主實義》，收入鄭安德編：《明末清初耶穌會思想文獻彙編》，北京：北京大學宗教研究所，2000 年。
35.〔意〕利瑪竇（Matteo Ricci）：《交友論》，收入李奭學、林熙強主編：《晚明天主教翻譯文學箋注》，臺北：中央研究院，中國文哲研究所，2014 年。
36.〔意〕利瑪竇（Matteo Ricci）：《二十五言》，收入李奭學、林熙強主編：《晚明天主教翻譯文學箋注》，臺北：中央研究院，中國文哲研究所，2014 年。
37.〔意〕利瑪竇（Matteo Ricci）：《畸人十篇》，收入鄭安德編：《明末清初耶穌會思想文獻彙編》，北京：北京大學宗教研究所，2000 年。
38.〔美〕憐芬妮（為仁者之女）：《以來者言行紀畧》，〔出版地不詳〕，1849 年。
39.〔美〕憐為仁（William Dean）：《救世主言行撮畧》，暹羅：理夏書院，1842 年。
40.〔美〕憐為仁夫人（Mrs. Dean）：《以來者言行紀略》，新嘉坡〔新加坡〕：堅夏書院，1841 年。

41.〔意〕龍華民（Nicolas Longobardi）：《聖若撒法始末》，收入李奭學、林熙強主編：《晚明天主教翻譯文學箋注》，臺北：中央研究院，中國文哲研究所，2014 年。
42.〔英〕馬禮遜（Robert Morrison），〔英〕米憐（William Milne）譯：《神天聖書》，馬六甲：英華書院，1823 年。
43.〔英〕麥都思（Walter Henry Medhurst）：《十條誡註》，馬六甲：英華書院，1832 年。
44.〔英〕麥都思（Walter Henry Medhurst），〔清〕王韜等譯：《舊新約聖書》（《委辦譯本》），上海：聖書公會，1858 年。
45.〔英〕米憐（William Milne）：《救世者言行真史紀》，〔出版地不詳〕，1814 年。
46.〔英〕慕維廉（William Muirhead）：《耶穌合稿》，上海：上海三牌樓福音會堂，1877 年。
47.〔英〕施白珩（C. G. Sparham）：《約瑟傳》，漢口：聖教書會，1892 年。
48.〔德〕湯若望（Johan Adam Schall von Bell）：《崇一堂日記隨筆》，收入李奭學、林熙強主編：《晚明天主教翻譯文學箋注》，臺北：中央研究院，中國文哲研究所，2014 年。
49.〔清〕天下第一傷心人：《辟邪紀實》，〔出版地不詳〕，1871 年。
50.〔俄〕施約瑟（Samuel Isaac Joseph Schereschewsky），〔美〕白漢理（Henry Blodget），〔英〕包爾騰（John Shaw Burdon），〔英〕艾約瑟（Joseph Edkins）等譯：《北京官話新舊約全書》，倫敦：英國及海外聖經公會，1878 年。
51.〔美〕叔未士（John Lewis Shuck）訂：《上帝之命》，關日印造經文，書院藏版，〔出版日期不詳〕。
52.〔英〕韋廉臣夫人（Mrs. Williamson）：《但以理聖蹟圖說》，上海：益智書會，1882 年。
53.〔英〕韋廉臣夫人（Mrs. Williamson）：《摩西聖蹟圖說》，上海：益智書會，1882 年。
54.〔美〕夏查理（Hartwell C. Charles）：《廣孝集》，福州：南臺救主堂印，美華書局活板，1881 年。
55.〔作者不詳〕：《約伯紀畧》，福州：美華書局，1866 年。
56.〔作者不詳〕：《人當有孝順父母之實》，〔廈門：出版社不詳〕，1847 年。

57.〔作者不詳〕:《術數辨謬》,福州:太平街福音堂,1871 年。
58.〔作者不詳〕:《十駁五辯歌》,福州:太平街福音堂,1875 年。
59.〔作者不詳〕:《十條聖誡》,福州:南臺霞浦街福音堂,1879 年。
60.〔作者不詳〕:《耶穌事蹟攷》,廣東:羊城惠師禮會,1897 年。
61.〔作者不詳〕:《保羅史記》,〔出版地不詳〕,1900 年。
62. *A Descriptive Catalogue of the Publications of the Presbyterian Mission Press*. Shanghai, 1861.
63. *Catalogue of Books in the Depository of the American Presbyterian Mission Press in Shanghai, October 1, 1871*. Shanghai: American Presbyterian Mission Press, 1871.
64. *Catalogue of Books in the Depository of the American Presbyterian Mission Press in Shanghai, May 1, 1874*. Shanghai: American Presbyterian Mission Press, 1874.
65. *Catalogue of Books in the Depository of the American Presbyterian Mission Press in Shanghai, January 1st, 1879*. Shanghai: American Presbyterian Mission Press, 1879.
66. *Catalogue of the Publications of the Society for the Diffusion of Christian and General Knowledge among the Chinese (Dec. 1899)*. Shanghai: American Presbyterians Mission Press, 1899.
67. *China Centenary Missionary Conference Records. Report of the Great Conference Held at Shanghai, April 5th to May 8th, 1907*. New York: American Tract Society,1907.
68. *Christian Literature Society Publications, 1887~1940*. Shanghai, 1940.
69. Clayton, G. A. ed., *A Classified Index to the Chinese Literature of the Protestant Christian Churches in China* 中華基督教文字索引補編(華英合璧). Shanghai: Kwang Hsueh Publishing House, 1938.
70. *Ecumenical Missionary Conference, New York, 1900. Report of the Ecumenical Conference on Foreign Missions, Held in Carnegie Hall and Neighboring Churches, April 21 to May 1*. London: Religious Tract Society, 1900.
71. MacGillivary, D. ed. *New Classified and Descriptive Catalogue of Current Christian Literature, 1901 (Wen-li and Mandarin)*. Shanghai: Society for the

Diffusion of Christian and General Knowledge among the Chinese, 1902.
72. MacGillivary, D. ed. *Descriptive and Classified Missionary Centenary Catalogue of Current Christian Literature: 1907 continuing of 1901 (Wen-li and Mandarin)*. Shanghai: Christian Literature Society, 1907.
73. *Records of the General Conference of Protestant Missionaries in China*. Shanghai, 1890.
74. Wylie, Alexander. *Memorials of Protestant Missionaries to the Chinese: Giving a List of their Publications and Obituary Notices of the Deceased*. Shanghai: American Presbyterian Mission Press, 1867.
75. Wylie, Alexander. *Notes on Chinese Literature: With Introductory Remarks on the Progressive Advancement of the Art;and a List of Translations from the Chinese into various European Languages*. Paragon Reprint Oriental Series. Vol. 19. New York: Paragon Book Reprint Corp., 1964.
76. Wylie, Alexander. *Chinese Researches*. Taipei: Ch'eng-wen Pub., 1966.

二、英文論著

1. Adamantius, Origenes. *Commentary on the Gospel According to John, Books 1~10*, trans. by Roland E. Heine, Washington D. C.: Catholic University of America Press, 1989.
2. Adams, Dwayne H. *The Sinner in Luke: The Evangelical Theological Monography Series*. Eugene, OR: Pickwick, 2008.
3. Alter, Robert. *Canon and Creativity: Modern Writing and the Authority of Scripture*. New Heaven: Yale University Press, 2000.
4. Ashton, John. *Understanding the Fourth Gospel*. Oxford: Oxford University Press, 1993.
5. Barclay, William. *The Gospel of John*. Philadelphia, Westminster Press, 1956.
6. Barnett, Suzanne Wilson and Fairbank, John King. eds., *Christianity in China: Early Protestant Missionary Writings*. Cambridge, Mass.: Harvard University Press, 1985.
7. Bauckham, Richard. *Gospel Women: Studies of the Named Women in the Gospels*. London, New York: T & T Clark, 2002.
8. Beal, Timothy. "Reception History and Beyond: Toward the Cultural of

Scripture". *Biblical Interpretation* 19 (2011): 357~372.

9. Beal, Timothy and Mark Knight, "*Wirkungsgeschichte*, Reception History, Reception". *Journal for the Study of the New Testament* 32 (2): 137~146.
10. Bloom, Harold. *Ruin the Sacred Truths: Poetry and Belief from the Bible to the Present*. Cambridge, Mass.: Harvard University Press, 1989.
11. Boitani, Piero. *The Bible and its Rewriting*. Oxford: Oxford University Press, 1999.
12. Brock, Ann Graham. *Mary Magdalene, The Frist Apostle: The Struggle of Authority*. Cambridge: Harvard University Press, 2003.
13. Brown, Peter. "The Rise and Function of the Holy Man in Late Antiquity", in his *Society and the Holy in Late Antiquity*. Berkeley: University of California Press, 1982, pp. 103~152.
14. Bunyan, John. *The Pilgrim's Progress*. Harmondsworth: Penguin, 1965.
15. Chilton, Bruce. *Mary Magdalene: A Biography*. New York: Crown Publishers, 2005.
16. Calvin, John. *Calvin's Old Testament Commentaries: the Rutherford House Translation*. Mich: W. B. Eerdmans, 1993.
17. *Christian Literature Society for China Catalogue (November, 1946)*. Shanghai, 1946.
18. Cohen, Paul A. "The Anti-Christian Tradition in China", *The Journal of Asia Studies*, Vol. 20, No. 2 (Feb. 1961): 160~180.
19. Cohen, Paul A. *China and Christianity: The Missionary Movement and the Growth of Chinese Antiforeignism (1860~1870)*. Cambridge, Mass.: Harvard University Press, 1963.
20. Chloe, Stärr. *Chinese Theology*. New Haven: Yale University Press, 2016.
21. Collins, Adela Yarbro. *Mark*. Minneapolis: Fortress Press, 2007.
22. Clark, Anthony E. *China's Saints: Catholic Martyrdom during the Qing (1644~1911)*. Bethlehem: Lehigh University Press, 2011.
23. Clines, D. J. A. "The Image of God in Man". *Tyndale Bulletin*, 19 (1968): 53~61.
24. Coffey, Kathy. *Hidden Women of the Gospels*. Maryknoll, New York: Orbis

Books, 2003.

25. Croatto, J. Severino. *Biblical Hermeneutics: Toward a Theory of Reading as the Production of Meaning*, trans. by Robert R. Barr. Maryknoll, New York: Orbis Books, 1987.
26. Delehaye, Hippolyte. *The Legends of the Saints*. trans. by Donald Attwater. Ireland: Four Court Press, 1998.
27. DeWoskin, Kenneth J. & Andrew H. Plaks. *Narrative: Critical and Theoretical Essays*. Princeton: Princeton University Press, 1977.
28. Douillet, Jacques. *What is a Saint?* trans. by Donland Arrwater. London: Burns & Oates, 1958.
29. Eliade, Mircea. *Images and Symbols: Studies in Religious Symbolism*. New Jersey: Princetion University Press, 1991.
30. Elwell, Walter A. *Evangelical Dictionary of Theology*. Grand Rapids, Michigan: Baker Book House, 1987.
31. England, Emma and Lyons, William John. eds., *Reception History and Biblical Theory: Theory and Practice*. London: Bloomsbury T&T Clark, 2015.
32. Elowsky, Joel C. ed. *Ancient Christian Commentary on Scripture: New Testament IV a, John 1~10*. Downers Grover, Illinois: Inter Varsity Press, 2006.
33. Evans, Robert. *Reception History, Tradition and Biblical Interpretation: Gadamer and Jauss in Current Practice*. London: Bloomsbury, 2014.
34. Fairbank, John King. ed., *The Missionary Enterprise in China & America*. Cambridge, Mass.: Harvard University Press, 1974.
35. Fields, Weston W. *Sodom and Gomorrah: History and Motif in Biblical Narrative*. Sheffield: Sheffield Academic Press, 1997.
36. Fiorenza, Elisabeth Schüssler. *In Memory of Her: A Feminist Theological Reconstruction of Christian Origins*. New York: Crossroad, 1998.
37. Frye, Northrop. *The Great Code: The Bible and Literature*. New York: Routledge, 1981.
38. Garrett, Susan R. *No Ordinary Angel: Celestial Spirits and Christian Claims about Jesus*. New Heaven and London: Yale University Press, 2008.
39. Gernet, Jacques. *China & the Christian Impact: A Conflict of Cultures*. Trans.

Janet Lloyd. Cambridge: Cambridge University Press, 1985.

40. Girardot, Norman J. *The Victorian Translation of China: James Legge's Oriental Pilgrimage*. Berkeley: University of California Press, 2002.
41. Gowan, Donald E. *Theology in Exodus: Biblical Theology in the Form of a Commentary*. Louisville, Kentucky: Westminster John Knox Press, 1994.
42. Groot, Jan Jakob Maria de. *Sectarianism and Religious Persecution in China: A Page in the History of Religious*. Taipei: Literature House, 1963.
43. Groot, Jan Jakob Maria de. *The Religious System of China*. Leiden: E. J. Brill, 1892.
44. H. Thurston, "Saints and Martyrs", in James Hastings, ed., *Encyclopedia of Religion and Ethics*. New York: Charles Scribner's Sons, 1925, Vol. xl, pp. 51~59.
45. Hanan, Patrick. *Chinese Fiction of the Nineteenth and Early Twentieth Centuries: essays*. New York: Columbia University Press, 2004.
46. Helmer, Christine and Ziolkowski, Eric. eds., *Encyclopedia of the Bible and Its Reception*. Berlin: Walter de Gruyter, 2009~.
47. Helmer, Christine and Ziolkowski, Eric. eds., *Studies of the Bible and Its Reception*. Berlin: Walter de Gruyter, 2013~.
48. Hultgren, Arland J. *Paul's Gospel and Mission: The Outlook from His Letter to the Roman*. Minneapolis: Augsburg Fortress Publishing, 1985.
49. Jacobus, Lee A. ed., *The Bedford Introduction to Drama*. Boston, Mass.: Bedford/St. Martin's, 2009.
50. Jordan, Mark D. *The Silence of Sodom: Homosexuality in Modern Catholicism*. Chicago: University of Chicago Press, 2000.
51. Jones, Robin Griffith. *Beloved Disciple: The Misunderstood Legacy of Mary Magdalene, the Woman Close to Jesus*. New York: Harper Collins Publishers, 2008.
52. Kaplan, Morris B. *Sodom on the Thames: Sex, Love, and Scandal in Wilde Times*. Ithaca: Cornell University Press, 2005.
53. Kennely, Martin and Dore, Henri. *Researches into Chinese Superstitions*. Taipei: Ch'eng-wen Publishing Company, 2012.

54. Kierspel, Lars. *Charts on the Life, Letters, and Theology of Paul*. Grand Rapids, MI: Kregel Publications, 2012.
55. Klancher, Nancy. "A Genealogy for Reception History". *Biblical Interpretation*, 21~1 (2013): 99~129.
56. Kleinberg, Aviad M. *Flesh Made Word: Saints' Stories and the Western Imagination*. trans. by Jane Marie Todd. Cambridge, Mass.: Belknap Press of Harvard University Press, 2008.
57. Lai, John T. P. *Negotiating Religious Gaps: The Enterprise of Translating Christian Tracts by Protestant Missionaries in Nineteenth-century China*. Sankt Augustin: Institut Monumenta Serica, 2012.
58. Lai, John T. P. "East Asia Literature: Missionary Novels in Chinese". in *Encyclopedia of the Bible and Its Reception*. Vol. 7, eds. by Hans-Josef Klauck *et al*. Berlin and New York: Walter de Gruyter Publisher, 2013, pp. 181~183.
59. Lai, John T. P. "Fictional Representation of the Bible: Chinese Christian Novels of the Late 19th Century". *Literature and Theology: An International Journal of Religion, Theory and Culture*, Vol. 28, No. 2 (June 2014): 201~225.
60. Lai, John T. P. "'Supreme Nation': The British Image in Karl Gützlaff's Novel", in Song Gang, ed., *Reshaping the Boundaries: The Christian Intersection of China and the West in the Modern Era*. Hong Kong: Hong Kong University Press, 2016, pp. 59~75.
61. Lee, Joseph Tse-Hei. *The Bible and the Gun: Christianity in South China, 1860~1900*. New York: Routledge, 2003.
62. Lefevere, André. *Translation, Rewriting, and the Manipulation of Literary Fame*. New York: Routledge, 1992.
63. Levine, Amy-Jill ed. *A Feminist Companion to John*. London, New York: Sheffield Academic Press, 2003.
64. Lieb, Michael. Mason, Emma & Roberts, Jonathan. eds., *The Oxford Handbook of the Reception on History of the Bible*. Oxford: Oxford University Press, 2013.
65. Little, William. ed., *The Shorter Oxford English Dictionary on Historical Principles*. Oxford: Clarendon Press, 1973.

66. Lorenzen, Thorwald. *Resurrection and Discipleship: Interpretative Models, Biblical Reflections, Theological Consequences*. Maryknoll, New York: Orbis, 1995.
67. Lutz, Jessie Gregory. *Opening China: Karl F. A. Gützlaff and Sino-Western Relations, 1827~1852*. Mich.: William B. Eerdmans Publicaiton, 2008.
68. Mair, Victor. *T'ang Transformation Texts: A Study of the Buddhist Contribution to the Rise of Vernacular Fiction and Drama in China*. Cambridge, Mass.: Council on East Asian Studies, Harvard University, 1989.
69. Malek, Roman. ed., *The Chinese Faces of Jesus Christ*. Sankt Augustin: Institut Monumenta Serica and China-Zentrum, 2002~2007.
70. Marshall, I. Howard. *The Gospel of Luke: A Commentary on the Greek Text*. Exeter: The Paternoster Press, 1978.
71. Michaels, J. Ramsey *The Gospel of John*. Grand Rapids, Michigan: Wm. B. Eerdmans Publishing Co., 2010.
72. Mills, Mary E. *Images of God in the Old Testament*. Collegeville, Minnesota: The Liturgical Press, 1998.
73. Ogg, George. *The Chapters of the Life of Paul*. London: Epworth, 1968.
74. Pfister, Lauren F. "Some New Dimensions in the Study of the Works of James Legge (1815~1896): Part I", in *Sino-Western Cultural Relations Journal*, 1990 (12): 30~48.
75. Pfister, Lauren F. *Striving for the "Whole Duty of Man": James Legge and the Scottish Protestant Encounter with China: Assessing Confluences in Scottish Nonconformism, Chinese Missionary Scholarship, Victorian Sinology, and Chinese Protestantism*. New York: Peter Lang, 2004.
76. Propp, William H. C. *Exodus 19~40: A New Translation with Introduction and Commentary*. New York: Doubleday, 2006.
77. Pinker, Steven. *The Better Angels of our Nature: Why Violence Has Declined*. New York: Viking, 2011.
78. Perkins, P. *Resurrection: New Testament Witness and Contemporary Reflection*. Garden City, New York: Doubleday; London: Chapman, 1984.
79. Pollard, David E. *Translation and Creation: Readings of Western Literature in*

Early Modern China, 1840~1918. Philadelphia: J. Benjamins, 1998.

80. Preminger, Alex and Greenstein, Edward L. eds., *The Hebrew Bible in Literary Criticism*. Ungar, N. Y.: The Ungar Publishing Company, 1986.
81. Reilly, Thomas H. *The Taiping Heavenly Kingdom: Rebellion and the Blasphemy of Empire*. Seattle: University of Washington Press, 2004.
82. Reinder, Eric. *Borrowed Gods and Foreign Bodies: Christian Missionaries Imagine Chinese Religion*. Berkeley: University of California Press, 2004.
83. Rhonda, Burnette-Bletsch. *Handbook of the Bible and Its Reception*. Berlin: Walter de Gruyter, 2009~.
84. Ricoeur, Raul. *Figuring the Sacred: Religion, Narrative, and Imagination*. trans. by David Pellauer. Minneapolis: Fortress Press, 1995.
85. Rimmon-Kenan, Shlomith. *Narrative Fiction: Contemporary Poetics*. London; New York: Routledge, 2002.
86. Robinson, Lewis Stewart. *Double-edged Sword: Christianity & 20th Century Chinese Fiction*. Hong Kong: Tao Fong Shan Ecumenical Centre, 1986.
87. Roston, Murray. *Biblical Drama in England: From Middle Age to the Present Day*. London: Faber, 1968.
88. Said, Edward W. *Culture and Imperialism*. New York: Knopf, 1993.
89. Sailhamer, John. *Essential Bible Commentary*. Grand Rapids, Mich.: Zondervan, 2011.
90. Sarna, Nahum M. *Understanding Genesis*. New York: Schocken Books, 1966.
91. Shimeon, Bar-Efrat. *Narrative Art in the Bible*. Sheffield: Almond Press, 1989.
92. Song, Gang. ed., *Reshaping the Boundaries: The Christian Intersection of China and the West in the Modern Era*. Hong Kong: Hong Kong University Press, 2016.
93. Spalatin, Christopher. "Matteo Ricci's Use of Epictetus's Encheiridion", *Gregorianum*, Vol. 56, No. 3 (1975): 551~557.
94. Speaight, Robert. *Christian Theatre*. New York: Hawthorn Books, 1960.
95. Skinner, John. *A Critical and Exegetical Commentary on Genesis*. Edinburgh: Clark, 1930.
96. Stanley, David. *The Passion of Jesus in the Gospel of Mark*. Wilmington:

Michael Glazier, 1984.

97. Starr, Chloë. ed., *Reading Christian Scriptures in China*. New York: T & T Clark, 2008.
98. Starbird, Margaret. *Mary Magdalene, Bride in Exile*. Rochester, Vermont: Bear & Company, 2005.
99. Sternberg, Meir. *The Poetics of Biblical Narrative*. Bloomington: Indiana University Press, 1985.
100. Sticca, Sandro. ed., *Saints: Studies in Hagiography*. New York: Medieval & Renaissance Texts & Studies, 1996.
101. Swindell, Anthony C. *Reworking the Bible ：The Literary Reception-History of Fourteen Biblical Stories*. Sheffield: Sheffield Phoenix Press, 2010.
102. Swindell, Anthony C. *Reforging the Bible: More Biblical Stories and their Literary Reception*. Sheffield: Sheffield Phoenix Press, 2014.
103. Tate, W. Randolph. *Biblical Interpretation: An Integrated Approach*. Peabody, Massachusetts: Hendrickson Publishers, 1991.
104. Vance, Norman. *Bible and Novel: Narrative Authority and the Death of God*. Oxford: Oxford University, 2013.
105. Webster, Merriam. *The Merriam-Webster Dictionary*. New York: Pocket Books, 1974.
106. Wells, Steve. *Drunk with Blood: God's Killing in the Bible*. LLC: SAB Books, 2013.
107. Westermann, Claus. *Handbook to the Old Testament*, trans. by Robert H. Boyd, London: S. P. C. K., 1975.
108. White, Matthew. *The Great Big Book of Horrible Things*. New York: W. W. Norton & Company, 2011.
109. Wickeri, Philip L. ed., *Christian Encounters with Chinese Culture: Essays on Anglican and Episcopal History in China*. Hong Kong: Hong Kong University Press, 2015.
110. Vauchez, André. *Sainthood in the Later Middle Ages*. trans. by Jean Birrell. New York: Cambridge University Press, 1997.
111. Venuti, Lawrence. *The Translator's Invisibility: A History of Translation*. New

York: Routledge, 1995.

112. WONG, Man Kong. *James Legge: A Pioneer at Crossroads of East and West*. Hong Kong: Hong Kong Educational Pub., 1996.
113. Yu, Anthony C. *Comparative Journeys: Essays on Literature and Religion East and West*. New York: Columbia University Press, 2009.
114. YU, Ying-shih, "Some Preliminary Observations on the Rise of Ch'ing Confucian Intellectualism", *Tsing Hua Journal of Chinese Studies*, Dec. 1975, no. 1 & 2:105~146.
115. Zetzsche, Jost Oliver. *The Bible in China: The History of the Union Version, or the Culmination of Protestant Missionary Bible Translation in China*. Sankt Augustin: Mounmenta Serica Institute, 1999.

三、中文論著（中文作者按姓氏的漢語拼音順序；同一作者按出版時間）

1.〔法〕安德烈・莫洛亞（André Maurois）著，陳蒼多譯：《傳記面面觀》，臺北：臺灣商務印書館，1986 年。
2. 白欲曉：〈聖、聖王、聖人——儒家崇聖信仰的淵源與流變〉，《安徽大學學報（哲學社會科學版）》，2012 年第 5 期，頁 17～24。
3.〔漢〕班固：《漢書》，香港：中華書局香港有限公司，2014 年。
4.〔漢〕班昭著，四川大學古籍整理研究所，中華諸子寶藏編纂委員會編：《女誡》，成都：四川人民出版社，1997 年。
5.〔英〕博克舍（Boxer C. R.）編注，何高濟譯：《十六世紀中國南部行紀》，北京：中華書局，1990 年。
6. 蔡東藩：《宋史通俗演義》，濟南：山東人民出版社，1981 年。
7. 蔡仁厚：《孔子的生命境界：儒學的反思與展開》，臺北：臺灣學生書局，1998 年。
8.〔清〕曹雪芹：《脂硯齋重評石頭記》，北京：人民文學出版社，1993 年。
9. 陳惇、劉洪濤：《西方文學史》，成都：四川人民出版社，2003 年。
10. 陳國強編：《媽祖信仰與祖廟》，福建：福建教育出版社，1990 年。
11. 陳洪：《結緣：文學與宗教：以中國古代文學為中心》，北京：北京師範大學出版社，2009 年。
12. 陳龍斌：〈《馬可福音》的結尾：從魯迅的《復仇（其二）》談起〉，《聖經文學研究》，第 7 輯，2013 年，頁 239～260。

13. 陳建明：《激揚文字，廣傳福音——近代基督教在華文字事工》，臺北：宇宙光，2006 年。
14. 陳建憲：《神祇與英雄：中國古代神話的母題》，北京：生活．讀書．新知三聯書店，1994 年。
15. 陳平原：《中國小說敘事模式的轉變》，香港：香港中文大學出版社，2003 年。
16. 陳慶浩：〈新發現的天主教基督教古本漢文小說〉，收入徐志平編：《第二屆中國小說戲曲國際學術研討會論文集》，臺北：里仁書局，2005 年，頁 467～485。
17. 陳允吉：《佛教與中國文學論稿》，上海：上海古籍出版社，2010 年。
18.〔宋〕程顥、〔宋〕程頤著，〔宋〕朱熹編：《二程遺書》，上海：上海古籍出版社，1987 年。
19. 褚瀟白：《聖像的修辭：耶穌基督形象在明清民間社會的變遷》，北京：中國社會科學出版社，2011 年。
20. 褚瀟白：《近現代中國民間信仰與基督宗教的相遇》，香港：漢語基督教文化研究所，2016 年。
21. 崔華傑：〈晚清英國傳教士蘇真信與《孔子家語》譯介〉，《齊魯學刊》，2013 年第 2 期，頁 60～65。
22. 崔文東：〈晚清翻譯傳記研究〉，香港：香港中文大學，博士論文，2015 年。
23. 崔文東：〈從撒旦到霸王——馬禮遜、郭實獵筆下的拿破崙形象及其影響〉，《清華學報》，第 45 卷第 4 期，2015 年 12 月，頁 631～664。
24. 代國慶：《聖母瑪利亞在中國》，新北：臺灣基督教文藝出版社，2014 年。
25. 段懷清、周俐玲編：《〈中國評論〉與晚清中英文學交流》，廣州：廣東人民出版社，2006 年。
26. 段振華：〈《清實錄》列女旌表概觀〉，武漢：湖北省社會科學院，碩士論文，2016 年。
27. 杜慧敏：《晚清主要小說期刊譯作研究，1901～1911》，上海：上海書店出版社，2007 年。
28. 段琦：《奮進的歷程——中國基督教的本色化》，北京：商務印書館，2004 年。

29. 顧長聲：《從馬禮遜到司徒雷登——來華新教傳教士評傳》，上海：上海人民出版社，1985 年。
30. 顧長聲：《傳教士與近代中國》，上海：上海人民出版社，2004 年。
31. 廣協書局編：《中華基督教文字索引（華英合璧）》，上海：廣協書局，1933 年。
32. 廣協書局總發行所編：《中華全國基督教出版物檢查冊》，上海：廣協書局總發行所，1939 年。
33.〔英〕俄珥（James Orr）等編，馮翰飛譯：《聖經百科全書》，上海：商務印書館，1925 年。
34.〔美〕費正清（John K. Fairbank），劉廣京編，中國社會科學院歷史研究所編譯室譯：《劍橋中國晚清史：1800～1911 年》，北京：中國社會科學出版社，1985 年。
35. 宮保利：《術數活動與晚清社會》，天津：古籍出版社，2009 年。
36. 宮川尚志：〈儒教的宗教性格〉，《宗教研究》，1965 年 1 月，第 38 卷第 1 期，頁 1～24。
37. 郭廷以：《近代中國史綱》，香港：香港中文大學出版社，1986 年。
38. 韓南著，徐俠譯：《中國近代小說的興起》，上海：教育出版社，2004 年。
39. 韓兆琦：《中國傳記文學史》，石家莊：河北教育出版社，1992 年。
40. 何建明：《近代中國宗教文化史研究》，北京：北京師範大學出版社，2015 年。
41. 何紹斌：《越界與想象：晚清新教傳教士譯介史論》，上海：上海三聯書店，2008 年。
42.〔魏〕何晏注，〔宋〕邢昺疏，《十三經注疏》整理委員會整理：《論語注疏》，北京：北京大學出版社，2000 年。
43. 華琛：〈神祇標準化：華南沿岸天后地位的提昇（960～1960）〉，收入陳慎慶編：《諸神嘉年華：香港宗教研究》，香港：牛津大學出版社，2002 年，頁 155～179。
44. 黃進興：《聖賢與聖徒》，臺北：允晨文化實業股份有限公司，2001 年。
45. 黃錦珠：〈甲午之役與晚清小說界〉，《中國文學研究》，1991 年第 5 期，頁 237～254。
46. 黃一農：《兩頭蛇：明末清初的第一代天主教徒》，上海：上海古籍出版社，2006 年。
47.〔加〕季理斐（Donald MacGillivray）編：《聖經辭典》，上海：廣學會，1941 年。
48.〔漢〕賈誼：〈脩政語上〉，《新書》，臺北：臺灣商務印書館，1967 年。
49. 金程宇編：《聖朝破邪集》，南京：鳳凰出版社，2012 年。
50. 教會更新發展研究中心編：《基督徒與敬祖——敬祖研討會彙編》，臺北：中福出版有限公司，2000 年。
51. 金澤：〈民間信仰的聚散現象初探〉，《西北民族研究》，2002 年第 2 期，頁 146～157。
52. 康志傑：《基督的新娘——中國天主教貞女研究》，北京：中國社會科學出版社，2013 年。
53.〔漢〕孔安國傳，〔唐〕孔穎達疏，《十三經注疏》整理委員會整理：《尚書正義》，北京：北京大學出版社，2000 年。
54.〔晉〕孔晁注：《逸周書》，北京：商務印書館，1937 年。
55. 李熾昌：《亞洲處境與聖經詮釋》，香港：基督教文藝出版社，1996 年。
56. 李熾昌：《文本實踐與身份辨識：中國基督徒知識分子的中文著述，1583～1949》，上海：上海古籍出版社，2005 年。
57. 李熾昌：《聖號論衡：晚清〈萬國公報〉基督教「聖號論爭」文獻彙編》，上海：上海古籍出版社，2008 年。
58.〔瑞〕克里斯特．施騰達爾（Krister Stendahl）：〈使徒保羅與西方的內省良心〉，花威譯，《聖經文學研究》，2016 年第 1 期，頁 136～153。
59.〔清〕賴玄海：〈湄洲天上聖母慈濟真經〉，收入王見川、林萬傳編：《明清民間宗教經卷文獻》，臺北：新文豐出版股份有限公司，2006 年。
60.〔英〕雷振華（George A. Clayton）：《基督教出版各書書目匯纂》，漢口：聖教書局，1917 年。
61.〔清〕李杕：《聖母傳》，收入中國宗教歷史文獻集成編纂委員會編纂：《東傳福音》，合肥：黃山書社，2005 年。
62. 李豐楙、廖肇亨編：《聖傳與詩禪：中國文學與宗教論集》，臺北：中央研究院文哲研究所，2007 年。
63.〔唐〕李隆基注，〔宋〕邢昺疏，《十三經注疏》整理委員會整理：《孝經注疏》，北京：北京大學出版社，2000 年。

64. 李天綱：《跨文化的詮釋：經學與神學的相遇》，北京：新星出版社，2007年。
65. 李天綱：《中國禮儀之爭——歷史、文獻和意義》，上海：上海古籍出版社，1998 年。
66. 李奭學：〈觀看的角度：如何閱讀明清兩代的基督宗教文學〉，《道風：基督教文化評論》，第 31 期，2009 年秋，頁 301～312。
67. 李奭學：《中國晚明與歐洲文學：明末耶穌會古典型證道故事考詮》，臺北：中央研究院，聯經出版公司，2005 年。
68. 李奭學：〈三面瑪利亞——論高一志《聖母行實》裏的聖母奇蹟故事的跨國流變及其意義〉，《中國文哲研究集刊》，第 34 期，2009 年 3 月，頁 53～110。
69. 李奭學：〈中西合璧的小說新體——清初耶穌會士馬若瑟著《夢美土記》初探〉，《漢學研究》，第 29 卷第 2 期，2011 年 6 月，頁 81～116。
70. 李奭學：《譯述：明末耶穌會翻譯文學論》，香港：香港中文大學中國文化研究所翻譯研究中心，2012 年。
71. 李奭學：〈近代白話文．宗教啟蒙．耶穌會傳統——試窺賀清泰及其所譯《古新聖經》的語言問題〉，《中國文哲研究集刊》，第 42 期，2013 年 3 月，頁 51～108。
72. 李祥年：《傳記文學概論》，合肥：安徽文藝出版社，1993 年。
73. 李宜涯：《聖壇前的創作：20 年代基督教文學研究》，臺北：秀威資訊科技股份有限公司，2010 年。
74. 黎子鵬：〈晚清基督教文學：《正道啟蒙》（1864）的中國小說敘事特徵〉，《道風：基督教文化評論》，第 35 期，2011 年，頁 279～299。
75. 黎子鵬：〈晚清基督教小說《引家當道》的聖經底蘊與中國處境意義〉，《聖經文學研究》，第 5 輯，2011 年，頁 79～95。
76. 黎子鵬：〈論《天路歷程》三個漢譯本的譯詩策略與風格〉，《編譯論叢》，第 4 卷第 1 期，2011 年 3 月，頁 73～97。
77. 黎子鵬：〈首部漢譯德文基督教小說：論《金屋型儀》中女性形象的本土化〉，《中國文哲研究通訊》，第 22 卷第 1 期，2012 年 3 月，頁 21～41。
78. 黎子鵬：〈重構他界想像：晚清漢譯基督教小說《安樂家》（1882）初探〉，《編譯論叢》，第 5 卷第 1 期，2012 年 3 月，頁 189～209。

79. 黎子鵬：〈晚清基督教中文小說研究：一個宗教與文學的角度〉，收入黎志添編：《華人學術處境中的宗教研究：本土方法的探索》，香港：三聯書店，2012 年，頁 227～244。
80. 黎子鵬：《經典的轉生——晚清〈天路歷程〉漢譯研究》，香港：基督教中國宗教文化研究社，2012 年。
81. 黎子鵬編注：《晚清基督教敘事文學選粹》，新北：橄欖出版有限公司，2012 年。
82. 黎子鵬：〈《聖經》的中國演義——理雅各史傳小說《約瑟紀畧》(1852)〉，《漢學研究》，第 31 卷第 1 期，頁 161～185。
83. 黎子鵬：〈《聖經》與中國文學的互涉：清末時新小說《驅魔傳》中鬼魔的宗教原型與社會意涵〉，《中國現代文學研究叢刊》，2013 年第 11 期，頁 173～189。
84. 黎子鵬編注：《贖罪之道傳：郭實獵基督教小說集》，新北：橄欖出版有限公司，2013 年。
85. 黎子鵬：〈結緣於俾士：中華循道會之父〉，收入邢福增、關瑞文、吳青編：《人言我為誰乎？盧龍光院長榮休紀念文集》，香港：基督教文藝出版社，2014 年，頁 201～225。
86. 黎子鵬：〈張佃書《無名小說》(1895) 的宗教表述——以其「時調」為重點的分析〉，《漢學研究》，第 33 卷第 1 期，2015 年，頁 295～318。
87. 黎子鵬編著：《中國基督教文字事業編年史 (1860～1911)》，香港：基督教文藝出版社，2015 年。
88. 黎子鵬：《福音演義：晚清漢語基督教小說的書寫》，臺北：臺大出版中心，2017 年。
89. 黎子鵬、鄺智良：〈譯本的轉生——清末時新小說對《天路歷程》的重寫〉，《或問》，第 25 號，2014 年，頁 15～29。
90. 黎志添：《宗教研究與詮釋學——宗教學建立的思考》，香港：香港中文大學出版社，2003 年。
91. 黎志添：《宗教的和平與衝突：香港中文大學與北京大學宗教研究學術論文集》，香港：中華書局，2005 年。
92. 黎志添：《華人學術處境中的宗教研究：本土方法的探索》，香港：三聯書店，2010 年。

93. 梁工：《西方聖經批評引論》，北京：商務印書館，2005 年。
94. 梁工：《當代文學理論與聖經批評》，北京：人民出版社，2014 年。
95.〔宋〕廖鵬飛：〈聖墩祖廟重建順濟廟記〉，http://herzung.blogspot.hk/2009/11/blog-post_13.html。
96. 廖振旺：〈「萬歲爺意思說」——試論十九世紀來華新教傳教士對《聖諭廣訓的出版與認識》，《漢學研究》，第 26 卷第 3 期，2008 年 9 月，頁 225～262。
97. 林安弘：《儒家孝道思想研究》，臺北：文津出版社，1992 年。
98. 林鴻信：〈第一位使徒：抹大拉的馬利亞〉，《聖經文學研究》第二輯，2008 年第 1 期，頁 217～247。
99. 劉世德編：《中國古代小說研究》，上海：上海古籍出版社，1983 年。
100. 劉世德編：《古今小說叢刊》，北京：中華書局，1990 年。
101. 劉婉俐：〈藏傳佛教傳記的主體性與空性：伊喜嘉措佛母密傳的敘事研究〉，新北：輔仁大學，博士論文，2001 年。
102. 劉巍：〈唐宋學者有關《孔子家語》偽書理論之演成〉，《社會科學研究》，2014 年第 2 期，頁 145～177。
103.〔漢〕劉向：《列女傳》，南京：江蘇古籍出版社，2003 年。
104. 劉葉秋等編：《中國古典小說大辭典》，石家莊：河北人民出版社，1998 年。
105. 劉源：《殷商祭祖禮研究》，北京：商務印書館，2004 年。
106. 劉再復：《雙典批判——對〈水滸傳〉和〈三國演義〉的文化批判》，北京：生活．讀書．新知三聯書店，2010 年。
107. 樓含松：《從「講史」到「演義」——中國古代通俗小說的歷史敘事》，北京：商務印書館，2008 年。
108.〔明〕羅貫中著，〔明〕金聖歎評：《水滸傳》，北京：中華書局，2009 年。
109. 呂妙芬：《孝治天下：〈孝經〉與近世中國的政治與文化》，臺北：中央研究院，聯經出版事業有限公司，2011 年。
110. 呂奇芬：〈斯泰因對聖徒傳書寫傳統的現代主義式回應〉，《中外文學》，第 33 卷第 10 期，2005 年 3 月，頁 73～98。
111. 呂實強：《中國官紳反教的原因（一八六〇——一八七四）》，臺北：中央研究院近代史研究所，1966 年。

112. 馬長林、吳小新編：《中國教會文獻目錄：上海市檔案館珍藏資料》，上海：上海古籍出版社，2002 年。
113.〔德〕馬丁・路德（Martin Luther）著，徐慶譽、湯清譯：《路德選集》，香港：香港基督教文藝出版社，1996 年。
114. 馬西沙：《中國民間宗教史》，北京：中國社會科學出版社，2004 年。
115.〔英〕米憐（William Milne）著，北京外國語大學中國海外漢學研究中心翻譯組翻譯：《新教在華傳教前十年回顧》，鄭州：大象出版社，2008 年。
116. 牟鐘鑒：《中國宗教與文化》，臺北：唐山出版社，1995 年。
117. 歐大年：《中國民間宗教教門研究》，上海：古籍出版社，1993 年。
118. 潘國華：〈趙紫宸的《耶穌傳》之研究〉，桃園：中原大學，碩士論文，2012 年。
119.〔清〕蒲松齡：〈辛十四娘〉，《聊齋誌異》，香港：商務印書館，1975 年。
120.〔明〕瞿九思：《孔廟禮樂考》，上海：上海古籍出版社，1995 年。
121. 全展：《傳記文學：闡釋與批評》，武漢：湖北人民出版社，2007 年。
122. 饒宗頤：〈中國文學史上宗教與文學的特殊關係〉，《饒宗頤二十世紀學術文集》，北京：中國人民大學出版社，2009 年。
123.〔法〕熱拉爾・熱奈特（Gdrard Genette）著，王文融譯：《敘事話語・新敘事話語》，北京：中國社會科學出版社，1990 年。
124. 史次耘：《司馬遷與史記》，臺北：廣文書局，1964 年。
125. 舒新城編：《夢》，上海：中華書局，1927 年。
126.〔漢〕司馬遷：《史記》，臺北：新文豐出版股份有限公司，1975 年。
127.〔唐〕司馬貞：《史記索隱》，上海：上海古籍出版社，1987 年。
128.〔日〕松浦章（Matsuura Akira）、〔日〕內田慶市（Uchida Keiichi）、沈國威編著：《遐邇貫珍の研究》，吹田：關西大学出版部，2004 年。
129. 宋莉華：〈十九世紀傳教士小說的文化解讀〉，《文學評論》，2005 年第 1 期，頁 81～88。
130. 宋莉華：〈第一部傳教士中文小說的流傳於影響——米憐《張遠兩友相論》論略〉，《文學遺產》，2005 年第 2 期，頁 116～126。
131. 宋莉華：〈西方傳教士漢學的分支：傳教士漢文小說研究現狀〉，《國外社會科學》，2008 年第 5 期，頁 99～103。
132. 宋莉華：〈賓為霖與《天路歷程》的漢譯〉，《上海師範大學學報》（哲學社會科學版），2009 年第 5 期，頁 83～90。
133. 宋莉華：《傳教士漢文小說研究》，上海：上海古籍出版社，2010 年。
134. 宋莉華：〈傳教士漢文小說與中國文學的近代變革〉，《文學評論》，2011 年第 1 期，頁 57～62。
135. 宋莉華：〈基督教漢文文學的發展軌跡〉，《武漢大學學報》（人文科學版），2012 年第 2 期，頁 17～20。
136. 宋莉華：〈美以美會傳教士亮樂月的小說創作與翻譯〉，《上海師範大學學報》（哲學社會科學版），2012 年第 3 期，頁 92～101。
137. 宋莉華：〈基督教兒童小說《安樂家》研究〉，《上海師範大學學報（哲學社會科學版）》，2014 年第 1 期，頁 86～93。
138. 宋莉華：〈從《羅慕拉》到《亂世女豪》——傳教士譯本的基督教化研究〉，《文學評論》，2015 年第 1 期，頁 210～216。
139. 宋莉華：〈傳教士漢文小說的發展及其作為宗教文學的啟示意義〉，《武漢大學學報》（人文科學版），第 69 卷第 4 期，2016 年 7 月，頁 83～89。
140. 宋莉華：〈寫瓶有寄，傳燈不絕——韓南對傳教士漢文小說領域的開拓及其研究現狀〉，《國際漢學》，總第 7 期，2016 年第 2 期，頁 58～66。
141. 蘇精：《上帝的人馬：十九世紀在華傳教士的作為》，香港：基督教中國宗教文化研究社，2006 年。
142. 蘇萍：《謠言與近代教案》，上海：上海遠東出版社，2001 年。
143. 孫昌武：《中國文學中的維摩與觀音》，天津：天津教育出版社，2005 年。
144. 孫昌武：《佛教與中國文學》，上海：上海人民出版社，2007 年。
145. 譚樹林：《傳教士與中西文化交流》，北京：生活·讀書·新知三聯書店，2013 年。
146.〔清〕湯斌：《孝經易知》，收入氏著：《湯斌集》，鄭州：中州古籍出版社，2003 年。
147. 唐君毅：《先秦思想中的天命觀》，香港：新亞書院，1957 年。
148. 童慶炳：《文學理論要略》，北京：人民文學出版社，1995 年。
149. 萬本根、陳德述編：《中華孝道文化》，成都：巴蜀書社，2001 年。
150.〔魏〕王弼，〔晉〕韓伯康注，〔唐〕孔穎達疏，《十三經注疏》整理委員會整理：《周易正義》，北京：北京大學出版社，2000 年。
151. 王爾敏：〈清廷《聖諭廣訓》之頒行與民間之宣講拾遺〉，《中央研究院近代史研究所集刊》，第 22 期（下），1993 年 6 月，頁 255～276。
152.〔明〕王符：《潛夫論》，北京：中華書局，1985 年。
153. 王紅信：〈試析《左傳》對戰爭場面的描寫〉，《時代文學》，2008 年第 5 期，頁 35～49。
154. 王佳音：〈趙紫宸的《聖保羅傳》之研究〉，桃園：中原大學，碩士論文，2015 年。
155. 王見川、林萬傳編：《明清民間宗教經卷文獻》，臺北：新文豐出版公司，1999 年。
156. 王潔卿：《中國婚姻：婚俗、婚禮與婚例》，臺北：三民書局，1989 年。
157. 王晶波：《敦煌占卜文獻與社會生活》，蘭州：甘肅教育出版社，2013 年。
158. 王俊傑、萬武：〈論《史記》中的戰爭場面描寫〉，《佳木斯大學社會科學學報》，2013 年第 1 期，頁 25～30。
159. 王立新：《美國傳教士與晚清中國現代化：近代基督新教傳教士在華社會文化和教育活動研究》，天津：天津人民出版社，1997 年。
160.〔宋〕王溥：《唐會要》，上海：上海古籍出版社，1987 年。
161. 王秋桂編：《韓南中國古典小說論集》，臺北：聯經出版事業有限公司，1979 年。
162. 王小盾：《原始信仰和中國古神》，上海：上海古籍出版社，1989 年。
163. 王淑琴、曾振宇：〈「友，君臣之道」：郭店楚簡與孟子友朋觀互證〉，《陝西師範大學學報》，2015 年 11 月，第 44 卷第 6 期，頁 46～53。
164.〔漢〕王肅：《孔子家語》，上海：上海古籍出版社，1987 年。
165. 王文亮：《中國聖人論》，北京：中國社會科學出版社，1993 年。
166. 王志希：〈全球史視角下的「聖經接受史」——走向「全球基督教史」與「接受史」的整合〉，《輔仁宗教研究》，第 31 期，2015 年秋，頁 143～170。
167. 王志希：〈民國知識分子對於耶穌形象的研究〉，《宗教學研究》，2015 年第 4 期，頁 236～241。
168. 王志希：〈當中國遇上耶穌——1949 年之前民國基督徒知識分子的耶穌形象研究述評〉，《新史學》，第二十六卷四期，2015 年 12 月，頁 227～258。
169.〔美〕魏斐德（Frederic Evans Wakeman Jr.）著，陳蘇鎮等譯：《洪業：清

朝開國史》，南京：江蘇人民出版社，1995 年。
170. 衛邵生：《中國古代占卜術》，鄭州：中州古籍出版社，1991 年。
171. 溫睿瀅：〈全真七子傳記及其小說化研究〉，臺北：國立政治大學，碩士論文，2003 年。
172. 吳淳邦：《清代長篇諷刺小說研究》，北京：北京大學出版社，1995 年。
173. 吳淳邦：〈20 世紀前期西方傳教士對晚清小說的影響研究〉，收入國立中央大學中國文學系所編：《第五屆近代中國學術研討會論文集》，中壢：中央大學中文系所，1999 年，頁 99～119。
174. 吳淳邦：〈19 世紀 90 年代中國基督教小說在韓國的傳播與翻譯〉，《東華人文學報》，第 9 期，2006 年 7 月，頁 215～250。
175. 吳光正：《神道設教：明清章回小說敘事的民族傳統》，武漢：武漢大學出版社，2012 年。
176. 夏志清著，胡益民等譯：《中國古典小說導論》，合肥：安徽文藝出版社，1988 年。
177. 肖群忠：《孝與中國文化》，北京：人民出版社，2001 年。
178. 肖群忠：《中國孝文化研究》，臺北：五南圖書出版股份有限公司，2002 年。
179. 蕭一平編：《媽祖研究資料匯編》，福建：福建人民出版社，1987 年。
180. 邢福增：《文化適應與中國基督徒：一八六〇至一九一一年》，香港：建道神學院，1995 年。
181. 許麗芳：《章回小說的歷史書寫與想像：以三國演義與水滸傳的敘事為例》，臺北：秀威資訊科技股份有限公司，2007 年。
182. 許軍：〈傅蘭雅小說徵文目的考〉，《山西師大學報》（社會科學版），2012 年 1 月，頁 26～36。
183.〔漢〕許慎：《說文解字》，北京：中華書局，1963 年。
184.〔清〕姚淮：《聖母要理簡要》，收入中國宗教歷史文獻集成編纂委員會編纂：《東傳福音》，合肥：黃山書社，2005 年。
185. 徐宗澤：《明清間耶穌會士譯著提要》，臺北：中華書局，1958 年。
186. 姚偉鈞：《神秘的占夢》，南寧：廣西人民出版社，1991 年。
187.〔春秋〕晏嬰著，〔宋〕徐元祜注：〈景公欲使楚巫致五帝以明德晏子諫第十四〉，《晏子春秋》（臺北：臺灣中華書局，1966 年），頁 46。

188. 楊慧林、黃晉凱：《歐洲中世紀文學史》，南京：譯林出版社，2001 年。
189. 楊慧林：《聖言，人言——神學詮釋學》，上海：上海譯文出版社，2002 年。
190. 楊劍龍：《曠野的呼聲：中國現代作家與基督教文化》，上海：上海教育出版社，1998 年。
191. 楊義：《中國敘事學》，北京：人民出版社，2009 年。
192. 楊正潤：《傳記文學史綱》，江蘇：江蘇教育出版社，1994 年。
193. 姚達兑：〈傅蘭雅「時新小說」徵文參賽作者考（一）〉，《清末小說通訊》，第 105 期，2012 年 4 月，頁 21～26。
194. 姚達兑：〈傅蘭雅「時新小說」徵文參賽作者考（二）〉，《清末小說通訊》，第 106 期，2012 年 7 月，頁 17～20。
195. 姚達兑：〈張聲和略考——傅蘭雅「時新小說」徵文參賽作者考（三）〉，《清末小說通訊》，第 107 期，2012 年 10 月，頁 15～18。
196. 姚達兑：〈楊味西及其《時新小說》略析——傅蘭雅「時新小說」徵文參賽作者考（四）〉，《清末小說通訊》，第 108 期，2013 年 1 月，頁 21～28。
197. 姚達兑：〈張葆常的少年中國和廢漢語論——傅蘭雅「時新小說」徵文參賽作者考（五）〉，《清末小說通訊》，第 109 期，2013 年 4 月，頁 24～30。
198. 姚達兑：〈江貴恩的《時新小說》與《鬼怨》——傅蘭雅「時新小說」徵文參賽作者考（六）〉，《清末小說通訊》，第 110 期，2013 年 7 月，頁 18～23。
199. 姚達兑：〈主體間性和主權想像——1895 年傅蘭雅時新小說徵文和中國現代小說的興起〉，《清華大學學報》（哲學社會科學版），2014 年第 2 期，頁 26～36。
200. 姚達兑：〈以儒證耶——哈佛燕京本林樂知譯《安仁車》的研究〉，收入陶飛亞、楊衛華編：《宗教與歷史：漢語文獻與中國基督教研究》，上海：上海大學出版社，2016 年，頁 331～346。
201. 姚達兑：〈論傅蘭雅小說征文與梁啟超小說界革命之關係〉，將載《讀書》，2017 年。
202. 姚達兑、陳思行：〈東方伊索：陳春生的儒耶觀及其《東方伊朔》〉，將載《基督教思想評論》，2017 年。

203. 姚興富：《耶儒對話與融合——〈教會新報〉（1868～1874）研究》，北京：宗教文化出版社，2005 年。
204. 葉朗等編：《中國美學通史》，南京：江蘇人民出版社，2014 年。
205. 游斌：《希伯來聖經的文本、歷史與思想世界》，北京：宗教文化出版社，2007 年。
206. 游汝杰：《西洋傳教士漢語方言學著作書目提要》，哈爾濱：黑龍江教育出版社，2002 年。
207. 余國藩著，李奭學編譯：《余國藩西遊記論集》，臺北：聯經出版公司，1989 年。
208. 余國藩著，李奭學編譯：《〈紅樓夢〉、〈西遊記〉與其他》，北京：三聯書店，2006 年。
209. 余英時：《朱熹的歷史世界：宋代士大夫政治文化的研究》，北京：生活·讀書·新知三聯書店，2011 年。
210. 袁進：〈試論中國近代對文學本體的認識〉，《江淮論壇》，1998 年第 4 期，頁 82～90。
211. 袁進：〈中國 19 世紀文學思潮芻議〉，《上海大學學報》（社會科學版），第 7 卷第 3 期，2000 年 6 月，頁 24～30。
212. 袁進：〈梁啟超為甚麼能推動近代小說的發展〉，《上海大學學報》（社會科學版），第 11 卷第 3 期，2004 年 5 月，頁 24～29。
213. 袁進：〈重新審視新文學的起源——試論近代西方傳教士對中國文學的影響〉，《湖南文理學院學報》（社會科學版），第 30 卷，2005 年 5 月，頁 2～4。
214. 袁進：〈重新審視歐化白話文的起源——試論近代西方傳教士對中國文學的影響〉，《二十一世紀評論》，2006 年 12 號，總第 98 期，頁 78～86。
215. 袁進：〈試論西方傳教士對中文小說發展所作的貢獻〉，收入蔡忠道編：《第三屆中國小說戲曲國際學術研討會論文集》，臺北：里仁書局，2008 年，頁 415～525。
216. 袁進：〈論「小說界革命」與晚清小說的興盛〉，《社會科學》，2010 年第 11 期，頁 168～173。
217.〔漢〕鄭玄注，〔唐〕孔穎達疏，《十三經注疏》整理委員會整理：《禮記正義》，北京：北京大學出版社，2000 年。

218.〔清〕張潮編：《虞初新志》，上海：上海古籍出版社，1990 年。
219. 張力、劉鑒唐：《中國教案史》，成都：四川省社會科學院出版社，1987 年。
220. 張美蘭編：《美國哈佛大學哈佛燕京圖書館藏晚清民國間新教傳教士中文譯著目錄提要》，桂林：廣西師範大學出版社，2013 年。
221. 張傑：〈明清時期在華天主教在同性戀問題上與中國的文化差異〉，《中國性科學》，2005 年 5 月，第 14 卷第 5 期，頁 40～48。
222. 張曉編著：《近代漢譯西學書目提要》，北京：北京大學出版社，2012 年。
223.〔明〕張燮：《東西洋考》，上海：上海古籍出版社，1987 年。
224.〔清〕章學誠著，葉瑛校注：《文史通義校注》，北京：中華書局，1985 年。
225. 張文德：〈劉邦身世考辨——兼與王云度先生商榷〉，《徐州師範大學學報》，2003 年第 1 期，頁 92～97。
226. 趙爾巽：《清史稿》，廣州：聯合書店，1942 年。
227.〔漢〕趙岐注，〔宋〕孫奭疏，《十三經注疏》整理委員會整理：《孟子注疏》，北京：北京大學出版社，2000 年。
228. 鄭海娟：〈跨文化交流與翻譯文本的建構——論利瑪竇譯《二十五言》〉，《編譯論叢》，第五卷第一期，2012 年 3 月，頁 205～224。
229.〔漢〕鄭玄注，〔唐〕孔穎達疏，《十三經注疏》整理委員會整理：《禮記正義》，北京：北京大學出版社，2000 年。
230. 周振鶴編纂：《聖諭廣訓：集解與研究》，上海：上海書店出版社，2006 年。
231. 朱文華：《傳記通論》，上海：復旦大學出版社，1993 年。
232.〔宋〕朱熹：《晦庵集》，上海：上海古籍出版社，1987 年。
233.〔宋〕朱熹：《四書或問》，上海：上海古籍出版社，2001 年。
234. 莊欽永：〈"鍍金鳥籠"裡的吶喊：郭實獵政治小說《是非畧論》析論〉，載北京外國語大學中國海外漢學研究中心、中國近現代新聞出版博物館編：《西學東漸與東亞近代知識的形成與交流》，上海：上海人民出版社，2012 年，頁 259～290。

附　錄

按出版時間

〔英〕米憐（William Milne）：《救世者言行真史紀》，〔出版地不詳〕，1814 年。

館藏：[1]**萊頓大學東亞圖書館**

本書是筆者目前為止所發現的最早聖經人物漢語傳記，分為「《福音書》之前的天啟及其他」、「耶穌的先祖」、「耶穌的誕生」……「耶穌受難」、「耶穌復活」、「耶穌升天」等內容，署名「博愛者」。文首有較長序言，論述上帝造萬物及世人得救之法。「這一位（真神）……是真活神矣。其無始而生在萬物之先，無終而在萬物之後；其到處而離各人不遠，其知至上而無所不明，為全能之神而無多難辨。果然造化天地人與萬物是此一真活神也，管宇宙百萬之事業是他，養萬類之生也是他，報凡人之善惡也是他。人人皆應當敬拜遵者也，是此真活神。」（頁 1～2）文末有結語，再此呼籲讀者歸信：「看書者既讀完此數回，今爾心意如何呢？爾宜再三讀，而常記得聖書所說此一句云：信而受洗者，則得救；不肯信者，則被定罪也。」（頁 62～63）

〔德〕郭實獵（Karl Friedrich August Gützlaff）：《救世主耶穌基督行論之要略》，〔出版地不詳〕，1834 年。

館藏：哈佛燕京圖書館

全書共九卷，每卷下有若干章節。首卷主要交代相關背景，包括「天啟」、

1　關於館藏地，同一文本，可能同時收藏於多個圖書館，如《約瑟傳》，在韓國基督教博物館和牛津大學博德利安圖書館同時有古本。此處所指館藏，主要指本書所使用文本，從何圖書館搜集所得。

「耶穌之名號」、「耶穌歷代之祖」、「如大國之總論」、「耶穌之史紀」；第二卷講述施洗約翰的降生，及為主預備道路；第三至八卷詳細記錄耶穌降生、佈道、行神蹟之事；第九卷論及耶穌受難、復活的故事。本書有序言及結語，序言指，本書寫作目的在於，教育讀者悔過遷善。結語評論耶穌之仁慈，呼籲讀者歸信基督，以得永生。

郭實獵：《耶穌降世之傳》，新嘉坡〔新加坡〕：堅夏書院，1836 年。
館藏：哈佛燕京圖書館

全書共 11 章，第一——四章為背景介紹，分別為「耶穌上帝」、「耶穌歷代之祖」、「小引」、「救世主之母馬利亞」；第五——十章為耶穌降世及所受苦難，分別為「耶穌生」、「馬利亞抱嬰孩赴京都」、「賢人遠來拜救世主」、「耶穌避危」、「希羅得王戮嬰孩」、「耶穌回本國」；第十一章為「勸言」。全書開端言明本書寫作目的，「耶穌降世，庶民共慶，惟有漢人薄情冷心，不同樂也。既不知其傳之頭緒，余細詳其史記矣」。（頁 1）結語重申上帝愛人，及耶穌降世之恩典，呼籲讀者歸信基督。

郭實獵：《耶穌神蹟之傳》，新嘉坡〔新加坡〕：堅夏書院，1836 年。
館藏：哈佛燕京圖書館

全書共六回，專論耶穌所行之神蹟。首章為「小引」，末章為「終言」，第二至五章依次為：「耶穌甦死人」、「耶穌開瞽者之眼」、「耶穌逐邪鬼」、「耶穌醫雜病」、「耶穌飼人」。引言說明本書寫作目的在於「余述耶穌行靈蹟之傳，以堅讀者之信德。可明知耶穌降世贖罪，慈悲人類，有全能以保全之也」。（頁 1）

郭實獵：《摩西言行全傳》，新嘉坡〔新加坡〕：堅夏書院，1836 年。
館藏：哈佛燕京圖書館

全書共七卷，每卷下有若干章節，並附有序言及終言。前五卷是有關摩西生平的記載，如「摩西之族」（卷一）、「摩西行神蹟」（卷二）、「摩西崩」（卷五）；第六至七卷記錄摩西的教導，如「律例」（卷六）、「盜賊之刑」（卷六）、「祭祀」（卷七）、「潔禮」（卷七）。序言聲明本書的寫作目的在於，希望讀者可以藉此明白有關摩西的知識，傳主作為「聖人」，（頁 1）其著作共有五種，分別是「創世傳」、「出麥西國史傳」、「禮儀義疏」、「煙戶冊」、「復律例」，（頁 1）由於這些經文有可能使「讀者若涉大海茫無津涯」，（頁 1）因此「簡摩西之言行，莫過綱目一書」。（頁 1）結語盛讚摩西「以天地為宗，以上帝為主」，（頁 63）實乃聖人。

郭實獵：《約翰言行錄》，新嘉坡〔新加坡〕：堅夏書院，1837 年。

館藏：哈佛燕京圖書館

全書共四章，分別為「約翰為耶穌之門生，約翰為聖差」、「約翰奉天啟」、「約翰寄書」、「約翰撰耶穌之行論」。作者以四福音書和《使徒行傳》為依據，撰寫約翰生平。開篇交代約翰為何人，其「為漁人西比太之子，生於漢儒子嬰居攝年間……耶穌愛之，過於諸門生，其友甚密，情意最篤，故此謂之甚愛之門徒」。（頁 1）其後第二、三章，述說約翰所行之事，第四章則是關於約翰撰寫耶穌教導的內容。郭氏選擇「耶穌為上帝之子」、「耶穌道成肉身、拯救世人」、「耶穌受難、復活」等內容，目的在於，「請再三讀此書，終生用其理，致沾救世者之恩，誠然為耶穌之門生是焉」。（頁 22）

郭實獵：《但耶利言行全傳》，新嘉坡〔新加坡〕：堅夏書院，1837 年。

館藏：萊頓大學東亞圖書館

全書共六回，分別為「但耶利赴殿」、「但耶利診夢」、「同僚脫厄」、「王之詔旨」、「上帝審國家」、「上帝救但耶利」。文首有序言，「先聖後聖所傳之道，明著上帝福善矣」，（頁 1）因此作者撰寫此書，望讀者可對上帝存有敬畏之心，因「上帝彌見不以眼，遙聽不以耳，發於心者，莫不知之矣」。（頁 1）文末有評論，評價但以理「奮志為全德之光，勉勵向善，健行合天，夙夜祗寐」，（頁 21～22）「克恭敬遵，功德隆備」，「恒懷謙遜」。（頁 22）

郭實獵：《保羅言行錄》，新嘉坡〔新加坡〕：堅夏書院，1837 年。

館藏：哈佛燕京圖書館

全書共十二章，[2]前十二章為保羅生平的記錄，每章下有若干小節，如「保羅痛悔罪」（第一章）、「保羅建立聖會」（第六章）、「保羅被捉坐監」（第八章）；第十三章為評論，以「信德」、「桎轄」、「弘毅」、「行藏」為題，評價保羅信德之堅定、宣教之堅韌、品行之高潔。篇首有序言，評價保羅「勞苦堅心、忍耐博愛……冒險臨危遭難而不懼」，（頁 1）呼籲廣大讀者倣法保羅，以其為榜樣，「行德施仁」。（頁 1）

2　該書目錄顯示，本書共九章，而實際共有十三章。

郭實獵：《彼得羅言行全傳》，新嘉坡〔新加坡〕：堅夏書院，1838 年。

館藏：哈佛燕京圖書館

全書共兩卷，每卷有若干章節，以四福音書和《使徒行傳》為依據，撰寫彼得生平，如「彼得羅跟隨耶穌」、「彼得羅背耶穌」、「彼得羅甦死人」等。本書有序言，聲明此書乃「取聖書之言」，（頁 1）以「勸善讀者焚膏繼晷，知聖道之頭緒，歸向化篤信上帝之子耶穌是願」。（頁 1）文末評論彼得生平，認為其雖然曾三次不認主，但「真愛之情，崇拜耶穌之志，過於眾門生……發奮去做，其謙卑退讓，始終如一矣」，（頁 14）因此希望讀者傚法彼得，以享永生之福。

郭實獵：《聖書列祖全傳》，新嘉坡〔新加坡〕：堅夏書院，1838 年。

館藏：哈佛燕京圖書館

全書共五卷，講述亞伯拉罕、以撒、雅各的家族故事。卷一、二為亞伯拉罕生平，卷三為以撒生平，卷四、五為雅各生平，每卷有若干章節，每章後有評論，主要為點評傳主，如「若論耶哥伯之行藏，褒貶適中，可謂其為人甚巧捷，庶乎專己而行」。（卷五，頁 9）本書有序言，言明希望讀者傚仿諸始祖之信德，「余輯拾祖宗列傳，取聖書之言，以表著信德。其祖宗曰亞伯拉罕、曰以撒、曰耶哥伯，三者有信德」，（頁 1）「看官思之，勿喪良心，乃須忍耐，則凜遵上帝之命，可得所許之福矣」。（頁 1）

〔英〕柯大衛（David Collie）：《耶穌言行總論》，新嘉坡〔新加坡〕：堅夏書院，1838 年。

館藏：哈佛燕京圖書館

本書無具體章節，做《三字經》體例，每四字為一句，著重講述耶穌降生與受難的故事。而佈道、行神蹟之事，則頗為簡略，概述為「凡有病者，都來求醫。耶穌出言，病者即愈。平日醫病，未嘗用藥，只用神力，非使妖術。」（頁 4）其後選取「耶穌使拉撒路復活」的故事：「適有朋友，遇死過世。耶穌哀之，立即親嚐。及吾主至，友屍已臭。蓋已葬之，四日之久。耶穌來至，先為友哭。後出大聲，死屍復活。以此神迹，可知耶穌。雖有人性，亦為神主」。（頁 4～5）

郭實獵：《約色弗言行錄》，新嘉坡〔新加坡〕：堅夏書院，約 1830s。

館藏：萊頓大學東亞圖書館

全書共 12 章，首章講述約瑟來歷，「上帝擇善人，為萬信士之始祖，名曰亞伯拉罕，為人公義，仁德恒行，且上帝寵佑之」。（頁 2）之後，本章主要論及雅各生平，選取《創世紀》28：10～35：15，講述「雅各之夢」、「雅各與神摔跤」等故事。第 2 至 12 章，分別有「約色弗為奴」、「約色弗診夢」等章節，以「雅各佰死」、「約色弗薨」為末兩章，結束全書。本書有小序，呼籲讀者歸信上帝，對上帝存敬畏之心，悔過遷善，以免靈魂永沉地獄。

〔美〕憐為仁夫人（Mrs. Dean）：《以來者言行紀略》，新嘉坡〔新加坡〕：堅夏書院，1841 年。

館藏：牛津大學博德利安圖書館

全書共 16 章，有「水老鴉養以來者」、「設獻祭以表真神」、「逃居何利百山」、以來沙隨從以來者」、「亞合王思得葡萄園」、「奉神言責亞合王」等章節。本書無序言及小結，但首章開篇介紹背景，亞哈王「行惡比前諸王」，（頁 1）耶洗別「服侍假神」，（頁 1）二人「實可謂同惡相濟者」。（頁 1）其後全書始論述以利亞生平所遇之事，以其肉身升天結束。

〔美〕憐為仁（William Dean）：《救世主言行撮畧》，暹羅：理夏書院，1842 年。

館藏：萊頓大學東亞圖書館

全書共四卷，每卷下有若干章節，文本創作以四福音書為基礎。首章首節「耶穌降生來歷」以《馬太福音》和《路加福音》為依據，介紹耶穌降生的故事，強調耶穌之母馬利亞「貞正持躬，虔心以崇上帝」。（頁 1）其後第二節是關於施洗約翰的故事，但篇幅較短，僅選取《馬太福音》三章 1～12 節「施洗約翰傳道」的經文。在該節之後，作者講述耶穌傳道、行神蹟的故事。

郭實獵：《救世耶穌受死全傳》，〔出版地不詳〕，1843 年。

館藏：萊頓大學東亞圖書館

全書無具體回目，講述耶穌受難之事。本書開篇批判當時社會風氣，「如要考取功名之士，專攻文藝，手不釋卷……卻其心不靜。或有人百計經營，希圖利路……或有人好色，風情淫蕩……或有（人）最好飲宴歡樂，酬酢往來，爛醉如泥……又有沉溺鴉片，晝夜顛倒」。（頁 1）其後，以對話體展開情節鋪設。有非基督徒鄧、祁兩友，一人為名儒，一人為富商，另有基督徒舒年德。鄧、祁二人向舒年德求教，如何可以在如此風氣中求得贖罪之道，舒年德遂向二人講述耶穌為救贖世人、甘願受難之事。

郭實獵：《耶穌復生傳》，〔出版地不詳〕，1843 年。

館藏：萊頓大學東亞圖書館

全書無具體回目，篇幅較短，介紹耶穌受難後的復活事跡。該書融合四福音書中所有有關耶穌復活的故事，重新排列、整理，合成此書。

〔美〕憐芬妮（為仁者之女）：《以來者言行紀畧》，〔出版地不詳〕，1849 年。

館藏：萊頓大學東亞圖書館

全書共 16 章，章節結構大致同憐為仁夫人的《以來者言行紀略》相同，無序言、小結，首章開篇介紹背景。

作者不詳：《聖差言行傳》，〔出版地不詳〕，約 1840s。

館藏：哈佛燕京圖書館

全書共 28 章，無序言及結語，主要依據《使徒行傳》改寫，基本無刪減。

〔英〕理雅各（James Legge）：《約瑟紀畧》，香港：英華書院，1852 年。

館藏：牛津大學博德利安圖書館

全書共六回，文首倣章回小說體例，每回開篇有題詩；文末傚《史記》，有作者評論。如第一回「老父鍾情愛少子，眾兄懷恨鬻賢昆」，主要講述約瑟被賣埃及的故事，文末評論認為「諸兄欲殺約瑟，雖由約瑟之說夢，究竟實由其父之偏愛也。治家者可不慎歟？」（頁 3）之本書開篇有序言，批判小說的虛構性和對人心的敗壞，認為「每見小說稗官之過半，不是訛傳，便是說怪，將無作有，造假為真……使讀者……傾心喪志」。（頁 1）聲明自己的作品「雖似小說之體，實非小說之流」，（頁 1）只是倣照小說的體式，「欲人喜讀，而獲其益，亦勸世之婆心爾」。（頁 2）

理雅各：《亞伯拉罕紀畧》，香港：英華書院，1857 年。

館藏：牛津大學博德利安圖書館

全書共四回，體例、序言皆與《約瑟紀畧》相同，開篇有序言，論及小說的缺陷，每回開篇有題詩歌，回末有評論。

〔美〕克陞存（Michael Simpson Culbertson）：《約瑟言行全傳》，上海：美華書館，1861 年。

館藏：牛津大學博德利安圖書館

全書共十四回，分別為「約瑟來歷」、「約瑟夢兆」、「約瑟為奴下監」、「跋言」等。首章「約瑟來歷」為作者所加，詳敘從亞伯拉罕至約瑟的家族譜系，「當中華有夏帝杼年間，西方迦南地，有聖人亞伯拉罕。時世人皆拜偶像，而亞伯拉罕專事造天地萬物獨一位真神」。（頁 1）作者指明，本書的寫作，並非專門為約瑟立傳，而是希望讀者通過讀此書，可以明白耶穌的奧義，「因亞伯拉罕、以撒、雅各，為生耶穌肉身之祖，故真神記其事，借此以寓妙義，而詳告於世云。」（頁 2）文末「跋言」認為，約瑟「孝順父母」、「忠侍主人」、「勿姦淫」、「勿報仇」（頁 25～26），因此「望諸友讀約瑟傳，即宜深信耶穌，日日祈禱，以望耶穌赦罪救爾之靈矣」。（頁 26）

克陞存：《以利亞言行傳》，上海：美華書館，1861 年。

館藏：牛津大學博德利安圖書館

全書共七回，分別為「享鴉之奉養」、「殺巴力之預言者」、「逃往於何烈山」、「預言亞哈因殺拿泊而受之災」、「驗其言亞哈見殺」、「招火由天降以焚王使」、「不死昇天」。每回末有評論，從神學角度——如「末世論」——評論本章所記之事。文首有序言，概述自亞當夏娃，至列王的歷史，最後指明本書的寫作目的在於，希望讀者可以更加明白耶穌所傳之道，鑒定信仰，「以利亞之行，述載於聖書，亦欲使閱之者更明於耶穌就靈之道。閱是書者，可合觀之而鑒其信也可」。（頁 2）

〔英〕俾士（George Piercy）：《以利亞紀畧》，羊城：增沙書室，1863 年。

館藏：牛津大學博德利安圖書館

全書共六回，寫作模式同《約瑟紀畧》、《亞伯拉罕紀畧》相似，每回文首有詩，文末有評論。如第一回「甘霖不降警庸君，饑渴無憂藉帝恩。氣絕孩兒求復活，方知聽者是真神」，主要講述以利亞與拿撒勒寡婦的故事。文末的評論，認為，「之後其（注：指拿撒勒的寡婦）子氣絕，而（以利亞）又使之復生，此非皆上帝之大能，以堅人之信乎。」（頁 3）本書開篇序言，亦同理雅各作品類同，主要批評小說的虛幻和對人心的腐化，「嘗觀中國之聖經賢傳，固汗牛充棟。而野史稗官，亦盈箱積篋……其事或真或假，其理或有或無，或過涉鋪張，或侈談淫亂」。（頁 1）文末的評論，指明寫作目的在於歸化人心，「上帝更立先知之據，使人心歸向也」。（頁 18）

〔美〕何天爵（Chester Holcombe）：《耶穌言行錄》，北京：美華書館，1872 年。

館藏：哈佛燕京圖書館

全書共 29 章，融合四福音書相關章節，講述耶穌自降世、佈道至受難、復活、升天之事。首章伊始，引用《路加福音》一章 1：3 節經文，以論證耶穌的真實性：「提阿非羅提阿非羅大人，有許多人作書記載我們所深信的事，就是傳道的人起初親眼所看見、又傳給我們的，這些我既從頭詳細考究，也想按著次序記載，達與你知，使你曉得向來所學的道，都是確實的」。（頁 1）其後是「為耶穌開路之約翰生」的故事。之後二至三十章講述耶穌生平故事，包括復生寡婦之子、醫治患血漏的婦人等。

〔英〕慕維廉（William Muirhead）：《耶穌列傳》，上海：三牌樓福音會堂，1877 年。

館藏：牛津大學博德利安圖書館

全書無章節劃分，收入《耶穌合稿》。[3]所記耶穌生平，始於其清潔聖殿，其後收錄「與婦人論道」、「迦拿婚宴」等故事，以復活升天結束。本書有序言，言明希望讀者從中受益，「歷論耶穌言行梗概，使閱者明知其義，果能潛心考究，庶幾獲益無窮矣。」（頁 1）

〔英〕韋廉臣夫人（Mrs. Williamson）：《摩西聖蹟圖說》，上海：益智書會，1882 年。

館藏：牛津大學博德利安圖書館

該書以「圖說」命名，但仍以文本為主。文中共有七幅插圖，分別出現於相應經文之處，依次為「摩西出世，公主救生」、「摩西米田牧羊」、「亞倫擲杖化蛇」、「摩西引眾過紅海」（該圖作者註明為第四第五圖）、「摩西執杖擊磐石取水飲眾」、「上帝授摩西十條誡命碑」、「摩西登尼破山觀主所許之地」。序言表明摩西生卒，「摩西亦古之先知也，生於商朝太戊六十六年，至祖辛十四年，

3　《耶穌合稿》共包括三部作品：《耶穌列傳》、《耶穌真據》、《耶穌感人》。

蒙上帝賜以十條誡碑，卒於祖丁十四年」。（頁 1）

韋廉臣夫人：《但以理聖蹟圖說》，上海：益智書會，1882 年。

館藏：牛津大學博德利安圖書館

該書與《摩西聖蹟圖說》類似，內有插圖，分別為「巴比倫王選入但以理」、「巴比倫王作夢」、「但以理為巴比倫王解夢」、「但以理解釋宮墻文義」、「但以理入獅洞身不受傷」、「但以理夢見異象」、「但以理伏聽天使曉諭」。本書伊始，有〈但以理聖蹟小傳〉一文，功能類似於序言，概述但以理生平，簡介此書共兩卷，「一卷即其史記，二卷乃使人知但以理曾受上帝默示，並見上帝默示之異象」，（頁 1）歸納自己創作此書的五個主要旨趣，評價傳主一生。其後文本，詳述但以理生平，不分回目。

〔英〕施白珩（C. G. Sparham）：《約瑟傳》，漢口：聖教書會，1892 年。

館藏：韓國基督教博物館

全書共十章，分別為「約瑟作夢」、「約瑟賣於商人」、「約瑟被誣坐監」、「約瑟為二臣解夢」、「約瑟為法老解夢」、「約瑟諸兄往埃及糴糧」、「約瑟諸兄復往埃及」、「約瑟與諸兄相認」、「約瑟之父往埃及見約瑟」、「約瑟恕諸兄之罪」。文末有評論，以「苦難觀」詮釋約瑟所受之苦，同時呼籲讀者棄絕偶像，歸信耶穌。

作者不詳：《保羅史記》，〔出版地不詳〕，1900 年。

館藏：牛津大學攝政公園學院圖書館

該書從保羅歸信開始講起，描述保羅的一生。該書以年份劃分每章具體內容，如「救主降生三十六年，保羅始受感化切切信主」，「救主降生三十七年，在大馬色傳道」，「救主降生六十一年，在羅馬城內受審」等。文末有評論，主要論述保羅宣道之堅心，個人之品行等。

〔英〕池約翰：《使徒保羅事蹟》，上海：美華書館，1907 年。

館藏：浸會大學圖書館

全書共七章，九十七段，以《使徒行傳》和保羅書信為依據，記述保羅自少年至晚年的完整生平。文首序言明確寫有「大英國長老會池約翰口授，陳紹棠筆譯」，並指明該書的讀者群為「教友」，「主耶穌之外，惟使徒保羅事蹟與其書信，方足為學道教友之模範，是其繼主而傳教，誠聖會中之偉人也」，（序）

希望「諸教友務依聖神之指示讀此（書），則宣道之銳志自能增益」。（序）該作品增加了諸多聖經中沒有的內容，如有關保羅年少時的記載，「行傳多不載其少年之事，記有一二，外皆闕如」。（頁 1）對於聖經中有明確記載的事蹟，文中皆以注釋形式標明具體章節。

〔美〕安美瑞（Mary E. Andrews）：《保羅言行》，天津：華北書會，1910 年。

館藏：哈佛燕京圖書館

全書共二十章，書寫保羅自幼年至晚年的一生。文首有英文序言，聲明本書的目標讀者是「教會中的年輕人」，以使他們「對經文有更好地了解」，「靈命得以提升」。序言亦指出，該書的寫作，並非「依據任何標準書籍」，因此，書中加入眾多《使徒行傳》和保羅書信中未曾提及的內容，如保羅幼年、晚年之事等。

《基督教文化研究丛书》

主编：何光沪、高师宁

（1-9 编书目）

初　编

（2015 年 3 月出版）

ISBN：978-986-404-209-8

定价（台币）$28,000 元

册　次	作　者	书　名	学科别（／表示跨学科）
第 1 册	刘　平	灵殇：基督教与中国现代性危机	社会学／神学
第 2 册	刘　平	道在瓦器：裸露的公共广场上的呼告——书评自选集	综合
第 3 册	吕绍勋	查尔斯·泰勒与世俗化理论	历史／宗教学
第 4 册	陈　果	黑格尔"辩证法"的真正起点和秘密——青年时期黑格尔哲学思想的发展（1785 年至 1800 年）	哲学
第 5 册	冷　欣	启示与历史——潘能伯格系统神学的哲理根基	哲学／神学
第 6 册	徐　凯	信仰下的生活与认知——伊洛地区农村基督教信徒的文化社会心理研究（上）	社会学
第 7 册	徐　凯	信仰下的生活与认知——伊洛地区农村基督教信徒的文化社会心理研究（下）	
第 8 册	孙晨荟	谷中百合——傈僳族与大花苗基督教音乐文化研究（上）	基督教音乐
第 9 册	孙晨荟	谷中百合——傈僳族与大花苗基督教音乐文化研究（下）	

第 10 册	王　媛	附魔、驱魔与皈信——乡村天主教与民间信仰关系研究	社会学
	蔡圣晗	神谕的再造，一个城市天主教群体中的个体信仰和实践	社会学
	孙晓舒 王修晓	基督徒的内群分化：分类主客体的互动	社会学
第 11 册	秦和平	20 世纪 50 – 90 年代川滇黔民族地区基督教调适与发展研究（上）	历史
第 12 册	秦和平	20 世纪 50 – 90 年代川滇黔民族地区基督教调适与发展研究（下）	
第 13 册	侯朝阳	论陀思妥耶夫斯基小说的罪与救赎思想	基督教文学
第 14 册	余　亮	《传道书》的时间观研究	圣经研究
第 15 册	汪正飞	圣约传统与美国宪政的宗教起源	历史／法学

二　编

（2016 年 3 月出版）

ISBN：978-986-404-521-1

定价（台币）$20,000 元

册　次	作　者	书　名	学科别（／表示跨学科）
第 1 册	方　耀	灵魂与自然——汤玛斯·阿奎那自然法思想新探	神学／法学
第 2 册	劉光順	趋向至善——汤玛斯·阿奎那的伦理思想初探	神学／伦理学
第 3 册	潘明德	索洛维约夫宗教哲学思想研究	宗教哲学
第 4 册	孫　毅	转向：走在成圣的路上——加尔文《基督教要义》解读	神学
第 5 册	柏斯丁	追随论证：有神信念的知识辩护	宗教哲学
第 6 册	李向平	宗教交往与公共秩序——中国当代耶佛交往关系的社会学研究	社会学
第 7 册	張文舉	基督教文化论略	综合
第 8 册	趙文娟	侯活士品格伦理与赵紫宸人格伦理的批判性比较	神学伦理学
第 9 册	孫晨薈	雪域圣咏——滇藏川交界地区天主教仪式与音乐研究（增订版）（上）	基督教音乐
第 10 册	孫晨薈	雪域圣咏——滇藏川交界地区天主教仪式与音乐研究（增订版）（下）	
第 11 册	張　欣	天地之间一出戏——20 世纪英国天主教小说	基督教文学

三 编

(2017年9月出版)

ISBN：978-986-485-132-4

定价（台币）$11,000 元

册 次	作 者	书 名	学科别（／表示跨学科）
第1册	赵 琦	回归本真的交往方式——托马斯·阿奎那论友谊	神学／哲学
第2册	周兰兰	论维护人性尊严——教宗若望保禄二世的神学人类学研究	神学人类学
第3册	熊径知	黑格尔神学思想研究	神学／哲学
第4册	邢 梅	《圣经》官话和合本句法研究	圣经研究
第5册	肖 超	早期基督教史学探析（西元1~4世纪初期）	史学史
第6册	段知壮	宗教自由的界定性研究	宗教学／法学

四 编

(2018年9月出版)

ISBN：978-986-485-490-5

定价（台币）$18,000 元

册 次	作 者	书 名	学科别（／表示跨学科）
第1册	陈卫真 高 山	基督、圣灵、人——加尔文神学中的思辨与修辞	神学
第2册	林庆华	当代西方天主教相称主义伦理学研究	神学／伦理学
第3册	田燕妮	同为异国传教人：近代在华新教传教士与天主教传教士关系研究（1807～1941）	历史
第4册	张德明	基督教与华北社会研究（1927～1937）（上）	社会学
第5册	张德明	基督教与华北社会研究（1927～1937）（下）	
第6册	孙晨荟	天音北韵——华北地区天主教音乐研究（上）	基督教音乐
第7册	孙晨荟	天音北韵——华北地区天主教音乐研究（下）	
第8册	董丽慧	西洋图像的中式转译：十六十七世纪中国基督教图像研究	基督教艺术
第9册	张 欣	耶稣作为明镜——20世纪欧美耶稣小说	基督教文学

五 编

(2019 年 9 月出版)

ISBN：978-986-485-809-5

定价(台币)$20,000 元

册 次	作 者	书 名	学科别(/表示跨学科)
第 1 册	王玉鹏	纽曼的启示理解(上)	神学
第 2 册	王玉鹏	纽曼的启示理解(下)	
第 3 册	原海成	历史、理性与信仰——克尔凯郭尔的绝对悖论思想研究	哲学
第 4 册	郭世聪	儒耶价值教育比较研究——以香港为语境	宗教比较
第 5 册	刘念业	近代在华新教传教士早期的圣经汉译活动研究(1807~1862)	历史
第 6 册	鲁静如 王宜强 编著	溺女、育婴与晚清教案研究资料汇编(上)	资料汇编
第 7 册	鲁静如 王宜强 编著	溺女、育婴与晚清教案研究资料汇编(下)	
第 8 册	翟风俭	中国基督宗教音乐史(1949 年前)(上)	基督教音乐
第 9 册	翟风俭	中国基督宗教音乐史(1949 年前)(下)	

六 编

(2020 年 3 月出版)

ISBN：978-986-518-085-0

定价(台币)$20,000 元

册 次	作 者	书 名	学科别(/表示跨学科)
第 1 册	陈倩	《大乘起信论》与佛耶对话	哲学
第 2 册	陈丰盛	近代温州基督教史(上)	历史
第 3 册	陈丰盛	近代温州基督教史(下)	
第 4 册	赵罗英	创造共同的善：中国城市宗教团体的社会资本研究——以 B 市 J 教会为例	人类学
第 5 册	梁振华	灵验与拯救：乡村基督徒的信仰与生活(上)	人类学
第 6 册	梁振华	灵验与拯救：乡村基督徒的信仰与生活(下)	
第 7 册	唐代虎	四川基督教社会服务研究(1877~1949)	人类学
第 8 册	薛媛元	上帝与缪斯的共舞——中国新诗中的基督性(1917~1949)	基督教文学

七　编　（2021 年 3 月出版）

ISBN：978-986-518-381-3

定价（台币）$22,000 元

册　次	作　者	书　名	学科别（／表示跨学科）
第 1 册	刘锦玲	爱德华兹的基督教德性观研究	基督教伦理学
第 2 册	黄冠乔	保尔．克洛岱尔天主教戏剧中的佛教影响研究	宗教比较
第 3 册	宾静	清代禁教时期华籍天主教徒的传教活动（1721～1846）（上）	基督教历史
第 4 册	宾静	清代禁教时期华籍天主教徒的传教活动（1721～1846）（下）	
第 5 册	赵建玲	基督教"山东复兴"运动研究（1927～1937）（上）	基督教历史
第 6 册	赵建玲	基督教"山东复兴"运动研究（1927～1937）（下）	
第 7 册	周浪	由俗入圣：教会权力实践视角下乡村基督徒的宗教虔诚及成长	基督教社会学
第 8 册	查常平	人文学的文化逻辑——形上、艺术、宗教、美学之比较（修订本）（上）	基督教艺术
第 9 册	查常平	人文学的文化逻辑——形上、艺术、宗教、美学之比较（修订本）（下）	

八　编　（2022 年 3 月出版）

ISBN：978-986-404-209-8

定价（台币）$45,000 元

册　次	作　者	书　名	学科别（／表示跨学科）
第 1 册	查常平	历史与逻辑：逻辑历史学引论（修订本）（上）	历史学
第 2 册	查常平	历史与逻辑：逻辑历史学引论（修订本）（下）	
第 3 册	王澤偉	17～18 世紀初在華耶穌會士的漢字收編：以馬若瑟《六書實義》為例（上）	语言学
第 4 册	王澤偉	17～18 世紀初在華耶穌會士的漢字收編：以馬若瑟《六書實義》為例（下）	
第 5 册	刘海玲	沙勿略：天主教东传与东西方文化交流	历史
第 6 册	郑媛元	冠西东来——咸同之际丁韪良在华活动研究	历史

第 7 册	刘影	基督教慈善与资源动员——以一个城市教会为中心的考察	社会学
第 8 册	陈静	改变与认同：瑞华浸信会与山东地方社会	社会学
第 9 册	孙晨荟	众灵的雅歌——基督宗教音乐研究文集	基督教音乐
第 10 册	曲艺	默默存想，与神同游——基督教艺术研究论文集（上）	基督教艺术
第 11 册	曲艺	默默存想，与神同游——基督教艺术研究论文集（下）	
第 12 册	利瑪竇著、梅謙立漢注 孫旭義、奧覓德、格萊博基譯	《天主實義》漢意英三語對觀（上）	经典译注
第 13 册	利瑪竇著、梅謙立漢注 孫旭義、奧覓德、格萊博基譯	《天主實義》漢意英三語對觀（中）	
第 14 册	利瑪竇著、梅謙立漢注 孫旭義、奧覓德、格萊博基譯	《天主實義》漢意英三語對觀（下）	
第 15 册	刘平	明清民初基督教高等教育空间叙事研究——中国教会大学遗存考（第一卷）(上)	资料汇编
第 16 册	刘平	明清民初基督教高等教育空间叙事研究——中国教会大学遗存考（第一卷）(下)	

九　编

（2023 年 3 月出版）

ISBN：000-000-000-000-0

定价（台币）$56,000 元

册　次	作　者	书　名	学科别 （／表示跨学科）
第 1 册	郑松	麦格拉思福音派神学思想研究	神学
第 2 册	任一超	心灵改变如何可能？——从康德到齐克果	基督教哲学
第 3 册	劉沐比	論趙雅博基本倫理學和特殊倫理學之串連	基督教伦理学
第 4 册	王务梅	论马丁·布伯的上帝观	基督教与犹太教

<table>
<tr><td>第 5 册</td><td>肖音</td><td>明末吕宋之中西文化交流（上）</td><td rowspan="2">教会史</td></tr>
<tr><td>第 6 册</td><td>肖音</td><td>明末吕宋之中西文化交流（下）</td></tr>
<tr><td>第 7 册</td><td>张德明</td><td>基督教五年运动与民国社会（上）</td><td rowspan="2">教会史</td></tr>
<tr><td>第 8 册</td><td>张德明</td><td>基督教五年运动与民国社会（下）</td></tr>
<tr><td>第 9 册</td><td>陈铃</td><td>落幕：美国新教在华传教事业的终结（1945～1952）</td><td>教会史</td></tr>
<tr><td>第 10 册</td><td>黄畅</td><td>全球史视角下基督教在英国殖民统治中的作用——以 1841～1914 年的香港和约鲁巴兰为例</td><td>教会史</td></tr>
<tr><td>第 11 册</td><td>杨道圣</td><td>言像之辩：基督教的图像与图像中的基督教</td><td>基督教艺术</td></tr>
<tr><td>第 12 册</td><td>張雅斐</td><td>晚清聖經人物漢語傳記研究——以聖經在華接受史的視角</td><td>基督教艺术</td></tr>
<tr><td>第 13 册</td><td>包兆会</td><td>缪斯与上帝的相遇——基督宗教文艺研究论文集</td><td>基督教文学</td></tr>
<tr><td>第 14 册</td><td>张欣</td><td>浪漫的神学：英国基督教浪漫主义略论</td><td>基督教文学</td></tr>
<tr><td>第 15 册</td><td>刘平</td><td>明清民初基督教高等教育空间叙事研究——中国教会大学遗存考（第二卷：福建协和神学院）</td><td>资料汇编</td></tr>
<tr><td>第 16 册</td><td>刘平、赵曰北主编</td><td>传真道于中国——赫士及华北神学院百年纪念文集（第一册）</td><td rowspan="5">论文集</td></tr>
<tr><td>第 17 册</td><td>刘平、赵曰北主编</td><td>传真道于中国——赫士及华北神学院百年纪念文集（第二册）</td></tr>
<tr><td>第 18 册</td><td>刘平、赵曰北主编</td><td>传真道于中国——赫士及华北神学院百年纪念文集（第三册）</td></tr>
<tr><td>第 19 册</td><td>刘平、赵曰北主编</td><td>传真道于中国——赫士及华北神学院百年纪念文集（第四册）</td></tr>
<tr><td>第 20 册</td><td>刘平、赵曰北主编</td><td>传真道于中国——赫士及华北神学院百年纪念文集（第五册）</td></tr>
</table>